国家精品在线开放课程配套教材

大学生创新创业基础

DAXUESHENG CHUANGXIN CHUANGYE JICHU

主　编　吴满琳

副主编　袁雪峰　穆振兴

参　编　蔡云飞　缪佳伟　蒋公宝

高等教育出版社·北京

内容提要

本书以"互联网＋教育"为背景进行编写,是上海市教委精品课程建设项目成果、教育部国家精品在线开放课程配套教材。全书共分为八个模块,内容包括导论,创新思维与创新方法,创业、创业思维、创业精神与人生发展,创业者与创业团队,创业机会与商业模式,创业资源与创业融资,创业计划书,初创企业的生存与成长。为了利教便学,部分学习资源(如微课视频、小测试、拓展阅读资料)以二维码形式提供在相关内容旁,可扫描获取。此外,本书另配有教学课件等教学资源,供教师教学使用。

本书既可作为高等院校创新创业课程教材,也可作为社会创业人士的兴趣读本。

图书在版编目(CIP)数据

大学生创新创业基础 / 吴满琳主编. —北京：高
等教育出版社,2020.9（2022.1 重印）
ISBN 978-7-04-053277-7

Ⅰ.①大…　Ⅱ.①吴…　Ⅲ.①大学生-创业-高等职
业教育-教材　Ⅳ.①G647.38

中国版本图书馆 CIP 数据核字(2019)第 282374 号

策划编辑　李光亮　　责任编辑　左　倩　　封面设计　张文豪　　责任印制　高忠富

出版发行	高等教育出版社	网　　　址	http://www.hep.edu.cn
社　　址	北京市西城区德外大街 4 号		http://www.hep.com.cn
邮政编码	100120		http://www.hep.com.cn/shanghai
印　　刷	江苏德埔印务有限公司	网上订购	http://www.hepmall.com.cn
开　　本	787 mm×1 092 mm　1/16		http://www.hepmall.com
印　　张	18		http://www.hepmall.cn
字　　数	401 千字	版　　次	2020 年 9 月第 1 版
购书热线	010-58581118	印　　次	2022 年 1 月第 2 次印刷
咨询电话	400-810-0598	定　　价	36.00 元

配套学习资源及教学服务指南

🎯 二维码链接资源

本书配套微视频、动画、扩展知识等学习资源，在书中以二维码链接形式呈现。手机扫描书中的二维码进行查看，随时随地获取学习内容，享受学习新体验。

打开书中附有二维码的页面   **扫描二维码**   **查看相应资源**

🎯 在线自测

本书提供在线交互自测，在书中以二维码链接形式呈现。手机扫描书中对应的二维码即可进行自测，根据提示选填答案（多项选择题左右滑动进入下一页），完成自测确认提交后即可获得参考答案。自测可以重复进行。

打开书中附有二维码的页面   **扫描二维码**   **开始答题**   **提交后查看自测结果**

🎯 在线开放课程

本书配套在线开放课程"大学生创业基础"，可通过计算机或手机APP端进行视频学习、测验考试、互动讨论。

计算机端学习方法：访问网址www.zhihuishu.com，或百度搜索"智慧树"进入本课程。

手机端学习方法：在手机应用商店中搜索"知到APP"，安装APP后搜索本课程。

🎯 教师教学资源索取

本书配有课程相关的教学资源，例如，教学课件、习题及参考答案、应用案例等。选用教材的教师，可扫描以下二维码，添加服务QQ（800078148）；或联系教学服务人员（021–56961310/56718921，800078148@b.qq.com）索取相关资源。

出版说明

当今,新一轮科技革命和产业升级,对现有的产业结构、生产方式和生活方式产生了深远的影响,也对高等职业教育提出了更高的要求和新的挑战。"十三五"时期是我国高等职业教育现代化建设的关键时期,加快发展现代高等职业教育已成为我国教育发展的重要战略。深化教学改革,提高教学质量,培养社会迫切需要的发展型、复合型和创新型的技术技能人才,促进高等职业教育健康持续发展,是高等职业教育工作者的历史使命。

课程和教材是高等职业教育教学改革的关键与核心,其开发和建设也伴随着我国经济发展进入了新的阶段。"十三五"期间,高等教育出版社组织来自全国高等职业院校的骨干教师、行业企业的教育培训专家和从事高等职业教育教学研究的专家,申报、立项了一批中国职业技术教育学会教学工作委员会、教材工作委员会有关高等职业教育课程改革和教材建设的研究课题。这些课题研究成果体现了高等职业教育教学改革的新思想、新观念,有力地促进了高等职业教育教学改革的发展。在此基础上,高等教育出版社上海出版事业部组织编写、修订并出版了一批反映当前高等职业教育教学改革研究与实践成果的改革创新教材。教材的编写着重在以下几个方面进行了创新尝试。

精炼编写内容

教材内容紧扣立德树人的核心要求,把培养学生的职业道德、职业素养和创新创业能力融入教学内容和教学活动设计中,力图通过全局设计、过程贯通、细节安排提升职业教育课程教学的内涵,培养德智体美**劳**全面发展的社会主义事业建设者和接班人。

技术的快速发展、经济转型升级使职业教育的专业结构调整、课程内容更新更为常态化,编写满足培养行业、企业人才需要的职业教育新教材,也是本系列教材在创新示范方面的突出特色。

系列教材对部分重点课程还采用了"一纲多本"的编写形式,即同一课程编写多种版本,较好地解决了"通用性"和"个性化"的矛盾。教材内容编写遵守共同基础与多样选择相统一的原则,构建更加开放、更具弹性的课程教材体系,为教师选择和使用教材提供空间,以适应"分层教学"和"专业需求多元化"的现实。

丰富内容组织

高等职业教育课程内容的多样化特征决定了教材多样化的特点。本系列教材不拘于统一的内容组织形式,以满足课程教学需要、有助于职业人才的培养为核心,切实服务于任务引领、项目驱动等多种形式的职业教育课程改革。

本系列教材在内容组织和编写体例方面,根据课程性质、教材内容特点和教学的实际需要进行了多样化的尝试,改变了"章节体"一统天下的局面。教材在结构编排上,在每部分内容的开始有导学,构建学习情景,提出本部分内容的学习目标,在结束时用小结方式强调重点,最后用习题等形式帮助学生自我检查评价。在呈现形式上,体例新颖活泼、直观,用大量的插图表达,双色、彩色印刷使"重点""难点"醒目、鲜明。着重在"便教"与"利学"上努力创新,强化教材的使用功能。

服务教学设计

教学设计是教师以教育教学原理为依据,为了达到教学目标,根据学生认知特点,对教学过程、教学内容、教学组织形式、教学方法和使用的教学手段进行的策划。教学资源在服务教学设计中具有举足轻重的作用。应用现代教育技术的数字化教学资源,具有丰富的表现力,可以突破教学重点和难点;交互性强,可以充分发挥学生的主体作用;信息量大,更新方便,大大提高学习效率;可碎片化,易于二次开发,方便综合化利用和共享。本系列教材依托高等教育出版社已建设成熟的 MOOC、SPOC 平台,数字出版技术,以及二维码资源平台,统筹规划教学资源建设,为课程教学设计和创新教学方法提供有力的支撑。

教师是教学改革的主体。教学改革与教材建设只有得到教师的支持与参与,才有成功的可能。在教材和配套教学资源建设的同时,我们陆续组织了各种形式的教师培训、教学研讨活动,以帮助教师确立现代职业教育理念,促进教学质量与效率的提高,实现教学改革与教材建设的同步发展。

本系列教材的出版及其配套工作是一项持续进行、不断完善的工程,我们殷切希望能够得到广大教师的支持和积极参与,共同创新、示范,分享高等职业教育教学改革的成果与经验,为我国高等职业教育的发展做出应有的贡献。

高等教育出版社

前　言

　　"大众创业、万众创新"已成为新时期我国全面深化改革、推进经济发展方式转变的重要推动力。深化高等学校创新创业教育改革,是国家实施创新驱动发展战略、促进经济提质增效升级的迫切需要,是推进高等教育综合改革、促进高校毕业生更高质量创业就业的重要举措。2015年5月,国务院发布《关于深化高等学校创新创业教育改革的实施意见》(以下简称《意见》),正式吹响了高校"双创"教育改革的号角。《意见》要求将"双创"教育纳入高校必修课。

　　本书是一本适合当今"互联网＋教育"背景的混合教学模式的特色教材,也是上海市教委精品课程——2016年上海高校优质上线课程"大学生创业基础2.0版"建设项目、2017年教育部首批国家精品在线开放课程"大学生创业基础"指定教材的延伸版。本书定位为高等职业院校学生创新创业的启蒙教育,突出创新创业的应知、应会内容和创新创业教育的普适性;教学目标是让大学生感知创新创业和创新思维、方法,了解创业过程,掌握创业知识,培养创新意识、创业思维与创业精神,提升创新创业能力。

　　本书是目前高校实现全覆盖创新创业教育"大学生创新创业基础"课程四位一体教学体系(教材＋线上视频＋见面指导课＋教学实践环节)不可或缺的组成部分,其特色是教材与"大学生创新创业基础"在线教学视频共同形成知识点传授的互补,充分发挥网络在线教学的碎片化、学生自主分散学习知识点的优势,强化见面课,精心设计教学实践环节,从而实现创新创业知识内化、创新创业精神的浸润催化、创业能力的深化,致力于创新创业素质的培养。

　　本书针对创新创业教育的实践性,突出能力培养,强调"教、学、做、训、评"的特点,借鉴中外创新创业学、经济学、管理学、组织行为学、社会心理学等学科的最新研究成果,加强学生对创业过程中创业思维和行为规律的理解和认识,培养学生团队合作、创新应变、资源整合、商业模式设计等综合能力。另一方面在教材的风格和形式上也进行了创新,增加了许多互动性、情景性和操作性教学内容,使教材内容丰富、生动,富有趣味性。具体表现为:

　　一是突出创新创业教育实践性强的教学特点。本书充分考虑高等职业院校学生的特点和接受能力,理论知识以够用、适度为原则,强调实用性,难易适中,理论与实训相结合,帮助学生做中学、干中悟、干中成长。把知识、技能、态度贯穿于各能力模块的训练系统中，通过教材、视频、课堂教师讲授、案例分析、互动讨论、游戏、情境模拟训练等方式提高学生的综合能力。

二是注重技能训练和能力提升。本书在讲透基本原理的基础上，突出技能训练，通过心理测评、案例分析、课堂讨论、情境模拟、团队合作活动等多种体验互动性教学形式，对学生的创新创业能力进行训练。

三是以学生为主体。本书通过大量的参与性、互动性教学内容设计，将学生由教学活动的客体转变为主体，激发学生的学习兴趣，由传统的被动式学习转变为学生积极主动式学习，由"要我学"变为"我要学"，实现"我爱学"。

本书在编写风格和形式上力求新颖、活泼、寓教于乐。每一模块开头都有与本模块内容相关的引导案例，穿插有小故事，并编排大量的真实案例、分析题、情景模拟训练及团队活动游戏训练等，对学生来说具有实用性、可读性和趣味性，对教师来说具有可操作性和指导性。本书适合作为高等职业院校创新创业课程教材，同时也可作为各类组织创业培训教材或教学参考书。

另外，一些连续创业者和企业人士深度参与了本书的编写和微课视频制作。其中袁雪峰是宝盒速递创始人、上海蚂蚁新零售研究院院长、教育部国家首批注册优秀创新创业导师；穆振兴是大连国妆集团董事长和总裁、2017 年福布斯 30 位 30 岁商业精英、教育部国家首批注册优秀创新创业导师；蒋公宝是上海胧爱文化传播有限公司创始人、第五届四川省"互联网＋"大学生创新创业大赛专家评委。本书和微课视频是产教融合、校企"双元"合作开发的作品，力求实现有货、有料、有趣、有用"四有"目标。

本书由吴满琳担任主编，参加编写和承担部分审稿工作的还有袁雪峰、穆振兴、蒋公宝、朱元春、缪佳伟、蔡云飞。第 1 模块由吴满琳编写；第 2 模块由蔡云飞、缪佳伟、吴满琳编写；第 3 模块由吴满琳、袁雪峰编写；第 4 模块由吴满琳、穆振兴编写；第 5 模块由吴满琳编写；第 6 模块由吴满琳、袁雪峰编写；第 7 模块由吴满琳、蒋公宝编写；第 8 模块由吴满琳、袁雪峰编写。全书由吴满琳负责修订并统稿。微课视频主要由吴满琳、袁雪峰、穆振兴、蒋公宝、蔡云飞录制。

本书在编写过程中，参考引用了部分国内外的文献资料和研究成果，并得到了上海理工大学、上海杉达学院和一些企业各级领导的大力支持和帮助，在此一并表示衷心感谢！

由于作者水平有限，书中难免存在遗漏和错误之处，恳请广大读者批评指正。

主编　吴满琳
2020 年 8 月

目　录

第 1 模块　导　　论

励志照亮人生,创业改变命运。

——《赢在中国》主题词

◇ 学习目标与要求

1. 理解大学生为什么要接受创新创业教育;
2. 了解高校创新创业教育的价值;
3. 了解学习创业与自主创业的关系;
4. 思考大学生是否能够创业;
5. 思考怎样学习这门课。

◆ 课前导读:总裁和员工的思维差距

鸿海集团总裁、富士康创始人郭台铭在去自己的工厂视察的时候,简单地和厂里的工程师做交流,其中有好事者大声追问总裁:"为什么累死的是我,收益的却是你?"

总裁的回答震撼全场:"我们之间有三个差别! 第一,30 年前我创建公司,是赌上全部家当,不成功便成仁;而你寄出履历表后就来我们公司上班,不开心的时候随时就可以走人。我们的差别在于:创业与就业。第二,我根据市场不断创新,到处对接资源;而你却只是选择做你分内的工作,还时不时闹情绪。我们之间的差别在于:选择与被选择。第三,我 24 小时都在思考公司如何发展,如何创造利润。每一个决策都可能影响着公司所有人的收入和未来;而你只是想什么时候能休息,加班有没有补助,哪些对你不公平。我们之间的差别在于:责任的轻重。搞明白这三个差别,就不会纠结自己的现状,而是思考是否要和公司一起成长。如一起成长,你将来才有可能成为公司的顶梁柱和合伙人!"

1.1　大学生为什么要接受创新创业教育

话题一：

● **重要观点**：21 世纪以来，以物联网、人工智能、量子信息、移动通信、智能制造、区块链以及新能源、新材料等技术为代表的新一轮科技革命和产业变革正在重构全球创新版图、重塑全球经济结构、重建全球文化生态，推动了工业 4.0 时代的到来，大量中小企业的诞生催生了创业型经济。通过颠覆性创新、新市场开拓、创造就业机会、提高生产效率以及打造新兴产业，创业型经济改变了传统产品生产销售、企业运营的模式，在世界范围内掀起了创业革命。

《世界是平的》《工业 4.0》《大数据时代》《梦想社会》《失控》《必然》《智能时代》等一系列著作都在解释我们当今所处的时代和社会的样子。其实，我们现在已经处在一个 VUCA 时代，也就是说，我们这个时代是不稳定（volatility）、不确定（uncertainty）、复杂（complexity）和模糊（ambiguity）的。VUCA 为四个英文单词的首字母，这几个单词恰恰说明了时代特点。创业是应对不确定未来的一种能力。所以，"乌卡"时代本质上也是"众创"时代。

创新创业已经成为 21 世纪时代发展的大趋势！

在这个"众创时代"，一切在洗牌、一切都在觉醒。习近平总书记说：放眼世界，"我们面对的是百年未有之大变局"，而我国经济发展"正处在转方式调结构的紧要关口，既是爬坡过坎的攻坚期，也是大有作为的窗口期"。我国政府也是在这个大背景下提出"双创"的。李克强总理说，"大众创业，万众创新，实际上是一个改革"，是要通过由"双创"触动的或倒逼的改革，彻底完成从计划经济向市场经济的转型，将经济增长和发展的主动力建立在"双创"的基础上。

我们比以往都更需要用创新的思维、创业精神和创造方式来解决社会发展中的问题。面对席卷而来的未来的浪潮，大学生只能以积极的心态、变革的姿态迎接未来，决胜未来。顺势而为，拥抱"双创"！

话题二：

创业教育的目的并不是培养老板或者创客，而是满足创业型社会对人才的需求。

要知道，创业教育不是中国政府突发奇想、别出心裁为解决就业的权宜之计。早在 20 世纪 80 年代联合国教科文组织就提出：各国国民要接受创业教育，积极应对全球化不确定性的挑战。创业教育被联合国教科文组织称为国民教育的"第三本护照"，被赋予了与学历教育、职业教育同等重要的地位。

一纸文凭找工作、一个单位待一辈子、开个门面就赚钱的时代已经过去了。很多著名跨国企业都输在不学习、不改变上。你不改变观念，就无法改变"口袋"。

据工商总局统计，2015年我国每天新增注册企业1万家，2016年达到1.2万家，2017年达到1.5万家。改革开放40多年来，以个体和私营经济为主体的创业活动从无到有，不断发展壮大。截至2017年，我国民营企业近2500万户，它的作用和贡献可以用五个数字来概括：就是"56789"——"5"是民营企业对国家的税收贡献超过50%；"6"是民营企业的国内生产总值、固定资产投资以及对外直接投资均超过60%；"7"是高新技术企业占比超过了70%；"8"是提供的城镇就业超过80%；"9"是民营企业对新增就业贡献率达到了90%。创业者群体也从改革开放初期的"社会边缘群体"到20世纪末的"精英群体、海归创业者群体"，进一步向"大众化群体"演变。创业者群体的大众化虽然在一定程度上表明人人都可以创业的时代来临了，创业已经成为普通人都能开展的职业活动，但事实上创业者群体在数量上、在人口占比上，仍然是小众的。

● **重要观点**：未来社会所需人才和当今社会所需人才有着极大不同。未来许多职业将被人工智能等技术所取代，许多新职业将产生。根据研究显示，未来我国710万个工作岗位将消失，700种职业、47%的工作都可能被人工智能、机器人取代。一些学生可能在毕业的时候，他所学专业所对应的岗位已经消失；他在毕业的时候，需要从事现在可能还没有出现的职业，这就要求学生具有应对不确定性的心态和终身学习能力。

传统教育主要以知识传授和记忆理解为主，在未来靠知识记忆和简单理解为主的工作将全面被人工智能所取代，所以整个教育体系的目标必须全面加以调整，由以知识记忆为主转向以能力培养为主，更加注重培养人的思辨能力、创造能力、创新思维和创业精神，更加注重培养人机合作的能力。这就迫切要求高校教育改革，呼唤创新创业教育、创业教育与专业教育融合、产教融合。

创业教育是一种全新的教育理念和人才培养模式，更强调培育人的创新精神、开拓进取的创业思维和强烈的成功意识。回首20世纪初，商学院、管理学院都很少开设与创业有关的课程；但现在不仅很多学校的创业课程呈现出系列化，而且大批学生开始将自主创业作为他们的职业选择之一。

如今，创业更像一种职业，在不断普及，不断受到关注和追捧。

即使就业打工，也需要有创业心态。一个人不去自主创业，作为"乌卡"时代的现代商业社会中的一员，也有必要了解一点创新创业基础知识。好比虽然一个人不准备当职业运动员，但也应该了解一些体育运动知识和参与体育健身运动来强身健体，使自己一生健康幸福。

此外，现在不想创业，不代表以后不想创业。事实上，很多成功的创业"大咖"在读大学期间压根就没想过要自主创业，而且创业年龄并不小（图1-1）。有机会早一点接受创业教育，也许今后能帮到你。

> **创业明星心语**：猎豹移动CEO傅盛说，打工得有创业的心态，不然浪费的是自己。
> 创业心态就是经营你自己这家"公司"；
> 创业心态是"解决问题"，而不是"解释原因"；
> 创业心态是聚焦长远目标，看淡眼前利益；
> 没有创业心态，再努力的打工，也只是延缓被淘汰的结局而已。

柳传志 40 岁创立联想　　　任正非 44 岁创立华为　　　许家印 38 岁创立恒大

宗庆后 42 岁创立娃哈哈　　褚时健 74 岁再创褚橙　　"老干妈"陶华碧 42 岁
白手起家创业

图 1-1　创业"大咖"开始创业时的年龄

◆ **课堂小结**：即便你毕业时选择就业，不管你是进入大公司工作还是为白手起家的老板工作，你都需要具备创业精神，胜任职场的挑战，并为此担责；你都需要了解创业者思维，理解老板为什么这样考虑问题，这会有助于你更好地和创始人、领导层、客户、同事沟通，为职业生涯的可持续发展保驾护航。

1.2　高校创新创业教育的价值

话题三：

的确，大学生自主创业率不高，创业成功率不到1%。

老师，据说大学生创业率很低，3%都不到，创业成功更是小概率，那高校创业教育价值何在？

大学开展创业教育的定位原本就不只是狭义的创业培训，也不仅仅锁定为大学生毕业后创建自己的公司。因此，高校创业教育的价值体现不能仅仅用"创业成功率"来衡量，而是需要关注创业教育对大学生创业或就业，乃至择业价值观、岗位创新创造能力、创新创造创业思维、家国情怀、责任感的影响等多元角度来评价。

> **创业教育明星老师心语:** 上海理工大学创业班负责人吴满琳老师说:我们做学历教育专业级的创业班,其培养目标不是解决就业难,培养迫于生计的创业者或者追求实现财富自由的老板,而是给学生植入创业基因,培养其创业思维、创业精神和创业能力,使他们成为精通商业逻辑和企业经营之道、领悟市场经济内涵的现代人才。他们可能成为8~10年后创建伟大公司的企业家或者成为他想要的更好的自己!

● **重要观点:** 创业是一项高风险的经济活动,创业的高度不确定性、模糊性、创造性和资源的有限性都对创业者不断提出高难度挑战,这就为创业教育的存在提供了充分的必要性依据。创业教育需要回归教育本质,育人成才。即要以学生为中心,让受教育者成为一个更好的人,而非狭隘界定所谓成功人士的特征标准。创业教育需要在此大背景下进行创业教育理论与实践的传授,即尽可能地摒除对现有"创业"成功的世俗指标,如金钱、社会地位或影响力。

高校创新创业教育的价值之一:创新创业教育帮助受教育者重塑思维与行动方式,进而提升其领导力。

美国弗吉尼亚大学的萨拉斯教授历时四年研究"普通创业者如何成为优秀的创业领导者"。她深度访谈了30位成功创业者,通过分析研究他们的决策原则和思维逻辑,诠释从一个普通创业者如何成为一个优秀的创业领导者的成长路径。她认为:那些创业者无疑都具备了影响力,因为他们可以影响那些看不清未来的人追随他,尤其是那些没有资源的普通创业者。他们从一个人开始,从自己拥有的资源开始小步行动,然后真诚地和他人分享,吸引那些利益相关者和感兴趣的人加入,逐步拓展自己的目标,共同创造新未来。这些人具备了广义领导力的典型特质:非权威领导(刚开始的时候没有资源)、说服他人的能力(基于行动之后的体验感受,总结的观点)、给他人安全感(在可承担损失内行动)、坚持共创(给每个人创造的空间)、积极主动(将意外转化为机会)。

萨拉斯教授的研究成果揭示:创业者的思维和行动逻辑,普通人也可以学习。创业者的思维和方法,为我们普通人提升领导力提供了一个全新的视角和系统的方法论。

之后,萨拉斯教授将她的研究成果——效果理论(普通人如何成为创业领导者的思维与方法)进行了教学化处理,借鉴了美国百森商学院"基于实践的创业教学法",让创业思维与方法变得可教和可学。结果她得到一个惊喜的发现:如果你学会像创业者一样思维和行动,你的影响力会逐步得到提升,因为你在实践影响力的三个要素:欲望、行动和分享。这就可以让普通人或者大学生,通过创业教育的创业实践活动,学习创业者的创业思维和行动,以提升自己的终身领导力。这可以算是创业教育的意外惊喜和价值所在。

高校创新创业教育的价值之二:创新创业教育能帮助受教育者形成主动积极、坚忍不拔的人格品质和有担当的使命感。

现实中,创业者是没有上级可以依靠的。经过创新创业教育和创业实践洗礼的大学生,普遍比一般同学更具主动性,他们遇到问题,不再是推诿塞责、消极应付,而是敢于承担责任、大胆决策。同样,在任何一家企业老板都期待自己的核心员工具备这种担当精神,这也是优秀员工所必备的一种弥足珍贵的"软实力"。无论是创业还是就业,都需要这种"高唱国际歌",不再"等靠要"的主动精神。

创新创业教育是一种思维方式的变革。创业者经常用的"从0到1"的形容,就是指创业者从白手起家,在拥有极为有限的资源背景下,对尚存在的不确定与不足,秉承主动拥抱的态度,勇于试错与变革,到用其实际行动来吸引更多的可用的创业资源,进而实现创业梦的过程。而一般就业者通常认为:创业需要所有的创业资源几乎都准备好了才能开始创业行动。他们对未知或不足持消极等待、逃避的态度。创业本身动态性很强,且很多行业创业项目只有短期的机会窗口,若反复思虑踌躇,则必然错过进入行业的最佳时间点,进而不利于创业的成功。正如本书3.3节"创业精神"部分所阐述,"优秀创业者"是那些具有充盈的家国情怀、愈挫愈勇的笃定、正派为人、诚实守信等精神的人,这些优秀创业者身上所散发的优秀品质,都会在新一代潜在的"企业家"或创新型人才的职前时期,埋下一颗创业精神的种子。

高校创新创业教育的价值之三:让学生在创业过程中必须缴的学费能在创新创业教育过程中低成本地交付。

创新创业过程本质上是试错证伪的过程。创业教育,一定涉及失败教育、挫折教育。让学生在学校创新创业教育过程中有条件地尝试一些创新创业活动,在试错证伪过程中知道什么是错,该如何去做才行,这好比初学者在泳池里游泳,难免有呛水、抽筋甚至溺水的插曲,但旁边有教练或者救生员的指导、保护,不会危及生命;好比学开车的新手上路,难免有几次违反交规和擦碰的事故,这些试错过程都是必然的,而且是有价值的,使得新手们学会遵守交通规则,开始有车感,懂得开车上路的"看山水"和"门道"。

高校创新创业教育的价值之四:创业教育助推高校的教育综合改革。

从更深层次来讲,高校开展创业教育与实践,还将形成一种对传统僵化应试教育模式的"倒逼"机制。创业是容不得半点虚假、"纸上谈兵"的商业博弈活动,最能体现一个人面对现实问题的实践能力,"黑板上是没法创业的"。面向商业实战、极具实操性的创业教育取向必然与中国传统应试教育模式相悖逆,必将有力地促进、催生全新的"以学生为本"的"实效性大学教育模式"。

◆ **课堂小结:**创新创业教育的根本是培养学生终身学习和可持续发展的素质,培养学生开拓进取、坚忍不拔、团队协作、改革创新的企业家精神和创业能力。

创业是实践科学,与之相对应的创业教育教学必然采用大量的创业教学实践,而且大学是锻炼组建团队的最佳时机,创业教育中使命感、人际交往、团队建设、领导力培养、挫折失败承受力等内容是完全可迁移的通用技能,可全面提升学生的职业素质;使命感本身不是对职业的描绘,但它的确是驱动个人在职业生涯中追求卓越的"秘密武器";了解创业过程,建立对商业运营的全局思维,也是培养一个人系统思考问题的有效途径:这些都是创业教育的使命和价值所在。

1.3　学习创业与自主创业

话题四：

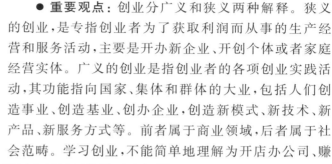

● **重要观点**：创业分广义和狭义两种解释。狭义的创业，是专指创业者为了获取利润而从事的生产经营和服务活动，主要是开办新企业、开创个体或者家庭经营实体。广义的创业是指创业者的各项创业实践活动，其功能指向国家、集体和群体的大业，包括人们创造事业、创造基业、创办企业，创造新模式、新技术、新产品、新服务方式等。前者属于商业领域，后者属于社会范畴。学习创业，不能简单地理解为开店办公司、赚钱发财；反之，也不能认为不开店、不创业就用不着学习这门课。

创业学之父杰弗里·蒂蒙斯认为：今天的创业已经超越了传统的创建企业的概念，是把各种形式、各个阶段的公司和组织都包括进来。创业不仅能为企业，也能为所有利益相关者创造、提高和实现价值或使价值再生。

学习创业是学习行为，自主创业是商业行为。自主创业是指开办企业以实现企业利润为目标的商业行为，学习创业是以培养自身素质为目标的行为。

学习创业不受时空限制，自主创业要受时空限制。学习创业，在任何时候、任何地点都可以进行；而自主创业要受到时空的限制，比如马上要收款、送货、到现场服务。

学习创业是自主创业的基础，自主创业是学习创业的实践。学习创业，重在树立创业意识、培养创业精神和提升相关的能力；自主创业是在不断学习创业的基础上，开展的具体商务活动和企业管理活动。

杰弗里·蒂蒙斯

学习创业的人不一定要自主创业，但自主创业的人一定要学习创业。当然，自主创业的人不一定在正规学校学习，他创业碰到的许多挑战会逼着他在现实实践中学习创业。

自主创业是学习创业的结果之一，不是唯一；自主创业的人，如果不能不断地学习创业，其创业项目或创业的实体就很难做大、做强。

学习创业，可能只是阶段性（大学期间）的行为，自主创业是一个长期的过程。学习创业对某些人来讲只是一段时间，是学业的要求，或者发展的需要；但自主创业却是一个长期的、需要坚持的过程。

◆ **课堂小结**：学习创业与专业学习相通，自主创业与专业可以无关。从创业教育的角度来说，在大学学习创业要与专业学习相融合，而自主创业所选择的创业项目可能与专业毫不相干。学习创业，可以体现在自主创业的整个过程中。自主创业所需要的知识、能力和其他方面的素质，并不能仅依靠在大学里的学习。不论从活到老学到老的角度来看，还是从学习是一种生存方式的角度来看，学习创业都体现在自主创业的整个过程之中，但并不等于说,只有在大学学习了创业基础课程,接受了创业教育,才能有创业成功的把握。

1.4　大学生能够创业吗

话题五:

老师,社会上许多人都说大学生创业不靠谱。难道让大学生创业是个"坑"吗?

大学生肯定是能够创业的。

高校每年毕业生超过800万,麦可思调研统计数据显示大约有3%的大学生会选择创业(近5年有明显增加),即每年至少有20多万大学生会选择自主创业。至于说,大学生创业是"坑",其实,不管是什么创业者,在创业路上都会碰到"坑"。

◆ **事实说话**:上海理工大学,自2007年创办"上海理工大学大学生职业教练营",先后有上千名学生接受教练营的实训(普及型创新创业教育);2009年年底开始做上海市教委指定的在全校各专业招收工商管理(创业方向)专业创业班,至2018年已办4期,有近100名在校大学生接受专业级的创业教育。其中就有:59 store的联合创始人卯申宝,樊登读书会联合创始人郭俊杰,国妆集团总裁穆振兴(获2017年中国30位30岁商界精英),上海纾瑶企业管理公司创始人岑伟平,温州首家民营金融类产业园副总裁叶小伟,奇怪果园创始人林绘,腾腾钱币社创始人梅腾、陈运义、刘东、胧爱文化传播有限公司创始人蒋公宝,友家别墅派对创始人和CEO顾文君,嘟嘟学车的史永平、宋勇奇等。他们中有毕业时就自主创业的,也有毕业几年后辞职创业的。首期创业班的创业率高达86%,2~3期创业班有30%~40%的创业率,这些案例和数据足以说明大学生能够创业,而且大学生接受创业教育能够帮助学生走多元化成才之路,实现他们的人生梦想和自我价值。

不管你是不是大学生,创业成功都可以为社会创造财富、提供就业机会、促进经济发展、实现人生价值。目前整个社会都在鼓励创新、创业,有创业精神的人会得到更多的鼓励和肯定。

当然,很多人认为大学毕业5~10年后的创业者更有优势。因为,此时创业者已有良好的人脉积累,有较深入的产业经验,并有了一定的物质基础,还有良好的见识和成熟的心态,创业成功率肯定比应届毕业生高。

那么,是不是大学生创业就不现实呢? 的确,我国大学生创业率不高,大概为2%~3%。

首先,当前的国家政策为有创业梦想的大学生自主创业提供了有利条件,允许创业活动纳入实践学分,允许休学创业,还提供免费创业孵化器和创业指导,提供无息贷款和政府资金扶持等。

其次,移动互联网的快速普及极为深刻地改变了现代人的生活方式。"90后"大学生作为智能手机的第一代重度用户,比其他人更能深刻理解移动时代的生活消费和工作方式。在这个全新的领域,年轻的创业者更有可能比年龄大的创业者准确把握社会需求,创造出新的商业模式和工作机会。

最后,不少大学生已经通过各种创意实践积累了高水平的科研创新成果和商业活动经验,这样的大学生将创业作为自我价值实现的渠道是应该得到肯定和支持的。

有研究表明:创业与年龄、学历、性别、所学专业无关,与个人机遇和创业意愿以及主观能动性有关,关键是创业者本人有没有为创业做好心态和能力方面的准备。

创业教育能带给学生启发。在教学过程中,学生能认识自我、找到自我价值,感受创业者的成长,体会理解创业过程及创业要素,为自己的未来做好准备,获取未来的选择权。

● **重要观点**:学生最终有没有走上创业的道路并不是最重要的。创业只是整个社会很小的一部分,你可以去政府工作,可以去当一名老师,可以做一个自由职业者,社会变化那么快,你的想法有可能也会变。但我们希望,创业思维和相关能力的训练,可以给学生将来提供更多的自由和选择,去做他们想做的事情。

创业教育项目会让学生开始接触创业所需的技能与知识,甚至让他们开始人生中的第一个创业项目。但比起培养"创业家",这些教育项目更注重培养的是"有创业思维的人"和"有创业精神面貌的人"。让他们有能力、有意识、有担当,去领导、参与有效的实践活动,以抵抗未来世界可能出现的一系列经济、政治、社会和技术以及其他未知领域的风险。

◆ **课堂小结**:在这个时代,你的专业会背叛你,你的工作会背叛你,你的行业会背叛你,唯一不能背叛你的,是你的思维认知和你的能力!

1.5　怎样学习这门课

《大学生创新创业基础》定位于帮助学生改变自我。改变学生和读者的自我认知和心智模式,基于创新创业的基础知识,结合创业情境的实用/适用工具,树立和强化创新创业思维,熟悉和深刻理解创业行为逻辑,敢于挑战和超越自我。

话题六:

在现代创业活动中,创业者可能会经历创业方向的选择,组建创业团队,打磨验证商业计划,争取投融资或获取政府的政策支持等过程。

本书围绕创业者在创业过程中的各项管理活动展开,聚焦于这些活动中经常遇到的问题,重点帮助大学生了解在这些创业关键活动中,应该了解和注意的事项,学习常见的分析方法,了解分析典型的案例,逐步理解和培养创业者的思考模式。

这些活动也构成了本书的框架骨干。我们建议大学生循序渐进地学习本书,也可以从自己关注的内容开始学习。

在"互联网+教育"的大背景下,创新创业基础课程秉承建构主义学习观和高阶思维教学设计理念,构建"教材+在线课程+见面课互动+课外线下实践指导"四位一体的混合教学模式。

采用混合教学与翻转课堂等模式,有利于知识内化和能力强化:充分发挥网络在线教学碎片化、学生自主分散学习知识点的优势,强化精心设计教学实践环节的见面课对创业知识、能力的内化功能。在教学过程中,课堂"翻转"颠覆了传统教学模式,它将课堂主体的角色互换(由"教师为主角"变"学生为主角"),转变课堂知识传授、课下知识内化与能力提升的方式("集中授课"变"分散、碎片化"自主学习,由"课下独立完成作业"变为"见面课集体解惑、聚焦问题互动分享"),实现了两个"翻转"。学生通过教材预习和网络在线学习授课内容,教师在见面课上解构知识点、分析案例、互动交流并答疑,同时结合课下教学实践活动,以此来引导帮助学生感知创业过程、培养创业精神、创新意识和提升创业能力。

● **重要观点**:创新创业教育是培养高质量人才的有效方式,其重点是对大学生的创新创业潜能进行有效开发;要改变原来照本宣科的教学形式,融入多元的教育理念和方法,是名副其实的素质教育;应精心设计一系列丰富多彩的创新创业教育实践活动,让大学生对知识资源、人脉资源、环境资源等进行整合的能力得到锻炼提高,在规划自己未来的职业生涯时更科学、更有的放矢,从而更大地发挥人才的价值。

创业是实践性非常强的活动,不同的创业者在创业过程中进行了丰富多彩的创业实践。例如,有的创业者是先成立团队再找项目;有的创业者是先有点子,再组建团队创业;有的创业者是误打误撞,"被逼"创业,慢慢做大。但不管是哪一种模式,都会遇到上述的创业活动,都要经历创业的全过程,都需要了解如何管理这些创业活动。我们不可能要求所有大学生都去参加创业实践,并带着实践问题来学习。因此在本书中我们会更多地运用案例学习法,通过案例的教学,不断地提出问题,引导同学们去思考创业活动中会遇到的挑战,得出自己的答案。

本书中我们不提供标准答案,实际上,创业活动也没有标准答案,但需要开放式的思考、思辨和行动。因此,我们特别鼓励同学们收集自己看到的商业案例,并在课堂上交流讨论,结合具体的创业活动,谈谈自己的看法和观点。尤其鼓励同学们就自己发现的商业机会,不断试错、探索打磨,逐渐形成商业计划书。我们认为这是一次系统的培养商业思维的训练,这也是让本课程落地的关键。

课堂学习

　　小谢2014年毕业于某高职学院的服装设计专业,她是来自苏北农村的孩子,她很想有自己的设计工作室,有自己的产品,但不论从专业水准还是经济实力上来讲,她都不具备条件。因为她上学花了家里不少钱,她想赶紧找一份工作,为父母分担经济压力。而服装行业,要么是设计岗位,要么是销售和制作,作为一名高职毕业生,她目前只能做一些低层次的工作,收入微薄,也看不到前途。她在两年之内先后跳槽了三个单位。正当她内心焦虑、情绪低落时,她听说校友中有位师姐创立的在线定制服装工作室生意兴隆。她通过网络查找了师姐的服装工作室,并且选择了一件连衣裙款式进行了定制,第二天她在定制平台上就看到了专为她设计的五款样品,确认后第三天她就收到了成衣,这次消费体验感觉很好。之后,她慕名前去学习并成为制衣设计室的专业设计员。小谢说,如果有机会她也要创立自己的制衣社。

扫码看启示　　分析这个案例,我们有什么启发?

● **专家观点：**

有专家断言，个性化、信息化、多样化、品质化消费将成为商业社会的主流。传统的以模仿为主的消费阶段将被个性化、信息化、多样化的消费阶段所替代，如定制的社会生活需求将扩大到社会各个阶层，这会导致向社会提供的产品和服务必须依靠设计创新、供给创新、管理模式创新来支撑。创新创业在各个层面、各个领域全面展开。今天的时代已经是创新创业时代。创客、极客、威客纷纷登上了时代发展的前台，他们已经成为历史的弄潮儿。

◆ **课堂小结：** 学习创业与自主创业不是一回事，这是我们本节课得出的结论。国家既要推进创业教育，促进大学生学习创业，同时也鼓励、支持大学生自主创业。我们之所以要首先讨论学习创业与自主创业的关系问题，就是因为大多数同学（包括不少的领导和老师）没有分清两者的关系，误以为学习创业就是要搞自主创业。

我们身处一个创新创业的时代，但推进创新创业教育，鼓励大学生自主创业，绝不仅仅是为了支持经商图利的行为，而是帮助大学生获得创业的动力和基础。实际上，多数的同学是先工作，在工作中创事业，获得个人成长进步；其中有的同学会在比较合适的时候进行创业；也有一部分同学一毕业就会自主创业。但不论是自主创业还是在工作岗位上创事业，学习创业都是我们成长的需要，是社会发展的需要，是今天的需要，更是未来的需要。

现在，你对学习创业有兴趣了吗？

★ **课后练习**

1. 你知道自己昨天的幼稚吗？今年的我与去年有什么不同？仔细思考一下，写下自己的答案，并提交或在课程群里分享。

2. 分学习小组（模拟创业团队 5～8 人）讨论：自主创业与打工就业的区别（好处与挑战），并在课堂上分享。（10 分钟）

扫码看参考

课下 3 - 2 - 1 行动

《大学生创新创业基础》——所学知识点内化和能力点强化
——每课 3 - 2 - 1 练习

3 项收获 从本课程中找出 3 个 对你最有启发的具体知识点	2 项计划 请从 3 项收获中找出 2 项你认为将来可以执行的内容	1 项行动 请从 2 项计划中找出 1 项 你最想执行的行动
1. 2. 3.	1. 2.	行动内容：（阐述请符合 5W2H 的原则） 截止时间：

续 表

请写出你(们)的行动学习心得体会(300 字以内),提交:

_____

_____

_____

_____

_____

_____

_____

_____

_____

第 2 模块　创新思维与创新方法

> "人"之可贵在于能创造性地思维。
>
> ——我国著名数学家华罗庚

◇ **学习目标与要求**

　　1. 理解创新定义与形式；

　　2. 理解创新与创业的关系；

　　3. 理解创新思维的定义与内涵；

　　4. 创新思维常见的几种形式；

　　5. 掌握解决问题的经典步骤；

　　6. 利用创新思维与创新方法解决问题。

◆ **课前导读：华为的创新实践**

华为的创新实践之一：技术创新

　　自 1992 年以来，华为一直坚持将年销售额的 10% 以上投入研发。2013 年，华为的研发投资达到 53 亿美元，过去 10 年来超过 200 亿美元。华为在全球拥有 16 个研发中心，2011 年建立了基础科研实验室，堪称华为的秘密武器。

　　华为在欧洲等发达国家市场的成功得益于两种颠覆性的产品创新：分布式基站和 SingleRAN。后者被沃达丰的技术专家称为"性感的技术发明"。该颠覆性产品的设计原理是将 2G、3G 和 4G 集成在一个机柜中，理论上可以为客户节省 50% 的施工成本，同时也非常环保。华为的专业竞争对手也在试图模仿创新，但迄今为止还没有出现真正的实质性突破。由于这种多系统集成背后有复杂的数学运算，所以它绝非简单的构件程序集。

华为的创新实践之二:"工者有其股"的制度创新

在互联网和全球化的时代,如何管理社会知识工作者一直是管理研究的薄弱环节。"工者有其股"应该是华为最大的颠覆性创新,是华为创造奇迹的根源,也是任正非为填补当代管理研究空白所做出的巨大贡献。

从常识来看,任正非可以拥有华为的全部股权,但创新必须与直觉相反。从华为成立的第一天起,任正非就对知识员工的无形资产进行了定价,这些无形资产是非货币的、非实物的,是以"业主"为核心资产的,员工可成为华为的股东和老板。迄今为止,华为拥有近 8 万名股东。最新的股权创新计划是:大量外籍员工也将成为公司的股东,进一步实现"工者有其股"。这无疑是自创业以来,非上市公司员工股东人数最多的企业,这无疑也是一种创新。它不仅体现了创始领袖的奉献精神,也考验着管理者的把控能力:如何在如此分散的股权结构下,实现企业的长期使命和中长期战略,满足股东阶层、劳动者阶层、管理阶层的不同利益,从而达成不同诉求的内外部平衡,这其实是极富挑战的。从这一意义上看,这种颠覆性创新具有独特的标本性质。

华为的创新实践之三:市场与研发的组织创新

任正非

华为市场组织创新是所谓的"一点两面、三三制"。什么是一点两面?锋利的刀子首先撕开了"华尔街的城墙"(任正非的语言),两翼的部队迅速地从两边拉开缺口,然后,"华尔街就是你的了"。"三三制"是指组织形式。"一点两面、三三制"作为华为公司的一种市场战模式和一线组织建设原则在公司内部得到了广泛推广,这是受到中国军队的启发。20 多年来,华为在市场组织建设上的创新为其市场成功做出了巨大贡献,至今仍被市场指挥者视为经典。

华为的研发制度创新体现在:固定网络部门使用工业流程进行研发,创建模块化组织,将研发产品分解为不同的功能模块,在此基础上,建立了不同的模块化组织。每个组织由 4～5 名有能力的专家组成,分别处理关键技术问题,突破后整合模块。这种研发体制的优势在于:第一,大大提高了研发速度;第二,每个模块的人员都是精英,所以每个模块的错误率非常低,集成错误率相对较低。华为 400G 路由器的研发就是以这种方式进行的,领先思科公司 12 个月以上,已经在世界许多国家部署并成熟应用。

华为的创新实践之四:决策体制的创新

轮值首席运营官(COO)是华为决策系统的独特创新,即由七名执行副总裁轮流担任首席运营官,每六个月轮换一次。COO 轮换制已经运营 8 年了。结果是什么呢?

首先,任正非远离经营,甚至远离管理,成为一个"大脑越来越发达、四肢越来越萎缩"的领导者。大企业真正的领导者在进入相对成熟的阶段时,必须是"畸形"的,大脑极其发达,注重思想文化,注重企业理念的建设;"四肢要萎缩",因为四肢如果不萎缩,他们就经常会指手画脚,下面的人会无所适从。

其次,避免"山头"问题。华为的轮值 COO、轮值首席执行官(CEO)制度,从体制的角度限制了"山头文化"的扩张,为公司积聚了大量来自世界各地的优秀人才。同时,这种创新体系也使得整个公司的决策过程越来越科学化、民主化。华为从早期高度的集中化发展到今天的适度民主和适度集中化的组织决策系统。

华为作为一家非国有公司,为中国信息产业的发展树立了榜样。随着我国改革的不断深化和发展,自主创新已成为今日的主题。信息产业作为国民经济的基础产业、主导产业和支柱产业,是世界上最活跃的产业之一,对经济增长的贡献最大,已成为中国第一个支柱产业。随着经济全球化的加剧,我国信息产业面临着前所未有的竞争和压力。如何在竞争激烈的国际环境中取得新的突破和发展,是中国企业必须解决的问题,唯有加快自主创新的步伐才是出路。

创新的本质是进取,是推动人类文明进步的阶梯。如果没有具有创新精神的人类祖先开发他们的大脑,很难想象世界会变成什么样子。创新印刻在人类的 DNA 中,不停地刺激人们向着更舒适、更便捷、更富足的生活发展。

2.1　创　　新

2.1.1　理解创新

我们先来看看人们通常理解的创新是什么。

看看比尔·盖茨、马斯克,他们都是用高科技改变了世界的人(图 2-1)。人们常说"科技创新",但创新并不一定意味着高科技。

图 2-1　高科技创业者比尔·盖茨、马斯克

再看看图 2-2 显示的大家熟悉的电影《阿凡达》画面。你说它是创新吗? 它是高科技吗?

图 2 - 2   电影《阿凡达》剧照

它当然是创新。它是世界电影历史上的里程碑,引领了 21 世纪的电影发展,也是迄今为止最成功的电影之一,商业票房有 35 亿美元之多。可它不是高科技产品,它是文化创意产品。

创新有很多形式,文化创意也是创新。科技创新和文化创意都是创新,还有我们的"新四大发明":高铁、扫码支付、共享单车和网购也是创新,而且每一个都开创了新行业!

那么,如果我们身处一个传统行业,是不是就和创新失之交臂了呢?

答案是否定的,麦当劳算是最传统的食品行业,它就是把传统做汉堡包这件事用工业标准化的流程进行了创新,结果它就成了全球餐饮旗舰标杆。所以,创新跟行业无关。

如图 2-3,某酒店服务员为有阅读习惯的入住客房的顾客准备的一个精美的书签和一张温馨的纸条,让客人感觉十分亲切而感动不已,连称以后到此地一定要住这家酒店。

这个来自普通服务员个体的创新服务,彻底颠覆了人们对创新的认识。

就像著名管理学大师德鲁克说的那样:创新就是通过改变产品和服务,为客户提供价值和满意度。它可以是任何人在任何时间、任何行业做的任何一件事,只要这件事可以为客户提供价值、令客户满意。它不一定"高大上",不一定是高科技,也不一定是产品和实物。北大教授张海霞认为:"创新是一种通识能力,所有人都可以拥有,经过学习都可以掌握,在生活和工作中随时都可以应用并不断提升。"

创新源于拉丁语,其原意有三层含义:更新、创造新的东西和改变。创新是人类特有的认识能力与实践能力,也是人类主观能动性的高级表现形式。

创新学术上的定义:创新是指以已有的思维方式为指导,提出不同于传统或普通思

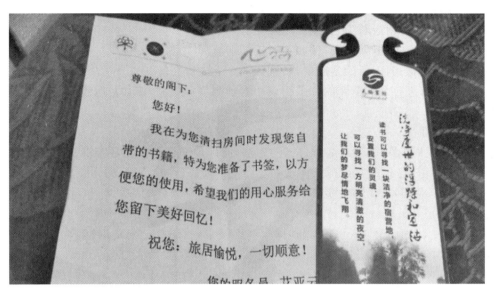

图 2-3 酒店给顾客准备的书签

维方式的观点,利用已有的知识和材料,创造新事物、新方法、新元素、新路径、新环境,并取得一定有益效果的行为。

创新是以新思维、新发明和新描述为特征的一种概念化过程。对创新概念的理解一般有狭义与广义两个层次。

狭义的创新概念:立足于把技术和经济结合起来,即创新是一个从新思想的产生到产品设计、试制、生产、营销和市场化的一系列行动。

广义的创新概念:表现为不同参与者和机构(包括企业、政府、学校、科研机构等)之间交互作用的网络。在这个网络中,任何一个节点都可以成为创新行为实现的特定空间。创新行为因而可以表现在技术、体制或知识等不同层面。

2.1.2 创新的特点与形式

1. 创新的特点

创新是个体或组织根据一定目的或任务,运用一切已有资源,创造出新颖、有价值的成果的行为。

创新的最主要特点是新颖性和价值性。

(1) 新颖性。

新颖性并不是仅仅指别人从没想到过的点子(发生这种情况的概率很小),还包括别人已经知道,但没有在你的专业或行业领域应用和实践过的创意。

"创新"并不一定非要亘古未有、举世无双,只要在此时、此地、此事上是"新"的就足够了。像某些"点子大王"给儿童商店出的"点子":"把柜台摆低一些""墙壁上画一只米老鼠"等,这些都是创新。

经济学家熊彼特曾经从企业的角度把创新分成了五类:

① 产品创新：创造新产品，例如：苹果手机。

② 工艺创新：创造新工艺，例如：福特生产线。

③ 市场创新：开拓新市场，例如：王老吉凉茶。

④ 要素创新：纳入新的生产要素，例如：特斯拉的汽车电池。

⑤ 制度、管理创新：企业内部采用新的管理制度和机制，例如：稻盛和夫的阿米巴经营管理模式。

（2）价值性。

新奇的东西很多，每个人都有自己的想法，而评估一个新事物是否符合创新的标准是要对别人有价值，这里的"价值性"体现在三点上：省钱、省时、更好的体验。

① 省钱：微信，省了通信费；360 杀毒，省了买杀毒软件的钱；携程，省了原价入住酒店的钱……

② 省时：滴滴出行，省了等车的时间；百度搜索，省了找信息的时间；购物网站，省了外出购物的时间……

③ 更好的体验：3D、VR、AR 电影比 2D 电影有更好的体验；苹果公司的产品比一般的产品有更好的体验；前面所述有阅读习惯的客人入住酒店，被服务员精心制作的温馨书签所感动而有了更好的体验。

任何一种创新，至少满足上述三点中的一点。如果能同时满足三点，将会创造更大的价值。创新的本质，就在于"创造价值"。

2. 创新的形式

创新的三种基本形式是发现、发明和革新。发现是对已经存在但还不为人知的事物的认知；发明与革新相近，但发明侧重于从无到有，而革新侧重于改良、改进。

研究角度不同，创新可以有多种分类。按照创新主体的不同，可以分为个体创新、组织创新和国家创新；按技术创新活动层次不同，可以分为企业创新和产业创新；依据技术来源的不同，可以分为自主创新、模仿创新和合作创新；依据创新变化强度的不同，可以分为渐进性创新和突破性创新。

从创业的角度来看创新，创业者往往先有创意，这就是思维创新，思维创新可能会转化为产品（服务）创新或技术创新；在创办企业的过程中，会有组织与制度创新和管理创新；然后通过营销创新来实现产品的销售和促进企业生存发展，最后通过文化创新来凝聚人心，实现企业的长远发展。所以从创业的角度来看，创新主要有七种形式：① 思维创新；② 产品（服务）创新；③ 技术创新；④ 组织与制度创新；⑤ 管理创新；⑥ 营销创新；⑦ 文化创新。

（1）思维创新。

思维创新是指突破已有的思维定式，以一种创造性和开拓性的思维，找出解决问题的新方法或新思路。人们通常将这种新思路叫作"新点子"。思维创新通常具有求异性、敏锐的洞察力、创造性的想象和灵感等特点。

思维创新是一切创新的前提，任何人都不能封闭自己的思维。美国 BBDO 广告公司的奥斯本首创头脑风暴法。该方法主要由价值工程工作小组人员在正常融洽和不受任何限制的气氛中，以会议形式针对某一问题进行讨论，打破常规、积极思考、畅所欲言，充分发表意见,提出解决办法。奥斯本定的目标是 1 小时内想出 100 个新点子(原来以为最多能想出 50 个,结果却是 103 个)。如果我们的思维模式趋于固定,就会严重阻碍创新。有的公司不断招募新的人才,重要原因之一就是期望其带来新观念、新思维,不断创新。国外近年来还出现了"思维空间站",其目的就是进行思维创新训练。

案例分享

　　国外一家公司既经营鲜牛奶又经营面包、蛋糕等食品。这家公司出售的牛奶质优价廉,每天都能在天亮以前将牛奶送到订户门前的小木箱内。牛奶的订户不断增多,公司获利越来越大。可是这家公司经营的面包、蛋糕等食品,虽然质优价廉,但由于门市部所在的地段较偏僻,来往的行人不多,营业额一直不大。

　　这家公司的老板觉得面包、蛋糕一类食品,不同于一般大件商品,在报纸或其他新闻媒体上公布其名称、价格,是不容易引起消费者注意的。该公司老板从牛奶订户不断增多的事实中感到,牛奶订户是一个很大的消费群体,对其进行宣传不仅能获得很好的效果,还能通过他们不断扩大影响。

　　于是他认定,要为面包、蛋糕等食品作宣传,可以在牛奶订户上作文章。经过他不断地左思右想,终于想出一个投资不大而又宣传效果极佳的推销面包、蛋糕的好方式。这家公司的老板想出的办法是:设计、印制一种精美的小卡片,正面印各种面包、蛋糕的名称和价格,卡片的背面是订货单,可填写需要的品种、数量、送货时间及顾客的签名。每天把它挂在牛奶瓶上送给订户,第二天再由送奶人收走,第三天便能将所订的面包、蛋糕等食品随同牛奶一起送到订户家中。

　　公司老板通过有意识地运用创新思维想出的这种推销面包、蛋糕的办法,既扩大了销路、增加了盈利,又是一种便民利民之举,必然大受欢迎。

　　(2) 产品(服务)创新。

　　产品创新是指改善或创造产品,进一步满足顾客需求或开辟新的市场;服务创新是指新的设想、新的技术手段转变成新的或者改进的服务方式。对于生产企业来说,是产品创新;对于服务行业而言,主要是服务创新。手机在短短的几年时间内已经经历了模拟机—数字机—可视数字机—可以上网的手机的创新。手机的更新演变,生动地告诉我们产品的创新是多么迅速而高级。麦考密克的收割机和 Intel 的微处理器都是创新的典范。

　　服务创新,可大可小,只要能够带来被消费者所认可的与众不同的新奇体验,就是有价值的,并成为企业的竞争优势。

　　例如在某餐馆吃饭,刚上完茶水,服务员会很细心地拿出一摞塑料袋。顾客正在纳闷的时候,服务员很周到地将每个客人的手机用塑料袋装起来,"这样手机就不会被茶壶漏出来的水淋到了"。一个小小的动作,一句温馨的解释,令顾客恍然大悟,不禁为餐馆老板的聪明和体贴所折服,也就记住了这间餐馆。更妙的是,只是一个小小的塑料袋,批量采购的话，也就几分钱一个，但它不仅留住了顾客的心，而且从根本上杜绝了由于服务员不小心所带来的纠纷。

（3）技术创新。

技术创新是企业发展的源泉，是企业提高竞争力的根本所在。对一个企业而言，技术创新不仅指应用自主创新的技术，还可以是创新地应用合法取得的、他方开发的新技术，或已进入公有领域的技术，从而创造市场优势。

世界最大零售企业沃尔玛（Walmart）是技术创新的典范（图 2-4）。沃尔玛 1985 年启用 Hughes Network Systems 六频道人造卫星，老板山姆·沃尔顿通过录像带可以同时对所有员工进行培训，每一家分店都与总部相连，分店的温度、销售业绩、顾客的停留时间、购买行为模式等信息全部汇集到总部。沃尔玛还是世界上第一家试用条码即通用产品码（UPC）技术的折扣零售商。1980 年试用，结果收银员工作效率提高了 50%。从此，所有沃尔玛分店改用条码系统。

图 2-4   沃尔玛

（4）组织与制度创新。

组织变革和创新的理论基础是系统理论、情景理论和行为理论。系统理论认为组织是一个开放、有机和动态的系统，由三个子系统组成，即技术系统、管理和行政系统、文化系统。三个系统相互联系，一个子系统改变其他会跟着改变。典型的组织变革和创新是通过改变员工态度、价值观和信息交流方式等途径，帮助企业认识和实现组织的变革与创新。情景理论认为在企业中没有一个一成不变、普遍适用的最好的管理理论和方法。行为理论则认为在企业中人的行为是组织与个人相互作用的结果。企业的组织变革和创新，能够改变人的行为风格、价值观念、熟练程度，同时能改变管理人员的认识方式。

组织与制度创新主要有三种：

① 以组织结构为重点的变革和创新，如重新划分或合并部门，流程改造，改变岗位及岗位职责，调整管理幅度。

② 以人为重点的变革和创新，即改变员工的观念和态度，包括知识的变革、态度的变革、个人行为乃至整个群体行为的变革。

③ 以任务和技术为重点的变革和创新，任务重新组合分配，更新设备，技术创新，达到组织创新的目的。

（5）管理创新。

管理创新是指企业把新的管理要素（如新的管理方法、新的管理手段、新的管理模式）或要素组合引入企业管理系统以更有效地实现组织目标的创新活动。世界上没有一个一成不变、最好的管理理论和方法，当环境情况改变时，管理就要发生变化。例如，英特尔前总裁葛洛夫进行的管理创新：① 产出导向管理，产出不限于工程师和工厂工人，也适用于行政人员及管理人员；② 在英特尔，工作人员不只对上司负责，也对同事负责；③ 打破障碍，培养主管与员工的亲密关系。

（6）营销创新。

营销创新就是根据营销环境的变化情况，并结合企业自身的资源条件和经营实力，寻求营销要素在某一方面或多个方面的突破或变革的过程，包括营销策略、渠道、方法、广告促销策划等方面的创新。

中国的网络游戏市场从 1998 年开始起步以来，一直鲜有盈利的先例。1999 年 11 月成立、2001 年 3 月才进军网络游戏市场的上海盛大网络发展有限公司改变了这种局面。盛大公司的营销创新就是通过代理国外成熟游戏，快速获得了质量相对优良的产品；通过向游戏玩家收费，找到了以往网络游戏依靠网络广告、电信分成等盈利模式之外的新盈利模式，这种直接面向终端消费者的模式，无疑更为稳定可靠；通过渠道扁平化，盛大公司提高了销售终端的覆盖率和控制力度；该公司还向传统行业学习，通过向游戏玩家提供优质的售后服务，从而培养玩家的忠诚度。

（7）文化创新。

文化创新是指企业文化的创新。通过文化创新确立企业新的价值观，通过价值观来凝聚人心，推动企业变革。20 世纪 60 年代企业竞争的核心内容在于技术，70 年代在于管理，80 年代在于营销，90 年代在于品牌。继技术竞争、管理竞争、营销竞争、品牌竞争之后，21 世纪企业竞争的核心将在于企业文化。企业文化创新关键在于企业领导者要加强自身修养，做好企业文化创新的领头人；要与人力资源开发相结合，建立学习型组织。

2.1.3 创新与创业

要进行创新创业，首先要了解创意、创新、创造与创业。

1. 创意、创新、创造、创业

创意可能是灵光一现的"点子"，创新是从无到有或从有到优，创造是在创新的基础上有一定的"结果"，创业是将创新或者创造的结果商业化并实现其价值的过程。

创意是创新的起点，创新是创造的必要条件，创业是创新的价值体现。创业的本质在于把握机会,创造性地整合资源、创新和快速行动。所以说,创业的本质是创新,创新是创业的灵魂,两者之间存在密切的内在联系。

奥地利经济学家熊彼特是创新理论的奠基人。他认为:创新是一个经济范畴而非技术范畴,它不仅是科学技术上的发明创造,更把已发明的科学技术引入企业之中,形成一种新的生产能力,即"创新就是建立一种新的生产函数,在经济活动中引入新的思想、方法实现生产要素的新组合"。另外,他还指出,创新是对新产品、新过程的商业化及新组织结构等进行搜索、发现、开发、改善所采用的一系列活动的总称。熊彼特的理论观点至今一直被视为对创新的经典性论述。其主要原因就是熊彼特的创新概念就是一个带集成形式的表述——尽可能广义的创新,它既包括技术创新,又包括商业模式创新、组织创新、文化创新等形式的非技术创新。

20 世纪 90 年代,我国将创新一词引入科技界,出现了"科技创新""知识创新"等说法,进而扩展到社会生活的各个领域。创新有狭义和广义之分。狭义的创新是指理论、方法或技术等某一方面的发现、发明、改进或新组合,主要立足于把技术和经济结合起来;从广义上来说,创新行为力求将科学、技术、教育与经济融合起来,并表现在不同的层面。

狭义的创业是指创业者以创造价值和就业机会为目的,通过组建新企业,为社会提供产品服务的经济活动。这种创业对创新的要求并不一定高,更强调的是有组织的经济活动。

2. 创新与创业的内在联系

创新与创业都是赋予资源以新的创造财富能力的行为,以实现价值创造为归宿。创新与创业联系紧密,交互共生,但是究其本质而言,两者既有内在关联性又有显著的差异。创新与创业的关联性体现在以下三个方面。

(1) 创新是创业的灵魂、本质与动力。

创新是以新思维、新发明和新描述为特征的一个概念化过程。只要是创业,就有一个从无到有,从 0 到 1 的过程,所以说创新是创业的基础,创业又推动着创新。创新是改进,创业是行动,在创业过程中要不断创新。创业者不论是创建新企业,还是开发新产品、实施新战略、开辟新市场、引进新技术或配置新资源,都是不同程度的创新活动。因此,创业者首先是创新者,而创新的思维和能力则是创业者个体创造力水平的综合体现。

美国著名学者加特纳教授曾对多位学者和商业领袖进行调查,结果显示,在创业活动中最显著的属性是创新,包括开创新事业、创建新企业、创造新产品或新服务、把握机会创造价值以及实现价值增值等。

现代管理学之父彼得·德鲁克曾经说过:"创业精神是一个创新过程,在这个过程中,新产品或服务机会被确认、被创造,最后开发出产品并创造新的财富。"

(2) 创新的市场价值由创业来实现。

创新的前提是创意,创新的延伸是创业和市场。《第五代创新》一书曾指出:"由于当前世界经济的转型,创新的模式也发生了巨大的变化,仅按'基础—技术—应用技术—推广'的'研发链'进行创新,已经远远不够,要继续向下游延伸,形成'产业链':将创新成果变成产品；在此之后，还有很重要的一条'市场链'：将产品推向市场，形成价值。这三根完整的链条共同构成了'创新创业链'，每根链条的每一个环节都有创新的不同内容与需求。"

创新的最终价值在于将理论知识和技术等转化为生产力，而创业则是实现这种转化的条件和基础。创业者的创新成果通过"市场链"进入市场后实现商品化和产业化，并最终得以转化为价值和社会财富，造福国民、社会和国家。

市场是决定创新成败的试金石。彼得·德鲁克认为，创新的考验并不在于它的新奇性、科学内涵等，而在于推向市场后为顾客接受的程度，也就是能否创造出新的价值。

（3）创业推动并深化创新。

创业活动能够推动和促进新产品、新服务的出现，创业在理性地分析市场变化和需求的同时，也能达到刺激市场产生新需求的效果。创业还能够进一步深化创新，将创新成果产业化和商业化，实现其真正价值。创业在提高企业、国家创新能力的同时，也推动了社会经济增长。

创新和创业具有差异，如同发明者和企业家不是同一个概念一样。一个优秀的发明者未必是企业家，发明成功并不意味创业成功；创业者也不一定是发明创造者，但创业者必须具备发现潜在商业机会并敢于冒险、勇于创新的特质，创业者能够将发明者的创新成果实现商业化和产业化，实现其潜在的市场价值。

根据科技部、发改委和国家统计局等相关部门的统计，我国每年会有约 3 万项重大科技成果，但平均转化率仅为 20%，实现产业化的不到 5%，高校科技成果转化率不到 10%。可见，大量的创新成果如果不能转化为实际的生产力和社会财富，也只是"镜中花、水中月"，并且在研发过程中所付出的各项资源成本也得不到回报。所以，我们需要鼓励创新成果的创业化转型，促进和推进"市场链"的产生和发展，实现创新成果的真正价值。

综合而言，创业与创新主要有以下几点差异：

① 关注焦点不同。创业并不一定需要创业者创造出以前从来没有过的东西，或去做以前从没有人做过的事情。现实生活中有很多创业活动主要是在前人的基础上进行模仿和学习的，自身可能并没有什么创新，但这也是在创业。相对于创新，创业更加关注的是恰当的机会和充裕的市场；创新则是以现有的思维模式提出有别于常规或常人思路的见解为导向，利用现有的知识和物质改进或创造新的事物、方法、元素、路径、环境。所以，创新关注的是"新"和"改变"。

② 实现手段不同。创业重"业"，往往通过创建新的企业、新的组织，并且必然要通过"市场链"实现财富的创造；创新重"新"，往往通过新发现、新发明创造或者开辟新局面、开创新事业来实现。受传统"学而优则仕"和"轻商"观念影响，我国的科研工作者往往在创新过程中片面注重"研发链"而忽视科研成果的市场转化——创新如果忽略"市场链"，就可能并不涉及创业。

③ 涵盖范围不同。从涵盖范围来看，创业是一个经济学的范畴，它是指创业者对自己拥有的资源或通过努力对能够拥有的资源进行优化整合，从而创造出更大价值的过程。创业是创业者识别到商机并付诸创业行动继而将其转化为具体的社会形态，最后获得利

益和实现价值的过程;而创新则是拓宽已有的领域或者开辟新的领域,表现形式可以是新的事物、方法、元素、路径、环境等,创新不需要以创办企业为依托。

总而言之,创业必然涉及很多创新,但创新并不一定就是创业。

作为大学生创业者,应该明白创新对于创业的重要性。没有创新,大学生创业者将很难在激烈的创业竞争中脱颖而出。创新方法很多,有的人通过引进一种新产品而创新;有的人通过采用新的生产方式开辟一个新市场;有的人通过利用新的原材料发现新的需求;有的人通过采用新的组织形式获得一个新的渠道通路,这些都是激发大学生创业的因素。

2.2　创　新　思　维

从创新主体是个体的角度来看,创新一定是通过某种能力来体现的,其实质是个体在完成创新活动中表现出来的心理品质,其核心是创新思维。创新能力运用的结果,是产生具有新颖独特、有社会价值和个人价值的产品。这里的产品既可以是一种新概念、新设想和新理论,也可以是一项新技术和新工艺。

创新思维与智力相关,但智商高只是必要条件,并不是充分条件。研究表明,创新思维与创新能力是能够通过各种教育或训练得到提升的,与人的知识和精力即后天的培养关系密切,因而创新能力是可测量的。

脑生理学家赫曼认为,创新并非纯粹是人右脑的产物,而是全脑活动的过程。他提出的全脑创新模型包括:兴趣、准备、酝酿、领悟、检验、应用六个阶段。脑生理学家斯佩里认为,创新意识、创新精神,都是大脑机能的反映。德国心理学家恩斯特·卡西尔认为:创新乃是人的本性。从这个意义上讲,创新能力,人皆有之。

奥斯本是世界著名的创造学家,他本是一位报社记者,失业后来到一家报社应聘。主考官看他文章写得不错,夸他写的文章内容富有创造性,就录用了他。因此他备受鼓舞,开始了"每日一创"活动。从此,他逐渐成长为一位大企业家,并成为创造学的学科奠基人。

奥斯本的成功告诉我们:创造力的建构和创新思维可以通过自我训练来完成,只要方法科学、合理,就可以改变原来状态,成为一个创造力突出的有用之才。

2.2.1　创新思维的定义与本质

创新思维是创新能力的核心和基础。创新人才的发展,主要是创新思维的发展。要培养创新意识,重要的是培养和树立创新思维方式。因为创新思维是实现创新的内在机制和深层动力。因此,我们首先必须理解什么是创新思维。

创新思维是指以新颖独创的方法解决问题的思维过程。通过创新思维能突破常规思维的界限,以超常规甚至反常规的方法、视角去思考问题,提出与众不同的解决方案,从而产生新颖的、独到的、有社会意义的思维成果。

创新思维是与常规思维相对而言的。常规思维是从已有的知识和经验中引申出解决问题的方案,或者运用已有的知识和经验去重复地解决前人已经解决的问题;创新思维不是照搬书本知识和过去的经验去解决问题,而是根据实际情况,突破理论权威以及现成的规律、方法和思维定式的束缚,以新颖方式和多维角度独立思考,创造性地解决问题。创新思维与常规思维的区别主要有两点:一是从思维过程看,是否有现成的规律、方法可以遵循。凡有现成的规律、方法可以遵循的思维都是常规思维,只有无现成规律、方法可以遵循的思维才是创新思维。二是从思维结果看,是不是前所未有的。凡思维成果不是前所未有的,都不是创新思维,只有思维成果是前所未有的,才是创新思维。

创新思维是我们每个人都需要拥有的一种思维方式。人们总是说要使用创新思维解决问题,即当前使用的思考方式不能够解决面对的问题,提出的方案时常没有亮点,不够独特抑或无法解决问题。

创新思维的本质在于将创新意识的感性愿望提升到理性的探索上,实现创新活动由感性认识到理性思考的飞跃。

创新思维的特征:

(1)独创性。创新思维是一个积极的创新思索过程。思维主体不受传统思想、观念、习惯的约束,能够独立思考,敢于标新立异,善于发现新问题、开辟新思路、建立新理论、提出新设计等,具有独创性、开拓性。

(2)灵活性。创新思维是一种能动的思维发展过程。思维主体能够迅速地从一个思路跳到另一个思路,从一个意境进入另一个意境,并能根据实际情况自觉地调整思考的角度,自动改善思考的方法,非常灵活。

(3)多向性。多向性是指思维主体在思考问题时,能够多方位地探究解决问题的方法,勇于跨越障碍,灵感活跃,创造性地运用自己的联想和想象,努力寻求多角度、多方位开拓新的领域,思路开阔。

● **重要观点**:创新思维是人脑对客观事物进行有价值的求新探索而获得独创成果的思维过程,是创新能力的灵魂和核心。大学生的创新思维处于核心地位,大学生的观察、发现、联想、想象能力需要创新思维的指导;大学生的创新动机、创新目标的确立需要创新思维的审视;大学生的创新活动需要创新思维进行全程判断、分析和验证。

由此可见,创新是在创新思维的主导下进行的,在整个创新过程中创新思维是灵魂。创新思维是一种突破常规的、能动的思维发展过程,求新的、无序的、立体的思维方式,是发挥人的主观能动性,以超越常规的眼界,从特异的角度观察思考问题,提出全新方案解决问题的思维方式。它是思维的一种高级形式。

课堂讨论:

什么才是创新思维呢?

得到的回答有:"远离常规""新的或改良过的""富有创新精神的""颠覆性彻底的""没有约束的"和"没有先入为主的观念"。

到底何为常规?什么是我们得出结论的常规方法呢?

一个人的常规思维模式会受到事实、观察结果、经验、信仰及设想的束缚,因此想要跳出常规思维模式,我们必须在常规界限外进行思考。我们仍旧会运用归纳推理法,但是会加入新的或者改良过的前提要素,如图 2-5 所示。

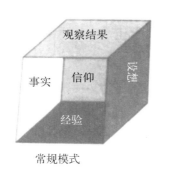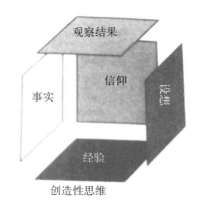

图 2–5   常规模式和创新思维

课堂学习

　　人们在生活中总是落入常规思维的陷阱,虽然常规思维能为我们做同类事情节省时间和提高效率,但是会妨碍我们的创新与进步。下面我们来完成一道智力题,如图2–6所示。把笔尖放到其中的一个点上,在不使笔离开纸并且不折叠、切开或损毁纸张的情况下,用四条连续的直线将所有的点连接起来。

扫码看提示

图 2–6   四线连九点智力题

2.2.2   创新思维的障碍

　　人的大脑思维有一个特点,就是一旦沿着一定的方向、按照一定次序思考时,久而久之,就形成了一种惯性。遇到类似的问题或表面上看起来相同的问题,总是不由自主地还沿着上次思考的方向或次序去解决,即思维惯性。多次以这种惯性思维来对待客观事物,就形成了非常固定的思维模式,我们称作"思维定式"。思维定式对人们思考惯常问题有一定的帮助,它能省去许多思考步骤,节省大量的时间,有助于我们举一反三、触类旁通。但面临新情况、新问题,需要开拓创新时,它就会变成枷锁极大地影响创造性思考,使人难以跳出思维定式的"框框"。思维惯性和思维定式又被统称为"思维障碍"。显然,思维障碍阻碍了我们创造性地解决问题,对于创新是非常不利的。我们要进行创新思维,首先必须认识并打破思维障碍。

思维障碍主要是指在创新思维中受思维者本人主观条件或外界影响所产生的思维僵化、自我封闭等障碍,包括思维定式、偏见思维、惯性思维、惰性思维、权威性思维障碍、从众型思维障碍、书本型思维障碍、自我中心型思维障碍等。

1. 思维定式

思维定式主要反映在人们思维的某种固定趋向性、制约性和否定性上。这种思维定式,在常规思维中多具有积极的作用。所谓经验,主要是来自这种固定的、成熟的思维,但是,这种思维定式在创新思维活动中禁锢了人的思想,抑制了思维的多向运动,总是在已有的传统模式中寻找现成的"答案"。

案例分享

2004 年,中央电视台在北京东三环开始盖它的新楼,俗称"大裤衩"。在楼层刚刚露出地面的时候,差不多每个星期中央电视台都会接到好心人打过来的电话:中央电视台,你们那个楼盖歪了。又过一个星期,电话又打过来了:中央电视台,你们楼还是歪的,小心,别塌了。等到这个楼盖完了,人们才发现,它本来就是歪的。它还有一座桥,桥的顶上还有十几层楼完全没有什么支撑,这样的结构很多人从来没有见过(图2-7)。这是颠覆传统建筑设计的很好范式。显然,那些多次打电话的好心人都是以思维定式来看央视大楼设计建造的创新与突破的。

图 2-7　央视大楼

2. 偏见思维

经验使人们总是跳不出经验,它甚至让一切最大胆的幻想都打上了个人经验的偏见,如同作家贾平凹所描述的某个农民的最高理想一样:"我当了国王,全村的粪一个不给拾,全是我的。"这似乎就是人们说的"乡村维纳斯效应"。

德波诺在《实用思维》一书中饶有兴味地描述了一种常见的社会现象：在僻静的乡村，村里最漂亮的姑娘会被村民当作世界上最美的人（维纳斯），在看到更漂亮的姑娘之前，村里的人难以想象出还有比她更美的人。在村里，它是真理；在全世界，它就是偏见。

案例分享

一头驴子背盐渡河，在河边滑了一跤，跌在水里，那盐溶化了。驴子站起来时，感到身体轻松了许多。驴子非常高兴，获得了经验。后来有一回，它背了棉花，以为再跌倒，可以同上次一样，于是走到河边的时候，便故意跌倒在水中。可是棉花吸收了水，驴子非但不能再站起来，反而一直向下沉，直到淹死。

驴子为何死于非命？很重要的一个原因是它机械地套用了经验，受了经验偏见思维的影响，未能对经验进行改变和创新。

---

3. 惯性思维

惯性思维就是思维沿前一思考路径以线性方式继续延伸，并暂时地封闭了其他的思考方向。

美籍俄国人，阿西莫夫是世界著名的科普作家，他从小就很聪明，年轻时多次参加"智商测试"，得分总在160左右，属于"天赋极高"之人。有一次，他遇到了一位汽车修理工，是他的老熟人。修理工对阿西莫夫说："嗨，博士，我来考考你的智力，出一道思考题，看你能不能正确回答。"阿西莫夫点头同意。修理工便开始出题："有一位聋哑人，想买几枚钉子，就来到五金商店，对售货员做了这样一个手势：左手食指立在柜台上，右手握拳做出敲击的样子。售货员见状，先给他拿来一把锤子，聋哑人摇摇头。于是售货员明白了，他想买的是钉子。聋哑人买好了钉子，刚走出商店，接着进来一位盲人。这位盲人想要一把剪刀，请问，盲人将会怎么做？"阿西莫夫顺口答道："盲人肯定会这样——"他伸出食指和中指，做出剪刀的形状。听了阿西莫夫的回答，汽车修理工开心地笑起来："哈哈，答错了吧！盲人想买剪刀，只需要开口说'我买剪刀'就行了，他干吗要做手势啊？"

4. 惰性思维

惰性思维是指人类思维深处存在的一种保守力量，人们总是习惯用老眼光来看新问题，用曾经被反复证明有效的旧概念去解释变化世界的新现象。不去尝试，不敢冒险，因循守旧，大好的时机和自身无限的潜能被白白地葬送，挫折和失败的悲剧肯定不可避免。

5. 权威性思维障碍

权威性思维障碍是指人们对权威人士言行的一种不自觉的认同和盲从。人们在长期的学习、工作和生活中逐渐形成了对权威的尊敬，甚至崇拜。尊重权威固然没有什么错，但一切都按照权威的意见办事，不敢怀疑权威的理论或观点，不敢逾越权威半步，就会成为创新思维的极大障碍。

6. 从众型思维障碍

从众型思维障碍是指人们因为懒于独立思考,或不敢标新立异而盲目从众。一切随大流,抑制了创新的敏感和勇气。从众心理就是不带头,不冒尖,一切都随大流,没有独立意识。从众有时是必要的,但过于从众会失去独立思考的能力,牺牲人的个性,阻碍人的创新精神。

7. 书本型思维障碍

很多人认为,一个人的书本知识多了,就会见多识广,必然有很强的创新能力。还有的人认为书本上写的都是正确的,如果自己发现的情况与书本上不一致,那就是自己错了。在这种认识的指导下,书上没有说的不敢做,书上说不能做的更不敢做。对于书本的迷信,阻碍了人们去纠正前人的失误,探索新的领域,我们把这种由于迷信书本理论不敢质疑,不能纠正前人的失误进而探索新的领域的思维障碍,叫作书本型思维障碍。

8. 自我中心型思维障碍

在日常思维活动中,人们会自觉或不自觉地按照自己的观念去看待别人的行为,站在自己的立场上,用自己的目光去关注世界、理解世界,由此产生了自我中心型的思维障碍。结果就会削弱头脑的想象力,造成创新思维能力的下降。

2.2.3 创新思维常见的形式

创新思维有很多种,下面介绍几种常见的、主要的形式。

1. 发散思维

发散思维,最早是由美国科学家、哲学家托巴斯·康恩提出的。发散思维,是指在对事物或问题的研究中,保持活跃和开放的思维。

它作为一种创新思维方法,不仅是在科学研究和科技发明中所运用的一种重要思维方式,也是经济社会发展和企业经营中所运用的一种重要思维方式。同时,又是我们每个人成就事业应当掌握和运用的一种重要思维方式。发散思维,通俗地讲就是辐射思考、多向思考,从中心向各方向沿着直线伸展出去,由一点及一片。

如果说,创新是一个民族的灵魂,那么发散思维便是创新的基石。它是典型、艺术化的思维,它能使我们对工作、生活和学习产生热情,它是智慧的发源地,是兴趣的乐园。

案例分享

某日,乾隆皇帝下江南,见一农夫荷锄而过,即问左右道:"这是何人?"和珅抢前一步答道:"是个农夫。"乾隆又问:"这农夫的'夫'字怎么写?"

和珅微微一怔,不知皇上此问何意,便即答曰:"农夫之夫,即两横一撇一捺。与轿夫的'夫',孔夫子的'夫'、夫妻的'夫'和匹夫的'夫'同一写法。"乾隆听罢大摇其头,大摆其手,说:"你身为宰相,纵无经天纬地之才,却如何连一个'夫'字都不能解!"转脸道:"刘墉,你来说说看,农夫的'夫'字当作何解?"

刘墉见皇上点名让他解答,便不慌不忙地上前朗然答道:"农夫是刨土之人,故而上为土字,下加人字;轿夫为肩扛竹竿之人,应先写人字,再加两根竿子;孔夫子上通天文,下知地理,当作天字出头之夫;夫妻是两个人,该是心心相印,二字加人可也;匹夫乃天下百姓之谓也,可载舟亦可覆舟,是为巍巍然大丈夫,理应作大字之上加一才对。用法不同,写法自当有别,岂可混为一谈?"乾隆闻言,拊掌大笑,赞道:"真不愧大学士也。"

2. 逆向思维

逆向思维,是指与现有事物或理论方向相反的一种创新思维方式,它是创新思维中最主要、最基本的方式。在事物发展及其学问问题上,古人曾有"有疑则进,无疑不进",以及"大疑大进,小疑小进"的名言教诲。也就是说,没有"问题"的生活,便平淡无趣。一个人不会发现问题和解决问题,他的生活乃至事业必定是一团糟。

运用逆向思维,可以从三点来把握:

(1)面对新的问题,我们可以将通常思考问题的思路反过来,用常识看来是对立的、似乎根本不可能的办法去思考问题。"油水不相融",即使在今天仍被人们当作常识。油水真的不相容吗?在印刷业,人们从相反的方向进行思考。经过试验发现,常规搅拌,油水确实不合,而采用超声波技术进行油水混合,再适量加点活性剂,问题就解决了。

(2)面对长久困扰着我们的难题,我们可以通过常规模式来思考解决,但常规模式在处理困难问题时,可能会使我们的思路越来越窄,最终导致花费大量的时间与精力,并没有获得满意的解决方案。这时候,我们就可以利用逆向思维来进行思考。从现有的思路上返回来,从与它相反的方向寻找解决问题的办法。

案例分享

日本有一个叫中田的人,他想发明一种圆珠笔,并试图解决圆珠笔中最令人头痛的漏油问题。冥思苦想了好久,就是找不到解决的办法。后来,他反过来想,圆珠笔漏油,一般发生在写了两万字之后。那么,造一种写了两万字就用完了的圆珠笔,问题不就解决了吗?新式圆珠笔问世后,果然很受人们的欢迎。

(3)面对那些久久解决不了的特殊问题,我们可以采取"以毒攻毒"的办法,从问题本身来寻找解决它的办法。免疫理论的创立和付诸实践,就是这种思考方法的结果。当时,面对给千百万人的生命造成严重威胁的瘟疫,许多科学家都在寻找一个能防治瘟疫的药物,而巴斯德却沿着和大家相反的方向去思考,给人或动物注射少量的菌苗,增强其免疫力而达到防疫的效果。最终巴斯德获得了成功。

逆向思维是一种科学复杂的思考方法。因此,在运用它时,一定要对所思考的对象有全面、深入、细致的了解,依据具体情况具体分析的原则。决不能犯简单化的毛病,简单化只能产生谬误,它同需要缜密逻辑的创新思维是没有缘分的。

3. 联想思维

联想思维,是在原先看似并不相关的事物之间,搭建一座认识的桥梁,将表面看来互不相关的事物联系起来,从而实现创新。这种联想思维,可以使我们扩展思路、升华认识、把握规律。常用的联想方式有接近联想、对比联想、相似联想、关系联想等。

(1) 接近联想,即由一事物容易联想到在时间上或空间上相接近的另一事物。如:我们由"阳春三月"联想到"桃花",由"天安门"联想到"人民大会堂"。看到大雁南飞,联想到我是不是能像大雁那样,也回到我南方的故乡? 由三角形的外角和是 $360°$,联想到四边形、多边形的外角和是不是也都是 $360°$? 一些重大发明,可以说都是联想思维的结果。如:鲁班从山上可以割破人皮肤的野草中受到启发,创造了锯子;人们从鸟和蜻蜓的飞行中受到启发,发明了飞机;从鱼儿可以在水中有升有浮中受到启发,发明了潜水艇。

(2) 对比联想,即由一事物联想到和它具有相反特点的另一事物。如:由朋友想到敌人,由水想到火,由战争想到和平。

(3) 相似联想,即由一事物联想到另一个在与它性质上接近或相似的事物。如:由大海想到海浪,想到鱼群,想到轮船,想到海底电缆,想到资源的开发和利用。

(4) 关系联想,即由事物所具有的各种关系而形成的联想思维。如关于钱的联想:古时候,最早做生意用的钱是贝壳。其价值按贝壳大小、优劣、多少而定。《说文解字》中讲,"至秦废贝行钱"。贝壳虽已废止,但汉字中的"贝"字,做偏旁时仍然与钱有关,如"货""赚""贪""贫"。

4. 灵感思维

灵感思维,是指在事物的接触及思考中因受到某种启发而产生的偶发型创新思维方式。它在科学研究和文学艺术创作中经常出现。这种创新思维方式常被运用在社会经济、科学技术发展、人生事业道路选择上。由于这种灵感思维具有转瞬即逝的偶发性特征,我们要善于抓住这种稍纵即逝的想法,并学会对其进行深入的思考和研究,以促使新事物的发现或困难问题的解决。

◆ **课堂小结**:发散思维就是把面临的问题放大,往大处想,要开阔视野,打破自己当前所处的小方框,走向更广阔的天地。逆向思维则是,由在这个问题前面加上一个"为什么"变成"为什么问我们要解决这个问题? 如果我们不这样做,会怎样?"联想思维是在原先看来似乎并不相关的事物之间,搭建一座认识的桥梁,将它们联系起来的方法。针对灵感思维,因其具有偶发性和转瞬即逝的特征,我们可以通过笔记记录的方式,将其留住,以便进行进一步的探索。除了以上提到的几种思维方式以外,还有换位思考、选择架构、合成拆分、随机嵌入等思维方式。这些创新思维方式在一定程度上能让我们迅速便捷地解决难题,是值得我们学习尝试的思维方式。

● **重要观点**:创新思维是上述几种思维方式的综合运用。从功能层面看,创新思维的本质就在于出新,在于创造以往思维中所没有的新成果。这是思维之所以成为创新思维的最根本的依据,是千差万别的创新思维中共同的、本质的特性。从结构层面看,创新思维的本质就在于主体根据解决问题的需要,通过调整与顺应,使自己的思维突破和超越原有的思维结构。从机制层面看,创新思维的本质就在于逻辑与非逻辑这两个方面的统一,是思维在逻辑的制约下向非逻辑的跨越。这是创新思维最深层次的奥秘,也是创新思维最深刻的本质。

★ 课后练习

实操训练一　变换三角形

图 2-8 是一个由 4 个相同的等边三角形组成的图形,你能添加一个三角形,使这个图形包含 14 个等边三角形吗?

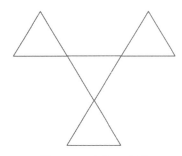

图 2-8　变换三角形

实操训练二　创新思维训练

1. 请你写出所能想到的带有"土"结构的字,写得越多越好。(时间:5 分钟)

2. 请列举砖头的各种可能用途。(时间:5 分钟)

3. 请举出包含"三角形"的各种物品,写得越多越好。(时间:10 分钟)

4. 尽可能想象"△"和什么东西相似或相近?

实操训练三　逆向思维训练

1. 如何让孩子做作业。

孩子不愿意做爸爸留的课外作业,于是爸爸灵机一动说:"儿子,我来做作业,你来检查如何?"孩子高兴地答应了,并且把爸爸的"作业"认真地检查了一遍,还列出算式给爸爸讲解了一遍。

只是他可能不明白为什么爸爸所有作业都做错了。

2. 惹不起的大爷。

大爷买西红柿挑了 3 个到秤盘,摊主称了一下:"一斤半 3 块 7。"大爷:"做汤不用那么多。"去掉了最大的西红柿。摊主,"一斤二两,3 块。"正当我想提醒大爷注意秤时,大爷从容地掏出了七毛钱,拿起刚刚去掉的那个大的西红柿,扭头就走。

实操训练四　倒读古诗(回文体)

《题金山寺》 苏 轼 潮随暗浪雪山倾,远浦渔舟钓月明。 桥对寺门松径小,槛当泉眼石波清。 迢迢绿树江天晓,霭霭红霞海日晴。 遥望四边云接水,碧峰千点数鸿轻。	倒　　　读 轻鸿数点千峰碧,水接云边四望遥。 晴日海霞红霭霭,晓天江树绿迢迢。 清波石眼泉当槛,小径松门寺对桥。 明月钓舟渔浦远,倾山雪浪暗随潮。

2.3　掌握解决问题的经典步骤

很多解决问题的方法过度着重于过程分析,似乎只要将这些碎片化的过程拼凑在一起,问题就能得到解决。但是,许多问题像是缺了几块的拼图,就算用尽世界上所有解决问题的方法,也找不出缺失的那几块。

只要在网上随便搜索一下"解决问题的方法",你就将淹没在流程图、过程表、分层饼图、复杂的原理图中,而且它们通常还带有自由潇洒的箭头。

伊恩·阿特金森总结出了以下六个典型的解决问题的方法步骤:

(1) 找出问题;

(2) 将问题结构化;

(3) 寻找可能的解决方法;

(4) 作出决定;

(5) 实施;

(6) 管理/寻找回馈。

单纯的分析性方法是不够的,拘泥于过程很难让你迸发出足以点亮整个房间的思想火花。你需要让你的大脑产生前所未有的想法,学习使用创新方法,则能让你做到这点。

2.4　创 新 方 法

创新方法是指创新活动中带有普遍规律性的方法和技巧。通过研究一个个具体的创新过程,比如创新的题目是怎样确定的,创新的设想是怎样提出的,设想又是如何变成现实的。创新方法可以帮助我们躲过创新中的"暗礁、漩涡",更快地抵达创新目的地。目前创新方法众多,很多方法被世界先进企业广泛应用。

2.4.1　创新方法的类型

据统计,创新方法目前有 300 多种,图 2-9 列举了部分,具体来说可分为以下两大类:

1. 偏于激励的方法——追求卓异,曲径通幽

(1) 联想类方法:类比法、移植法、综摄法;

(2) 逆向类方法:逆向反转法、缺点逆用法等;

(3) 集智类方法:头脑风暴法(BS)、三菱式(MBS)、默写式(635)等。

2. 偏于理智的方法——追求完美,渐入佳境

(1) 列举类方法:希望点列举法、缺点列举法等;

(2) 设问类方法:七何分析法(5W2H)、奥斯本检核表法、和田十二法;

(3) 组合类方法:主体附加法、焦点法、信息交合法;

（4）整理类方法：卡片式（KJ，NM，ZK，OCU）；

（5）程序类方法：解决发明问题理论（TRIZ）、解决技术矛盾矩阵、物场分析法等。

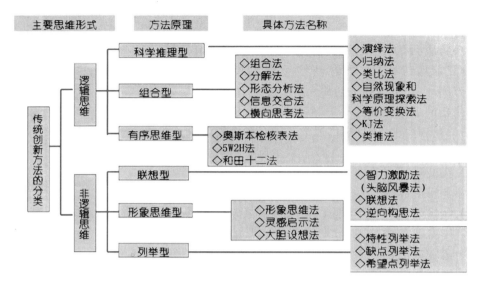

图 2 - 9   创新方法分类

2.4.2   常用的四大创新方法

1. 头脑风暴法

（1）头脑风暴法的定义。

头脑风暴法（Brain Storming，BS 法）又称智力激励法、自由思考法、畅谈法、畅谈会和集思法。头脑风暴法是美国 BBDO 广告公司的创始人奥斯本在 1939 年提出的。

（2）头脑风暴法的基本原则。

① 排除评论性批判。

排除评论性批判即针对提出的观念发表评论要在交谈最后进行，此前不能对别人的意见提出批评和评价。认真对待任何一种设想，不管其是否适当和可行。在此过程中不评判，强调"宽松"。

② 鼓励"自由想象"。

提出的观念越荒唐，可能越有价值，欢迎各抒己见、自由鸣放。营造一种积极的气氛，鼓励参加者提出各种新奇的想法。头脑风暴法是为了克服从众压力的一种相对简单的方法。它鼓励提出不同种类的方案设计，同时禁止对各种方案进行任何批评。在这里，它追寻的是"奇"，也是"新"。

③ 要求提出一定数量的观念。

提出的观念越多，产生有价值的观点的可能性就越大。不应忽视来自任何微弱声音中的建议，所有的主张都应被记录下来并予以考虑。

④ 探索研究组合与改进观念。

除了要求与会者本人提出设想以外，还要求与会者考虑，如何将几个观念综合起来，以便产生一个新观念;或者使用取长补短和改进的办法产生新观念。除提出自己的意见外,鼓励参加者对他人已经提出的设想进行补充、改进和综合。

实践经验表明,头脑风暴法可以排除折中方案,对所讨论的问题通过客观、连续的分析,找到一套切实可行的方案,因此,它在企业决策中运用比较广泛。

（3）头脑风暴法的实施。

当组织中的人员在会议中各抒己见、相互启发时,要遵从的重要原则是,让每个人畅所欲言,不要轻易批驳别人的设想。在典型的头脑风暴会议中,许多人围桌而坐。群体领导者以一种明确的方式向所有参与者阐明要讨论的问题,然后让成员在一定的时间内提出尽可能多的方案,不允许期间存在任何批评,并且尽可能将所有方案记录下来,留待稍后讨论或分析。

采用头脑风暴法组织群体决策时,要集中有关专家召开专题会议,扼要说明要进行决策的主题,说明会议的规则,尽力营造一种融洽轻松的会议气氛。

头脑风暴法从准备到创意评价,共有三个阶段,包括会议前准备、会议进行中和创意评价。

① 会前准备:会议前准备需明确以下几项内容(表2-1)。

表 2 - 1   头脑风暴法——会议前准备工作表

项目	具 体 内 容
对象	一般员工、管理者、监督人员、领导干部都可参与,并根据需要,可以从各阶层人员中分别抽几名
目标	培训参加人员的创造性思维,激发他们的想象力,以得到创造性的构想
主题	根据各企业的需要来确定,如给产品命名、生产新产品等需要大量构想的情况
方式	会议讨论方式
时间	会议时间一般为30分钟左右
过程	在一个小组或者大组中选择一名主持人和一名记录员。通过集体讨论来定义问题或者概念,确保每人都对将要探索的问题做到心中有数

② 会议进行中:需遵循的规则。

头脑风暴会议开始时可以集体自由讨论。记录员记录下所有的想法,并让每个成员能够看到。确保在讨论结束前不评价或批评任何回答。一旦集体讨论结束,马上检查记录结果,并开始对各种想法进行评价(图2-10)。

③ 创意评价:会议结束后创意评价的基本要求。

会议结束后,先将重复或相似的答案删除,精简记录清单,再通过小组讨论的方式,讨论剩余的内容(图2-11)。同时,还应要求头脑风暴法的所有参加者都具备较高的联想能力和分析、解决问题的能力。在进行"头脑风暴"时,应尽可能创造一种有利于注意力高度集中的环境。一些最有价值的设想,往往是在别人提出设想的基础上,加上自己的设想而形成的。所以,头脑风暴法产生的结果通常可认为是专家组成员"集体智慧的结晶",是专家组这个宏观智囊团互动作用的总体效应。

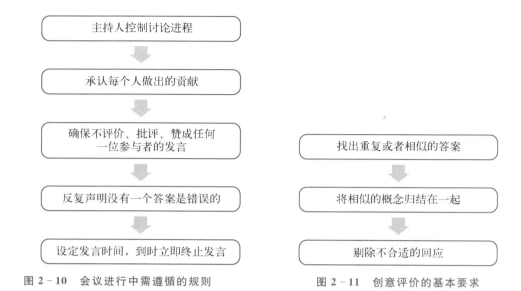

图 2‐10　会议进行中需遵循的规则　　　　图 2‐11　创意评价的基本要求

20 世纪 30 年代美国开始普及创造发明学教育,其中"头脑风暴法"的影响尤为突出。"头脑风暴法"首先在大学、工厂得到普及,后来推广到军队、公司。通过培训,美国大众逐渐知道如何用创造性的方法来工作,因此极大地推动了社会的发展。

日本把 21 世纪作为创造力开发的世纪,日本战后发展如此迅速,与其借鉴美国的经验、普及创造力教育是分不开的。此外,其他一些国家也陆续采用了这种行之有效的方法。

2. 5W2H 分析法

(1) 5W2H 分析法的定义。

5W2H 分析法又叫七何分析法。5W2H 分析法简单、方便,易于理解、使用,富有启发意义,被广泛用于企业管理和技术活动,对于决策和执行性的活动也非常有帮助,有助于弥补考虑问题的疏漏。

Why——为什么;为什么要这么做;理由何在;原因是什么。

What——是什么;目的是什么;做什么工作。

Where——何处;在哪里做;从哪里入手。

When——何时;什么时间完成;什么时机最适宜。

Who——谁;由谁来承担;谁来完成;谁负责。

How——怎么做;如何提高效率;如何实施;方法怎样。

How much/many——多少;做到什么程度;数量如何;质量水平如何;费用产出如何。

用五个以 W 开头的英语单词和两个以 H 开头的英语单词进行设问,发现解决问题的线索,寻找发明思路,进行设计构思,从而研发出新的发明项目。

(2) 5W2H 分析法的应用四大部分。

在一些组织里,一个普通的解决问题方法被用来分析和解决质量问题。这个方法有四个主要部分,如图 2‐12 所示:

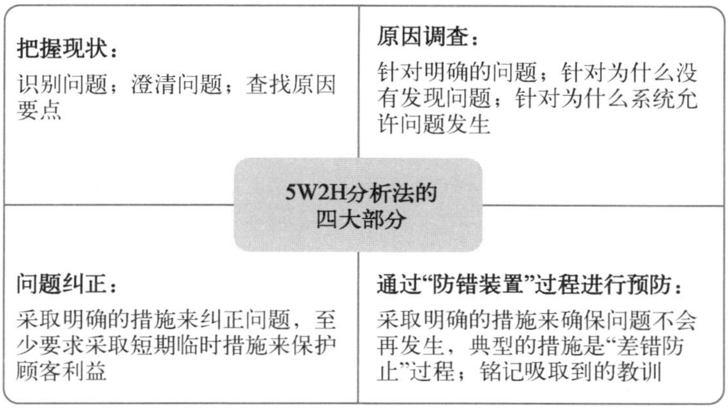

把握现状：
识别问题；澄清问题；查找原因
要点

原因调查：
针对明确的问题；针对为什么没
有发现问题；针对为什么系统允
许问题发生

5W2H分析法的
四大部分

问题纠正：
采取明确的措施来纠正问题，至
少要求采取短期临时措施来保护
顾客利益

通过"防错装置"过程进行预防：
采取明确的措施来确保问题不会
再发生，典型的措施是"差错防
止"过程；铭记吸取到的教训

图 2-12　5W2H 分析法的四部分

（3）应用基本步骤（表 2-2）。

表 2-2　5W2H 分析法的应用步骤

序号	步骤	具 体 内 容	自 我 提 问
1	识别问题	在方法的第一步中，你开始了解一个可能模糊或复杂的问题。你掌握一些信息，但一定没有掌握详细事实	我知道些什么
2	澄清问题	方法中接下来的步骤是澄清问题，为得到更清楚地理解	实际发生了什么；应该发生什么
3	分解问题	在这一步中，如果必要，将问题分解为小的、独立的元素	关于这个问题我还知道什么；还有其他子问题吗
4	查找原因要点	现在焦点集中在查找问题原因要点上。你需要通过追溯来了解第一手的原因要点	我需要去哪里；我需要看什么；谁可能掌握有关问题的信息
5	把握问题的倾向	要把握问题的倾向	谁；哪个；什么时间；多少频次；多大量 （在问为什么之前，问这些问题是很重要的）
6	识别并确认异常现象的直接原因	如果原因是可见的，验证它；如果原因是不可见的，考虑潜在原因并核实最可能的原因。依据事实确认直接原因	这个问题为什么发生；我能看见问题的直接原因吗；如果不能，我怀疑什么是潜在原因；我怎么核实最可能的潜在原因
7	建立因果关系链	使用"5 个为什么"调查方法来建立一个通向根本原因的原因/效果关系链	处理直接原因会防止再发生吗；我已经找到问题的根本原因了吗；我能通过处理这个原因来防止问题再发生吗 （确认你已经使用"5 个为什么"调查方法来回答这些问题） 为什么我们有了这个问题 为什么我们的系统允许问题发生

续　表

序号	步骤	具　体　内　容	自　我　提　问
8	采取明确的措施来处理问题	使用临时措施去处理异常现象直到根本原因能够被处理掉	临时措施会遏制问题直到永久解决措施实施吗;纠正措施会防止问题发生吗;跟踪并核实结果

案例分享

生产线上的机器总是停转,虽然修过多次但仍不见好转。

与工人进行以下的问答:

一问:"为什么机器停了?"

答:"保险丝断了。"

二问:"为什么保险丝会断"?

答:"因为超过负荷了。"

三问:"为什么超负荷呢?"

答:"因为轴承的润滑不够。"

四问:"为什么润滑不够?"

答:"因为润滑泵吸不上油来。"

五问:"为什么吸不上油来?"

答:"因为油泵轴的齿轮被'咬'住了。"

六问:"为什么会被咬住呢?"

答:"因为没有安装过滤器,混进了铁屑与沙泥等杂质。"

经过连续六次不停地问"为什么",才找到问题的真正原因和解决方法,在油泵轴上安装过滤器。如果我们没有这种追根究底的精神来发掘问题,很可能就只是换一根保险丝草草了事,真正的问题还是没有解决。

3.视觉思维工具法

视觉思维不是一种只有少数的人才能学会的思维模式。每个人生来都有运用图像思考的天赋,但只有少部分人随着年龄的增长真正开发并培养出这种能力。然而,视觉无疑是我们了解周围世界最重要的渠道。大脑将 75% 的神经细胞用来处理视觉资料,如果不提升自己的绘画技巧、开发自己的视觉思维,你就无法最大限度地发挥这些神经细胞的潜力。

微课:发现场景——农夫山泉

即使不擅长绘画的人,也可以通过学习简单易用的视觉工具和协作技巧,获得这种阐释事物的特殊能力。传统的企业内部工作模式——层层提交的大量报表、繁杂的规章制度和过于详细的计划已经不适用于目前发展变化的环境。实际上,它们抑制了人的创造力。如今,企业发展需要提升速度和敏捷性,并接受新的工作模式与思维方式,如敏捷协作、精益创业和设计思维,以此积极应对不断变化的市场环境。

（1）思维导图。

绘制思维导图，让人能够以自己的方式穿越复杂的文字迷宫，有助于理解、总结、辨析平凡事物的本质。思维导图笔记方法是非线性的，不是一排排的，而是立体的、颜色丰富、图文并茂、关键词简短、活泼有趣的。相比传统的笔记方法，思维导图有以下五点优势：

① 省时。

思维导图用字数很少的关键词来做笔记，可以节省很多写字的时间而又不会降低效率。

② 简洁明了。

思维导图不但用关键词和符号等简洁的元素来做笔记，而且把这些关键词等都排列在一张纸上，便于进行思考分析和发现其中隐藏的关系。

③ 可视化。

思维导图本身就是一张大图，其中用很多小图来表示内容，所以非常直观、明显。

④ 层次分明、条理清晰。

思维导图的结构就是由中心层级往外发散的，所以在使用思维导图的过程中，可以迫使我们的思考变得更加有层次，条理性更强。

⑤ 激发灵感，创新思维。

使用思维导图的时候，人会处在不断有新发现、产生新关系的边缘，这会激励思想不间断和无穷尽地流动，大脑会越来越愿意接受新事物。

案例分享

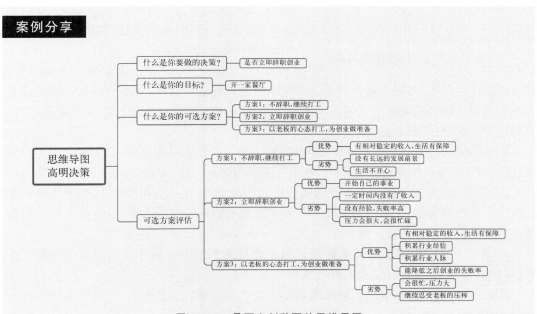

图 2-13　是否立刻辞职的思维导图

对罗列出的各个方案进行相同维度指标下的评估，得到图 2-13：这就是最终的思维导图，根据方案数量和思考角度的不同，这个图的大小和复杂程度会不尽相同，但是，从思考决策的角度而言，这已经是一个相对完整的思维导图了。

（2）创意周期图。

我们都知道一句老话——"一图胜千言"。它想表明的是，某种复杂的理念只需要用一张图就能表达清楚。一个圆、一条线也是绘画的一种方式，我们首先应培养敢于动笔画画的自信，应该鼓励人们发挥自己的想象力、创造力和个性，然后再学习最简单的视觉工具绘画方法，激励并指导人们运用绘画的形式在商务场景中提升创造力。

要想创造一个能够引起听众共鸣的视觉故事，必须经历一个特定的过程。我们称这个过程为"创意周期"。

创意周期的思考路径可以用图 2-14 来表达。

图 2-14　创意周期的思考路径

① 理解：理解意味着厘清自己所面临的状况，明确想达成怎样的目标，要处理的问题是什么，想达到的理想状态又是什么。

② （重新）定义：定义目标能够帮助你更深刻地理解想要讲述的故事，让想要做成的事情在头脑中明晰起来。想一想你的受众是谁，你想带给他们的关键信息是什么。找出重要的利益相关者和合作伙伴，他们也许会为你的故事提供帮助。为你的故事构建出合乎逻辑的基本原理，然后讲给某些有影响力的关键人物或专家听，看看你的故事是不是站得住脚。

③ 构思：这是一个生发创意的过程，它能创造你的故事，呈现支持关键信息的视觉概念。在这个阶段，重要的是从不同的视角抓住一系列不同的视觉概念。画出一个故事或者呈现关键信息画面的方法有很多，所以不妨进行团队合作，群策群力。

④ 视觉化：现在你可以把你喜欢的故事画出来了。你是想通过引人入胜的展示把重要信息告诉观众，还是想鼓励会议室里的所有人都参与进来，两种方案会有不一样的效果。

⑤ 分享：视觉故事的优点在于能吸引听众的注意力，使他们保持专注，但更重要的是它揭示了你隐藏的情绪、假设和想法。所有信息都被清晰地呈现出来，这有助于你的听众获得最重要的信息并及时反馈。

⑥ 反思：我们构建视觉故事的过程总有改进的空间。问问你自己：是否遗漏了什么；有些事是不是做过头了；我们可以删掉什么。

除此之外，还可以向其他人征求反馈。无论观众的关注点是什么，你都要保持开放的心态，因为你也会有盲点。

（3）黄金圈法则。

明晰目的和愿景是确定目标的第一步。大多数企业都有展望未来的愿景宣言，根据愿景宣言猜测企业的类型，这会是很有趣的练习。将某种愿景归纳成寥寥数语是一件困难的事，但视觉思维能以令人振奋且全面的方式帮你明晰并确立愿景。

黄金圈法则是由西蒙·斯涅克提出的,它是一种简单的模型,它假定企业或个人做事的三个层次:做的是什么事,怎么做这件事,为什么做这件事(图2-15)。对于企业而言,黄金圈法则背后的理念是:所有企业都知道自己做的是什么事,但只有少数企业知道自己为什么要做这件事。成功的企业和个人,其交流方式是从内向外的。他们会先解释自己为什么要做某件事,他们的目的是什么。通过这种方式,他们能够激励周围的人们采取相应行动。

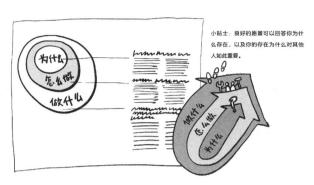

图2-15 黄金圈法则图

对于任何一个伟大的公司来说,他们要向消费者传递这个"WHY";而对于伟大的管理者来说,同样要让你的团队明白:为什么我们要做这件事。

案例分享

湖畔大学开学那天,马云在第一堂课上从使命、愿景、战略、组织架构等方面对企业进行了多维度的分析。"愿景"实际上就是斯涅克黄金圈的最里环"WHY"。马云谈道:"企业都应该有自己的愿景与使命,要让员工觉得幸福,不能让员工觉得我就是一个打工仔,公司做啥和我没关系。""迪士尼的电影把悲剧拍成喜剧,这是一种使命。在企业当中,这种使命感可以让天下没有难做的生意。"马云的做法和斯涅克的观点不谋而合。

(4)生命树图。

设想未来不难,但是如果你的愿景足够雄心勃勃,就可能需要数年的艰苦奋斗才能实现它。正如杰克·韦尔奇所言:优秀的商业领袖创造愿景,阐明愿景,充满热情地拥抱愿景,并坚持不懈地努力将它变成现实。面对这样的环境,现在很多公司正在向更灵活的企业转型。然而,灵活并不意味着计划不重要。灵活的意思是,保持开放的心态,根据迭代和试验的结果迅速调整这些计划。视觉思维可以帮助你实现这个目标。

图2-16显示的生命树是将你的商业计划视觉化的绝佳方法,这种视觉素材有助于你对自己的计划进行总结并与其他人交流。

图中各个要素指:

① 树木需要水才能生长——你需要投入什么资源;

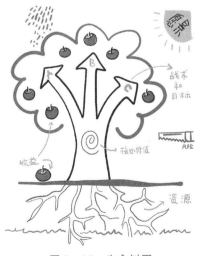

图2-16 生命树图

② 树干是树木生长的基础——你的核心价值是什么；

③ 树木的枝丫表明了它的生长方向——你的战术和目标是什么；

④ 苹果是果实——你想获得的收益是什么。

4. TRIZ 理论

TRIZ 理论，即问题解决理论，是由苏联发明家协会主席根里奇·阿奇舒勒先生于 20 世纪 40 年代创立的，目前已成为具有广泛国际影响力的技术创新方法之一。TRIZ 理论建立在全世界 250 多万份发明专利的研究基础之上，以其独特的技术创新方法、创新思维、创新工具、理论体系及高效的创新成果享誉世界，也是目前流行于俄罗斯、欧美等发达国家的主要创新方法之一。TRIZ 理论简单、易学、实用，是基于前人创新经验和知识库的创新方法学，通过一定时间的培训和学习，大部分人都可以掌握。

TRIZ 理论是一套系统化的创新算法。使用者先将需解决的问题抽象化，再依据科学家通过分析数百万个专利所归纳出的发明原则获得创新想法。TRIZ 理论可以帮助使用者跳脱心理惯性以及常使用的试误法，产生更多有价值的创新想法。

阿奇舒勒发现，跨行业的各项专利，解决的所有问题，都可以抽象成 39 个工程参数之间的矛盾，比如移动物体的大小、长短、速度、能量。解决这些矛盾，只需要 40 个发明原则。这些发明原则就是指导我们快速找到解决问题的方向，从而节省了大量时间。因为即使研究人员花了很长时间想到的方法，最终也会落到发明原则里面，所以拿来直接利用，省时省力。阿奇舒勒有句名言：你可以等待 100 年获得顿悟，也可以利用这些 TRIZ 原理用 15 分钟解决问题。"TRIZ 理论"式工作必然会取代"碰运气"式的工作。

为此，阿奇舒勒发明了矛盾矩阵表，表内有 39 个工程参数和 40 个发明原则。其中"＋"代表物理矛盾；"－"代表这对技术矛盾没有显著性的发明原则可以对应。出现"－"可以采用全面的发明原则去思考，就是 40 个发明原则都可以采用。矛盾矩阵表能让使用者更快地聚焦到适合的发明原则上，提高效率。不管是哪个行业的问题，只要按照 TRIZ 理论的解题流程，抽象成几个工程参数之间的矛盾，就能从表中查到解决这些矛盾时，其他行业或前人最常用的发明原则。

微课：如何区分创意与生意

案例分享

案例一：想让汽车跑得快又省油，就需要减轻车身钢板重量，但钢板重量减轻会导致车身强度减低，危险性增高。此问题抽象出来的矛盾就是，车身重量要轻，但强度要高。

在矛盾矩阵表内，可以看到纵轴要改善的参数是 1（移动物体的质量），横轴对应的防止恶化的参数是 14（强度）。1 和 14 相交的格子范围内是数字 28、27、18、40。这4 个数字就是发明原则，代表了要解决这个矛盾，可以用 28、27、18、40 这几个发明原则去想解决方案。28 是取代机械系统，27 是以便宜及寿命短取代，18 是振动，40 是复合材料。由此获得的解决方案,可能是复合材料,比如蜘蛛丝,国外已经在研制并取得专利。除此之外,其他几个发明原则也是可以考虑的解决方案。

案例二:波音飞机要增加航程和载重,需升级发动机,发动机功率越大,工作时需要的空气越多,发动机罩的直径就需增大,机罩离地面的距离就要减小,而距离减小是不允许的,因为有很大风险。因此,在改进设计中就出现了一个技术冲突,即希望发动机吸入更多的空气,但发动机罩与地面的距离不能减少。工程师们想了很多办法,如提升起落架高度,或者把发动机放在飞机翅膀上面而不是下面,甚至想到提升飞机翅膀高度,放在机身中间或者机身上面。但这些都会增加系统的复杂性,重新设计也会增高成本、增大风险性。

后来工程师们学习了 TRIZ 理论,发现要解决的是移动物体的体积和移动物体的长度之间的矛盾。利用矛盾矩阵表中纵轴 7(移动物体的体积,为改善参数)、横轴 3(移动物体的长度,即距离,为恶化参数),二者相交的格子内是发明原则,分别是 1(分割)、7(套叠)、35(物理化学状态转化)、4(不对称)。最后选择的是 4 号发明原则——不对称。利用此原则改进后的发动机不再是圆形(图 2-17)的,既解决了体积和离地距离的问题,没有额外增加系统复杂性,又保证了安全性。这就是 TRIZ 理论的魅力所在,实现双赢,而不是折中妥协。

(a) 改进前 (b) 改进后

图 2-17 波音发动机改进前后对比

除了矛盾矩阵表,TRIZ 理论还有一个工具叫 IFR(最终理想解)。通过回答 7 个问题来确定最佳解决方案:① 什么是系统的最终目的;② 什么是最终理想解;③ 哪些事情阻止我们完成最终理想解(达成理想解的障碍是什么);④ 这些事情如何阻止我们完成最终理想解;⑤ 如何使前项"阻碍因素"消失(不出现这障碍的条件是什么);⑥ 创造这些条件存在哪些可用资源;⑦ 是否已有其他产业或研究解决了此阻碍因素。

通过确定最终理想解有时甚至能改变企业的商业模式。例如:一个生产割草机的公司,在激烈的市场竞争中,一直致力于为顾客提供完美的产品,如降低噪声、操作更舒适、自动割草。研发工程师的思维还是传统工程的思考方式,但从 TRIZ 理论最终理想解角度思考,应该是"如何不使用割草机",进而转向思考"如何使草不会长高",人们割草就是想要草坪平整,保持草的高度。最终理想状况是,草永远只能长到我们需要的高度。未来,这家学过 TRIZ 理论的割草机厂,有可能会变成一家基因公司,专门生产长不高的草。

　　TRIZ 理论已被国际企业广泛采用,取得了显著效果。如福特汽车公司应用 TRIZ 理论解决了方向盘颤抖问题,每年创造的效益为 1 亿美元以上;2001 年,大众(墨西哥)公司成功运用 TRIZ 理论解决铸件废品居高不下的问题产品,不合格率由大于 10% 降低到 3%,且在生产成本不变的情况下,简化生产线,缩短了生产周期;2003 年,三星电子在 67 个研究开发项目中使用 TRIZ 理论,节约经费 1.5 亿美元,并产生 52 项专利技术,2005 年该公司的美国发明专利授权数量全球排名第五;波音公司的 450 名工程师进行培训,利用 TRIZ 理论解决研发矛盾,改进了波音 737 飞机,最终战胜空客公司,赢得 15 亿美元空中加油机订单,创造了高额利润;日本电气公司(NEC)利用 TRIZ 理论解决了晶体管技术问题,通过特许选定,每年节约了 800 万美元的技术使用费。据统计,TRIZ 理论可帮助企业大幅降低生产成本,增加专利数量,提高专利质量,产品开发效率提高 60%~70%,缩短产品上市时间。

微课:大学生创业需要补缺的三个短板

　　◆ **课堂小结**:自主创新,方法先行。本模块旨在拓展学生的创新思维,培养学生的创新能力,重点讲述创新基础知识、创新思维与创新方法。通过对创新知识、创新思维与创新方法的系统讲解与训练,使学生能够掌握突破思维障碍的方法,创造性思考、解决实际问题。知行合一,使学生熟练运用常见的创新技法,激发创新意识,激活创造力,提升创新能力。

课堂学习

　　1. 盒子里放着印有△和○的卡片各 3 张。卡片的大小、形状完全一样。盒子当中还空出了 1 张卡片的位置,这 6 张卡片可以自由地在盒内滑动。

　　请问:能否将这 6 张卡片的位置彻底对调?要求是既不能将卡片从盒内取出,也不能损坏盒子。解答时请尽量拓宽思路,不要仅限于移动卡片这一条思路。

　　2. 如果汽车会飞,会怎么样?

　　请写出你的设想,越多越好。注意,在写的时候,不要一行一行地写。请使用思维导图:在中间写上你的主要想法,然后拉出线,写出你的想法,参考图 2-18。

图 2-18　如果汽车会飞

3. 不知你有没有玩过"5W2H法"罐子游戏,就是找来七个瓶子,然后让每个人写"七何"中的一个放在指定的罐子里,再从每个罐子里取出一个纸条来,连成一句话。如:

When　Who　Where　How　What　Why　How much/many

早上8点　小李　在洗手间　干劲十足地　吃了一块蛋糕　因为老师批评了他　26元

因为每个人写的内容不同,又是随机凑在一起,所以会很有趣(这个游戏还有个简单版是只用人物、地点、事件三个要素)。游戏的关键点在于大家发挥想象力,把这七个元素每个都写得好玩一些,拼凑在一起就更离奇了。

另外,这个训练法其实也是一个重要的创意方法。广告狂人王懿行说过:在创作影视片的时候,只需将时间地点人物等换掉一项,那就是创意了。

4. 冰岛火山灰造成影响。

针对这句话,你会提出哪些问题? 提的问题越多,思考越深入。或者,你可以借助下面的提示:

(1)相关　(2)清晰　(3)假设　(4)真实　(5)原因　(6)结果　(7)措施　(8)离题

根据这几个提示进行提问,或许可使问题更为具体。学会提问题是解决问题的第一步,因为许多答案就藏在问题里。

★ 课后练习

实操训练

运用创新能力开发的方法,结合如今市场"痛点",提出一项产品或服务的创意构思。

课下 3-2-1 行动

《大学生创新创业基础》——所学知识点内化和能力点强化

—— 每课 3-2-1 练习

3 项收获 从本课程中找出 3 个 对你最有启发的具体知识点	2 项计划 请从 3 项收获中找出 2 项你认为将来可以执行的内容	1 项行动 请从 2 项计划中找出 1 项 你最想执行的行动
1.	1.	行动内容:(阐述请符合 5W2H 的原则)
2.		
	2.	
3.		截止时间:

请写出你(们)的行动学习心得体会(300 字以内),提交:

_____

_____

_____

_____

_____

_____

_____

_____

第3模块 创业、创业思维、创业精神与人生发展

> 思路决定出路,布局决定结局。
>
> ——蒙牛乳业集团创始人 牛根生

◇ **学习目标与要求**

1. 把握创业的定义与要素;
2. 理解创业要素与创业类型、过程;
3. 创业思维与管理思维的比较;
4. 理解创业精神的真谛;
5. 了解创业精神对人生的意义。

◆ 课前导读:大学生创业背后的笑与泪——从校园起步

上海理工大学毕业生蒋公宝是上海陇爱文化传播有限公司的创始人。他是来自山东沂蒙山区农村的孩子,大学期间担任过学生会主席,也曾组建小有名气的志高公益社团。他在校园社团、学生会的工作经历以及长期从事大学生公益志愿者活动的组织经验,让他发现一个在别人眼里不起眼的商机:厂家品牌方越来越关注高校大学生市场,很愿意赞助校园的各类活动和在校园推广自己的产品、提升品牌影响力,而学校团委和学生社团也需要更多经费支持学生社团活动的运转。一年换一茬的学生干部换届机制让商家找能管事的学生干部很困难,存在企业品牌校园推广工作难落地的痛点。显然,品牌企业、高校学生社团双方都有各自的需求未被满足。蒋公宝和几个小伙伴抓住了这一商机,注册了"陇爱校园",定位于品牌高校营销的"桥梁"服务商。发展至今,陇爱从海报设计印刷做起,慢慢开始承接各种企业的校园推广活动,目前与全国800多所高校的2000多个社团建立了直接联系,每年执行5000余场校园活动,公司迄今已服务近700家品牌客户。陇爱从无到有,从创始人蒋公宝"准丈母娘"支援的4万元起步,期间经历过付不出房租、发不出工资,前途迷茫、人心涣散,

如今公司已经成为年营业额过亿元，国内同类企业中最大的服务公司之一的大学生创业典型企业。其团队 120 人，99％都是"90 后"大学生，每个月仅仅发工资都需 100 多万元。目前在全国拥有 23 家子公司，成为上海市杨浦区重点纳税企业，每年还为 300 多名在校大学生提供企业实习机会。

（资料来源：《新民晚报》，作者再编辑）

3.1　创业概述

3.1.1　创业的内涵

创业是当今社会的热门话题，从政府到企业，社会上人人都在谈论着创业。创业是一个跨学科、多层面的现象，尽管越来越多的人对这一新兴领域进行研究，但是创业还没有形成一个单独的理论体系和学科领域。不同的人在提及创业的时候，其实所表达的意思是不尽相同的。

在现实中有很多种解读方式。高校里开创新创业课碰到的最大的瓶颈是师资稀缺，因为老师们会说：我从来没有办过公司怎么给学生讲创业？学生和社会也质疑：老师自己都没有开过公司，能教我们创业吗？

"创业＝开公司"，似乎是一个天然的联系，很多人认为创业一定要开公司，开公司就是创业。但事实上，有些人根本没有开公司，但是他创立了伟大的事业。比如袁隆平（图 3-1），中国工程院院士，我国当代杰出的农业科学家，享誉世界的"杂交水稻之父"。他的成就不仅解决了中国粮食自给难题，也为世界粮食安全做出了杰出贡献，创造了巨大价值。可以说没开公司的袁隆平，是全球农业科学领域最伟大的创业者！

图 3-1　"杂交水稻之父"袁隆平

　　还有人理解的创业是追潮流、赶时髦,在这个"大众创业,万众创新"的时代里如果不创业那就"OUT"了。

　　人们敬重的创业家:褚时健,一个一辈子没有追过潮流、赶时髦的创业者,从游击队员,到开办糖厂、经营农场、烟厂后入狱,再到上山种"褚橙",创业经历跌宕起伏。90多岁高龄的他还奋战在创业的第一线,成为大家心目中的创业之神! 在他身上我们看到的是真正的创业家精神:真正成功的创业家都是以永不妥协的勇气和坚忍不拔的毅力最大限度地创造人生的价值!

　　综上所述,什么是创业? 开公司、赚大钱、追潮流、赶时髦都只是表象或者片面的理解。那么,究竟什么是创业?"创业"一词在《辞海》中的解释为"创立基业"。真正的创业是指开创一番事业。创业成功都是要靠不断提升的创新能力和长期坚守的创业家精神。这就是创业的真正含义,也是创业教育的定位及价值体现。

　　"创业"从字面上看,是有深刻寓意的。"创"左边是个仓,意思是储存东西,创业需要各种资源的整合。右边是个"刂",寓意创业有痛,有难,刻骨铭心。"业"形似两人背靠背坐在同一条船上,互相支撑,同甘苦共命运。

　　国内学者李志能等人认为创业是一个发现、抓住机会,并在此基础上创造出新产品新服务的过程。国外大师杰弗里·蒂蒙斯认为创业是关于思考、推理和行动的方法,它会受到机会的影响,但更重要的是创业者要掌握创业技巧和创业艺术。霍华德·史蒂文森认为创业是不拘泥于当前资源条件的限制,是对机会的追寻,将不同的资源进行组合,以利用和开发机会并创造价值的过程。这个观点学术界普遍比较认同。

创业者心语:

创业就是把有价值的想法变成现实的过程。

创业本质上是一种生活方式:不停地折腾,不断地学习改变,扩展自己的舒适空间。

创业就是能面对身边的问题、痛点,找到合适的方法,解决问题,服务于群众、社会、国家的活动。

创业是过去积累与未来计划的变现。

创业是一场在失败中前行的修行。

　　2018年2月23日《人民日报》《光明日报》《经济日报》《解放军报》等都在头版刊发《艰苦奋斗再创业》文章:"中国共产党的光辉历程就是一部开天辟地的创业史、从未停歇不断再创业的奋斗史。中国共产党是中国近代以来最伟大的创业团队。""现今,我们正在做的和将要做的都是史无前例的创举,在前人从没走过的道路上,迈出的每一步都是创业,在前人从未涉足的山峰上,攀登的每一个高度都是再创业。"

　　由此可见,不同角度会有不同的解释。

　　具体来说,创业有狭义和广义之分。狭义:创业即指创办一个新的企业。在现实生活中,很多人就将创办新企业看作创业的标志;广义:除了包括创办一个新的企业之外,创业还包括组织开展有意义、有价值的实践活动,这些创业活动旨在创造价值、服务群众、造福社会和国家。

● **重要观点**：创业是创业者面对不确定环境，在创业精神的驱动下，对创业机会进行识别和资源开发，并创造价值的活动过程。其包含三个层面的意思：① 创业是机会识别和资源利用开发的过程。机会识别，是创业的前提。资源开发，是创业者通过组织创业资源要素，创造新产品、服务，实现产品或服务的潜在价值的过程。许多创业者都是白手起家、从无到有的。所以，创业者的资源整合配置能力是创业者能力的体现，也是创业过程的本质特征之一。② 创业是创业者面对不确定环境时，由创业精神驱动的结果。创业者是创业的主体，创业本身就是带领一群未知的人，去一个未知的地方，做一件未知结果的事。其过程就是面对不确定，积极面对挑战，整个过程与创业者的创业精神高度相关，是创业精神的价值体现。没有创业精神，艰难万险的创业之路是走不下去的。③ 创业是复杂管理和不确定性管理活动。创业是一项管理活动。传统企业管理强调计划、组织、领导和控制，是一种标准化、常态化的管理活动。与之相比，创业强调的是对机会的识别和资源的开发管理。

课堂学习

案例一：李红莉大学毕业一年后，打算自主创业做旧书生意。表 3-1 是她列出的创业计划表。

表 3-1   李红莉的创业计划比较表

比　　　较	书店的雇员	做旧书生意
特点	打工雇员	创建新书店的老板
工作性质	帮助顾客找书、卖在店里有的书	为书店定位，根据客户需求选书
投入资源	时间、劳动、智慧	全部时间、精力、智慧、积蓄和社会关系
承担风险	书店倒闭或被"炒鱿鱼"	经营失败血本无归
可能报酬	工资、业绩奖金	经营成功可获得经营利润

案例二：西安交通大学 3 名研究生为在校大学生搭建的公益平台"创业百家讲坛"。

3 名研究生的"创业百家讲坛"公益平台，利用学校校友、学校知名度和影响力去整合创业教育资源，既能为在校大学生了解创业、创业者和商业逻辑、市场规律提供服务，又锻炼了自己的能力。

案例三：上海理工大学吴满琳老师在高校创业教育第一线辛勤耕耘，硕果累累。

吴老师是国内最早（1998 年）从事高校创业教育的资深教师。她 2002 年为上海理工大学开设全校公选课"大学生创业导论"，2007 年创办"上海理工大学大学生职业教练营"，2009 年底在全国率先创办创业试点班，目前已持续办了 4 期。创业班培养了具有独立人格，面对不确定环境能积极应对挑战，能担当，全面发展的优秀人才和自主创业者。首批创业班创业率高达 86%，2~3 期创业率 30%~40%，其中有 59 store 联合创始人卯申宝，嘟嘟学车创始人史永平，腾腾钱币社创始人梅腾、刘东、陈运义，樊登读书会联合创始人郭俊杰，樊登读书会年轮学堂的陈亚川、潘丹青等。创业班帮助许多学生实现了梦想，为高校创业教育专业培养体系做了有意义的实践探索。

案例四：李肖鸣从高校辞职下海，到退出商海成为创业教育的志愿者。

李肖鸣1995年前是唐山大学团委书记、学生处副处长。1995年她带学生来上海实习，看到上海作为长三角龙头国际大都市和浦东开放发展的势头，同时因为内心不愿过稳定、安逸的生活，想要挑战自我的渴望，她辞职下海了。经商16年，她创办了7家企业，在2012年成为YBC创业导师后，感觉从事创业教育更是她的终身所爱和使命追求。她卖掉企业，选择退出商海，进入创业教育，先后成为志愿者、创业导师、创业管理客座教授、各类创业大赛评委、中科招商创业研究院院长，先后出版8本创业教育专著和教材。她认为自己就是创业内涵的践行者和创业教育传播者。因为在唐山大学当老师是创事业，在上海经商是创企业，之后退出商界从事创业教育不是追求财富，而是追求人生自我价值的实现，是创人生。

◆分析以上这几个案例，你认为他们是在创业吗？如果是创业，分别属于什么创业？我们有什么启发？

在创业教育中，我们认为的创业是广义的概念，归纳起来有三层含义（维度）：创建企业、创建事业、创造人生。广义的创业，即"大创业"的概念，它包括自主创业、内部创业和岗位创业。

（1）自主创业是指具备就业条件的人放弃就业机会，依靠自己的资源、信息、技术、经验等，创办企业的行为。

（2）内部创业是指在工作单位的支持下，有创业想法的员工承担单位内部的部分项目或业务，并进行局部创新突破，且和单位共享劳动成果的过程。这种创业模式，单位为孵化平台，内部员工则为创客，双方通过股权、分红等方式成为合伙人。内部创业的优势在于创业者在单位内部，可以心无旁骛地进行设计开发项目，无须操心寻找投资，就可获得充足的资源，是一种激发活力、留住人才、转型升级、成果转化的手段，微信、天猫商城的研发就是此种模式。

（3）岗位创业是个体在已有岗位上进行的创新再造，以深入地感知生命、自如地把握职场、合理地规划"幸福"人生。大学生的本职工作就是学习、生活，学习上追求卓越、生活上觉得幸福就算"岗位创业"成功。

微课：发现痛点——阳台菜园

其实，创业就在我们身边。比如把我们平时想到的一个新奇点子，用理性和系统的方式呈现出来（Plan）并付诸实践（Do），得到反馈获取经验（Check），明确方向再次付诸实践（Action），这样的PDCA过程就是"创业"。它是一个充满乐趣的过程，是一个学习的过程，是一个锻炼能力的过程。

所以创业可以定义为：创业是个体以满足用户需求为出发点，通过自我认知探索、整合对接资源、重构社会关系生态，寻找可升级、可复制和可盈利的模式的过程。

微课：发现痛点——蜜芽贝贝

◆ 课堂小结：创业对创业者的意义不仅在于财富的积累和地位的提高，还在于它是实现自我和超越自我的过程。创业具有六个特性：① 创业具有创新性。新产品、新服务、新事业,或者是在原有基础上实现新的规模或新的层次。② 创业主体具有主动性。创业是创业者有目的、有意识的活动,是积极进取精神的体现,是使命感的驱使,而不是"当一天和尚撞一天钟",更不是"等、靠、要"的无为意识。③ 创业领域具有广泛性和途径多样性。创业不仅仅在商业领域中,也可以在教育、科技、文化、服务等各个社会领域中进行。每个领域都存在创业机会,都有创业者大显身手之处。④ 创业具有不确定性。创业活动是在高度不确定性的环境中开展的商业活动,具有颠覆性、创造性;谁是顾客、顾客认为什么有价值等都是未知数,具有模糊性和快速变化的特点。⑤ 创业具有艰难性。有人形容为"赤脚在布满荆棘的市场上踏出一条自己的路",是人生中"百炼成钢"的过程。⑥ 创业对创业者有影响性。对个人、家庭、社会都会产生较大的影响。创业是自我价值实现的过程,是活出生命意义的过程。

3.1.2　创业要素

1. 创业要素

研究创业活动必须了解创业的关键要素。在学界,创业要素有三要素、四要素、五要素等不同的分法,最为典型的是杰弗里·蒂蒙斯的创业三要素模型。

美国百森商学院创业学教授杰弗里·蒂蒙斯是创业教育的先驱,有"创业教育之父"的美誉。他在长期的创业教育研究工作中提炼出了创业三要素模型,又被称为蒂蒙斯模型(图 3-2)。

蒂蒙斯模型高度提炼出创业的关键要素:创业机会、创业者(团队)以及创业资源,这三个要素是任何创业活动都不可或缺的。

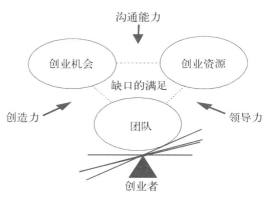

图 3-2　蒂蒙斯的创业三要素模型

(1)创业机会:创业机会是指创业者可以利用的商业机会。机会是创业的起点,创业过程就是围绕机会进行识别、开发和利用的过程。创业机会来自一定的市场需求和变化,当某种创意能够将人们潜在的需求转化为现实的、有效的需求,或使得某种未能满足的需求得到满足时,这种有价值的创意往往就意味着创业机会。因而,机会是创业过程的核心驱动力。

(2)创业者(团队):创业者(团队)是指在创业初期(包括企业成立前和成立早期),由一群才能互补、责任共担、愿为共同的创业目标而奋斗的人所组成的特殊群体。知识经济时代,创业所要求的素质、技能往往涵盖经济、管理、技术、研发、营销、财务等多个方面,不是创业者个体一己之力所能企及的,单打独斗、孤胆英雄式的个体创业已经很难取得成功。与个体创业相比,团队创业具有的团结协作、优势互补、成果共享、责任共担等多方面优势,对创业成功起着举足轻重的作用。因而,创业团队是创业过程的主导者。

(3)创业资源:创业资源是指与创业活动直接相关的特定资产,包括有形与无形资产。创业资源是新创企业创立和运营的必要条件,不同的创业活动具有不同的资源要求,任何一个创业者都不可能在创业之初就把一切创业资源都备齐,因而,创业者往往通过创造性地整合资源来获得创业成功。

● **专家观点:**

创业本质上是创业者(团队)、创业机会和创业资源相互作用以创造价值的动态过程。其中,创业者是创业的核心,是使机会识别与资源整合得以实现的驱动者,创业要素动态关系见图3-3。

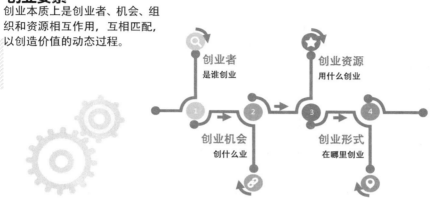

图 3-3　创业要素动态关系图

2.创业要素之间的关系

创业三个关键要素之间的相互关系是:创业过程始于创业机会。没有机会,创业活动就成了盲目的行动,根本谈不上创造价值;机会普遍存在,没有创业者识别和开发机会,创业活动也不可能发生;合适的创业者把握住合适的机会,还需要整合资源,没有资源,机会就无法被开发和利用。

3.1.3　创业的类型与过程

1.创业的类型

创业可以根据不同标准划分为不同的类型。只有深刻理解和认识创业的各种类型,创业者才能找到最适合自己的创业道路,实现创业成功。我们可以从创新、动机、渠道、项目四个不同的角度对创业进行分类。

(1)创新角度。

按照创业大师熊彼特的理论,他所说的五种"创新"的实现过程实际上就是五种创业类型,这五种创新是按照主要创新活动所属的领域来划分的。

① 新产品创业:即生产出一种市场上从未出现过的产品,或者市场上曾经出现过的类似产品,但新产品与之有本质区别。

② 新资源创业:即利用新的资源进行创业活动。

③ 新市场创业:即开辟出一个至今尚未或鲜少有人涉足但有巨大潜力的市场进行创业。

微课:找到差异——默予

④ 新生产方法创业：即采用一种新的生产方法进行创业，如利用新的生产工艺或生产技术进行生产和管理。

⑤ 企业组织创业：即实行一种新的组织形式进行创业，如建立或打破某种垄断。

（2）动机角度。

按不同创业动机进行划分，创业可分为发展型创业与生存型创业。创业动机引发创业行为，不同创业动机的创业者会选择不同的创业类型，这与各人的主观选择有关。但是创业者的创业动机是由许多客观因素造成的，如创业者所处的经济和社会环境、所接触到的创业教育和培训、人际关系网络，都会对创业动机产生一定影响。

① 发展型创业：发展型创业是创业者为了获得认可，成为成功人士，实现创业想法以及掌控自己的人生等目标而进行的创业。这些创业者将创业看作锻炼、提升自己的一个重要渠道，他们并不以获得物质报酬为主要目的，他们更关注的是在创业过程中自己的成长以及创业能给他们带来的自我价值实现。

② 生存型创业：具有生存型动机的创业者进行创业主要是想要获得经济保障、提高薪酬以及希望不再失业。他们认为创业是一种谋生的手段，既然从别人那里得不到想要的报酬和保障，那么自己进行创业会有更多的主动性。

（3）渠道角度。

这里所说的渠道是指新创企业建立的形式，如有的创业是完全独立、崭新的企业，而有的创业则是依附于其他企业或母公司所建立起来的，据此可以将创业划分为自主型创业和依附型创业。

① 自主型创业：自主型创业是指创业团队在没有依附的情况下，白手起家进行的创业，成立的公司也是一个独立的法人个体。这种类型的创业具有挑战性和刺激性，由于没有条条框框的束缚，创业者可以将其创意和想象力发挥到极致，脱离枯燥乏味的老圈子；但是这样的创业又具有冒险性和未知性，缺少经验和指导，新创企业很有可能付出不必要的成本和代价。

② 依附型创业：如果把一个企业比喻成一棵树，那么一个企业的进化史就是一棵树的成长史。随着大树的成长，它的根会深扎于泥土，枝干会茂密强壮，不断向外伸展，最后枝繁叶茂。企业也是这样，当一个企业进入成熟期之后，它的水平和能力趋近成熟，企业拥有的研发成果是其长期发展的竞争优势。此时，通过一定的授权和合理保障，企业能够支持其内部人员进行创业，在成熟企业的基础上进行二次、三次甚至连续创业。面对当今激烈的市场竞争，企业只有不断进步，才能稳固自己的竞争优势，才能不被市场淘汰。

（4）项目角度。

创业如果按项目分类，大致可分为以下三类：传统技能型、知识服务型和高新技术型。

① 传统技能型：传统技能型创业即指利用一些传统的工艺和技术进行的创业活动。传统的技能在餐饮业、饮料业、中药业等行业中较多。虽然现在很多行业的技术发展迅速，但是一些传统的工艺很难被复制，也保持着持久的竞争力，如我国很多的百年小吃老店和民间工艺艺术品店。

② 知识服务型：知识服务型企业主要以提供信息服务和咨询服务为主。由于当今社会每天都充斥着大量的信息，知识的更新速度快，普通人很难从中精确地把握住最有用、或对自己最有利的信息。知识服务型企业正是看到了这样的社会需求，才应运而生，如会计师事务所、管理咨询公司、投资公司、律师事务所，都是为满足人们追求专业化服务、节省时间、提高效率的需求而建立的。

③ 高新技术型：根据我国《高新技术企业认定管理办法》的规定，高新技术企业是对其主要产品（服务）的核心技术拥有自主知识产权，并同时符合下列条件的企业：一是产品或服务属于《国家重点支持的高新技术领域》规定的范围。二是具有大学专科以上学历的科技人员占企业当年职工总数的30%以上，其中研发人员占企业当年职工总数的10%以上。三是企业近三个会计年度的研究开发费用总额占销售收入总额的比例需① 最近一年销售收入小于5 000万元的企业，比例不低于6%；② 最近一年销售收入在5 000万元至20 000万元的企业，比例不低于4%；③ 最近一年销售收入在20 000万元以上的企业，比例不低于3%。四是高新技术产品（服务）收入占企业当年总收入的60%以上。五是企业研究开发组织管理水平、科技成果转化能力、自主知识产权数量、销售与总资产成长性等指标符合《高新技术企业认定管理工作指引》的要求。

2. 创业的过程

创业的艰难很大程度上也源于它的不确定性和复杂性。在创业过程中我们会面临很多意想不到的情况，所以为了做好准备，我们需要对创业的过程进行解剖和分析，正所谓"知己知彼，百战不殆"。创业过程（图3-4）主要可以分为以下五个阶段：

（1）产生创业动机。

创业动机是创业活动背后最主要的推动因素，只有产生了创业动机，创业活动才有开展的可能，没有创业动机，创业也就不会发生。

（2）识别创业机会。

识别创业机会是创业过程中的决定性因素，更是创业管理的重要环节。识别创业机会分为发现机会和评价机会价值两个方面的内容。创业机会大致涉及四个问题：第一，创业机会都来自哪里，创业者该如何获取创业机会。第二，创业者该通过什么方法和途径识别创业机会，创业机会又是以何种形态呈现在创业者面前。第三，关于创业机会，为何只有部分创业者能够发现。第四，是否所有的创业机会都对创业者开展创业活动、创造价值有所帮助，创业者该如何正确地认识创业机会。创业者对这四个问题的回答可以看出创业者在识别创业机会时所采取的措施。创业者会选择广交朋友的方式来获取广泛的信息；创业者还会对身边的事物和日常工作进行细心观察，从细节中看到机会。但不可避免地会出现自认为的商业机会实则是"镜中花，水中月"，所以，创业者还需对机会进行正确的评估和判断。

微课：如何找到商业创新的机会

（3）整合资源。

在创业者开发创业机会的阶段，创业资源是至关重要的。对于更多的创业者来说，自己身边能够利用的资源十分有限，我们也会听到很多白手起家的创业者的故事。整合资源要求创业者以创业目标为中心，利用身边一切有效的内部和外部资源，切不可看不起一些小资源，它在今后的创业过程中可能会带来意想不到的效果。

就创业资源而言,最普遍的就是我们经常说的三要素:人力、财力和物力。首先,创业者是创业活动的核心,但是大多数情况下,靠创业者一个人单打独斗是很难取得创业成功的。创业者需要凝聚一群志同道合的伙伴,相互之间要能够优势互补,除此之外,创业团队的成员之间还要具备有福同享、有难同当的责任感。其次,创业需要资金的支持,创业前期很少能够收获大量的回报,如果没有持续的财力投入,新创企业很难发展下去,所以很多创业者在创业初期遇到的最大的一个问题就是如何进行有效融资。

既然创业者自己身边的创业资源十分有限,那么为了新创企业的健康发展,创业者应该着手利用创业机会来吸引外来投资,这时候往往会涉及撰写创业计划书等事宜。创业计划书其实就是一份清晰解读自己创业计划的说明书,它能让创业企业吸引更多的资源提供者。

(4)创建新企业或新事业。

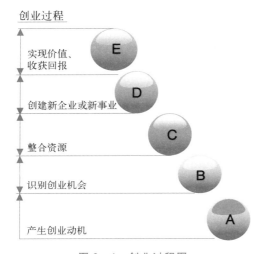

创业过程

图 3-4   创业过程图

创建一个新的、独立的企业或事业是衡量创业成果的最直接标志。一个新企业的创立不是一朝一夕能完成的事情,这需要组织制度建设以及体制管理,如生产、销售、财务等方面都是影响企业生存和发展的重要方面,没有完善的管理和监督体制,企业很难持续经营下去。

(5)实现价值、收获回报。

创业企业为目标客户创造价值,从而获得利润回报。同时,回报还有另外一种形式,那就是对于创业者精神上的回报。如前所述,创业按照创业动机可以分为发展型创业和生存型创业,其中发展型创业的创业者追求的就是一种自我价值的实现。

★ 课后练习

1.王阿姨喜欢为家庭聚会制作开胃食品,朋友们经常称赞她制作的食品非常美味。后来她建立了一家公司来制作和销售开胃食品。

2.长期从事生物化学基础研究的张教授在前沿领域有了重要发现。但是,他对开发该发现的实际用途并没有兴趣,也没有做成果转化。

3.在被从管理职位上"裁员"以后,老李发现了用特殊方法处理旧轮胎作为花园边饰(将不同种类植物分开的隔离物)的创意。

4.退役军官赵某想出一个创意:从政府那里购买淘汰的水陆两栖交通工具,再用它们去建立一家专门从事偏远荒野旅游的公司。

5.年轻的计算机工程师小孟开发出比目前市面上任何软件都要好得多的新软件,他在筹集资金创建一家公司来开发和销售该产品。

6.填写表 3-2,分析体会大学生创业与就业的区别。

表 3 - 2　创业与就业的区别

项　　目	自 主 创 业	就　　业
担当的角色		
要求的技能		
收益与风险		
成功依赖的因素		

扫码看参考

3.2　创 业 思 维

现实中,人的行为取决于他的认知方式和思维方式。同样,创业者的行为与创业思维密不可分。所谓创业思维,是用现有极少资源(当前具有的资源)去创造多种可能性的思维。

1. 创业思维与管理思维的区别

为帮助同学们理解,我们设想以下场景:

情景1　家宴(有客人上门,提前预约安排接待)研究来客喜好和自己的拿手菜、私房菜,确定菜单,锁定菜谱、准备好与菜谱相符的原材料及配料等。

情景2　做饭接待(外地同学突然上门造访),冰箱里只有一堆土豆,土豆能做出什么菜? 这能体现主妇的应对能力和持家水平。

情景3　去旅游(图 3 - 5)。

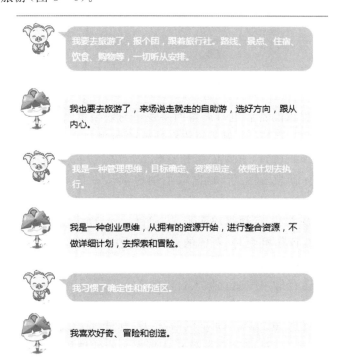

图 3 - 5　我要去旅游

以上场景给我们揭示了管理思维和创业思维的区别。

管理思维是用给定资源实现给定目标的思维。管理是从 1 到 N 的优化、复制、规范标准的过程,可以帮助企业做大做强的思维。管理思维的特点是从 1 到 N、目标确定、直到资源配置完善才开始行动,大计划,预测性,经营环境和市场稳定,好把控。

创业思维是指利用不确定的环境,用现有极少资源创造商机的思维方式。它具体包括六步:① 利用手头资源快速行动;② 根据可承受损失而不是预期收益采取行动;③ 小步快走,多次尝试;④ 在行动中不断吸引更多的人加入进来;⑤ 把行动中的意外事件看成好事、机会;⑥ 把激情当成行动的动力。创业思维的特点是从 0 到 1、目标不明确,从拥有的资源开始行动,小行动,创造性。创业可以挖掘个人潜能,把自身优势发挥得淋漓尽致,从而体现自身价值。

创业思维能够适应变化、不确定的环境,而管理思维更适应稳定的环境,它们之间并不是对立的关系,而是相互联系、相互依赖并可相互转化的关系。表 3 - 3 将创业思维与管理思维进行了比较。

表 3 - 3　创业思维与管理思维的对比

视角纬度	管理思维	创业思维
计划视角	大计划	小行动
目标视角	明确	不明确
过程视角	从 1 到 N	从 0 到 1
资源视角	直到拥有资源再开始行动	从现有的资源开始行动
路径视角	直线	迭代
结果视角	复制或优化	创造

管理思维与创业思维的背后也对应着因果逻辑与效果逻辑。

因果逻辑也称为预测逻辑,强调必须依靠精确的预测和清晰的目标。

效果逻辑也称非预测逻辑,主要依靠利益相关人并且是手段导向的。效果逻辑的提出者是美国的萨阿斯·萨阿斯瓦斯,她选取了销售额从 2 亿到 65 亿美元不等的一些企业,针对它们的 27 位创始人开展了实验研究,研究发现如下:

(1)成功创业者以手段、行动驱动而不是以目标为导向。

(2)成功创业者在评估机会时,考虑的是"可承受损失",而不是预期收益。

(3)成功创业者会设法利用意外而不是回避意外。

(4)成功创业者会召集一些愿意加入自己的人。

● **重要观点**:需要强调的是,创业思维、效果逻辑与精益创业思想密切相关。

借鉴精益生产的思想,精益创业的核心思想就是:以最低的成本制作 MVP (Minimum Viable Product,最简可行产品),从每次实验的结果中学习,快速迭代,在资源耗尽之前从迷雾中找到通往成功的道路。

　　精益创业所引申的创业逻辑有：创业者在做别人都没有做过的事情，创业者处于不确定性风暴的中心，创业者面对瞬息万变的未来。创业者该如何以最低成本和最有效的检验方式来验证用户需求，灵活调整方向、优化产品功能以及实现创新核算，最终创业成功。相比"火箭发射式"创业方式，是不是还有另外一种"开车上路式"的创业方式供创业者选择。火箭发射必须预先计划好，长期准备，大投入，然后一飞冲天，一步到位；而开车上路驾驶是随时反馈，及时调整，经过多少个红绿灯，多少个拐弯，应对多少辆同行汽车，踩了多少次刹车、多少次油门，不断调整之后，才能到达自己的目的地。

　　"开车上路式"的创业方式就是我们所探讨的"精益创业"。你需要的不是基于众多假设制订复杂的计划，而是可以通过不断"转动方向盘"进行随机调整，我们把这个过程称为"开发—测量—认知"的反馈循环。

课堂学习

　　在印度只有7%的家庭拥有洗衣机，很多人会将衣服送去给洗衣工洗。衣服会在10天左右送还，而且洗得也不怎么干净。印度人阿克沙·米拉噢到商机，他做了个实验，将货车改装成大型洗衣机房，停在街角。他此举的目的就是验证一下人们是否会把衣服拿来，并支付洗衣费用。结果发现，人们很乐意把衣服交给他的创业团队洗。但是，也有部分人对货车型的洗衣心存疑虑，担心他们会带着顾客的衣服开车逃跑。为了打消这些人的疑虑，团队将货车改造了一番，使它看上去更像个流动摊点。他们还发现顾客常常要求熨衣服，有人愿意支付双倍的价格在4小时内拿回衣服。这些真实的市场实验促使团队确定了最终产品，使得他们的街头流动洗衣业务量增长迅速。

　　从这个案例中有以下几点启发：

　　(1) 真实的市场实验就是要邀请潜在的客户、购买者和合作伙伴提供市场反馈，这些反馈应涉及各个方面的假设，包括产品功能、定价、分销渠道以及可行的客户获取战略等。

　　(2) 最小化可行产品的目的是开启学习认知的流程，最小化可行产品并非用于回答产品设计或者技术方面的问题，而是以验证基本的商业假设为目标，是市场检验、试错证伪的工具。

　　2. 创业思维的知行合一

　　许多大学生提及自主创业，会说：我也想创业，但我什么也没有。纠结自己一穷二白：缺钱、缺技术、缺经验。

　　自问：我有什么？挖掘你的三大资源。

　　产生有价值的想法：我能为谁(自己或他人)做什么？帮助谁？(图3-6、3-7)

　　◆ **课堂小结**：(1) 创业思维与管理思维同等重要，创业思维适用于不确定情景。创业思维的基本逻辑是效果推理。

　　(2) 创业思维的表现形式：创新、敢于应对挑战、逆向思考问题、积极应对不确定性、

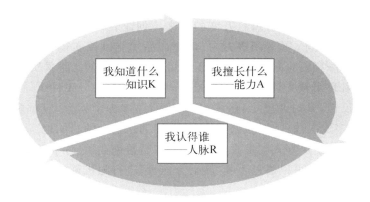

图 3-6 KAR 模型

图 3-7 挖掘三大资源转换价值图

执着与灵活性并重、借助资源整合应对资源高度约束、合作共赢、欲取先予、取舍有度。

（3）创业思维是一种行动导向的方法,体现了实用主义的哲学思想。

（4）每个人都有三类资源（知识、能力与人脉）,你就是你自己最大的资源,从你所拥有的资源开始去行动,去创造自我价值（图 3-8）。

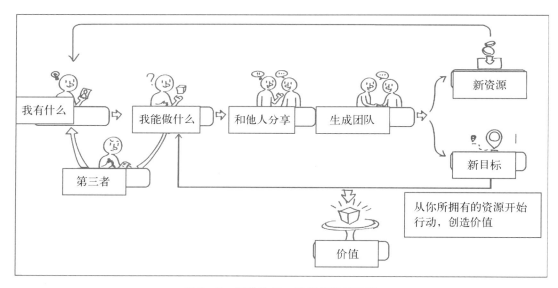

图 3-8 自我认知—价值创造流程图

★ 课后练习

1. 尝试用创业思维做一件你一直想做却没有做的事情。

2. 回顾并分享给你带来成就感的事件，找到你的三大资源：① 列出三件个人觉得最有成就感的事件；② 确定成就感事件情境；③ 分析成就感事件资源（知识、能力与人脉）；④ 对成就感事件进行排序；⑤ 一对一分享最有成就感事件。

3.3　创 业 精 神

乔·卡伦的《创业简史》是世界上第一本描述揭示创业活动对人类历史、人类文明影响的书。乔·卡伦指出："创业精神塑造人类历史。"他解释的原因是："创业精神，是一股深刻影响人类命运的力量，是人类社会发展、变革的核心驱动力。"

3.3.1　创业精神的真谛

创业精神，是指在创业者的主观世界中，那些具有开创性的思想、观念、个性、意志、作风和品质等。创业精神是一种开创新事业的理念和思想，它为创业活动的开展奠定了心理基础。创业精神是一种远见卓识，是一种一致、连续地看待世界的方法，是一种特殊的心智模式。此种模式对机会和资源赋予不同的价值，鼓励创新、创造，鼓励独树一帜。

创业精神的真谛分别表现在心理、行为和哲学三个方面：在心理学方面，创业精神是心理学层面的一种个性和意志的体现；在行为学方面，创业精神是创业者作风和品质的表现，同时体现了创业的行为模式；在哲学方面，创业精神是一种思想、一种观念，一种对创业的理性认知。

国务院发声：2017年9月25号《中共中央国务院关于营造企业家健康成长环境弘扬优秀企业家精神更好发挥企业家作用的意见》发布。文中指出：企业家精神是生产力的关键要素。改革开放三十多年历程中，企业家是最具活力和创造性的弄潮儿，在推动经济发展中扮演重要角色。艰苦奋斗、勇于创新、敢于担当，是他们最为可贵的精神特质。当前，步入新常态的中国经济正处在转型升级、爬坡过坎的关键时期，时代召唤广大企业家振奋精神、放开手脚，闯出一片新天地。文中指出：弘扬企业家精神，将为我们持续深化改革、建设经济强国乃至实现民族复兴伟业凝聚重要力量。

这是政府首次以专门文件明确我国企业家精神的地位和价值。

在微观层面，创业精神能让石头变成金子，能让一个平庸的组织和平凡个体的灵魂焕发夺目光彩。

3.3.2　创业精神的内涵

国内学者马浩在对现有研究进行综合分析和整理的基础上,对创业精神的内涵进行了系统归纳,形成"4P"框架,其内容如下所述:

1. 远见卓识(perspective):企业家的心智模式

创业精神是一种远见卓识,是一种一致、连续地看待世界的方法,是一种特殊的心智模式。它有助于改变现状、发现新方法。

挑战传统智慧是许多成功企业家的共性。联邦快递的弗雷德·史密斯论证了应用调配中心进行航空隔夜快递相比传统点对点快递更具有效率。Ted Turner 建立并成功运营了美国有线电视新闻网(CNN),提供 24 小时的全球直播新闻报道,延长了传统的黄金时间。挑战传统是企业家心智模式的本质,是企业家区别于普通大众的关键特质。

2. 敢为人先(pioneer):勇于创新的积极态度

企业家是先驱者,无论是从零开始建立商业帝国还是在企业内进行冒险,他们都是创造和创新矢志不渝的拥护者。他们喜欢在自己的领域中有所作为,有计划地冒险,积极创造未来。曾任苹果公司经理的 John Scully 认为:"预测未来最好的方法就是创造新的。"

敢为人先精神包含激情和执着两个关键要素。真正的企业家充满激情,努力追逐自己的梦想。Jim Koch 自愿放弃在麦肯锡咨询公司体面的工作和 25 万美元的年薪,追逐自己真正热爱的事:支持家庭酿造工艺,生产上好的啤酒。借此建立的创业公司波士顿啤酒旗舰品牌 Samuel Adams 大获成功,受到啤酒鉴赏家和啤酒爱好者的青睐。

执着对于创业不只是良好的品质,更是必要的素质。许多企业家尝试过,只有少数成功。他们对梦想有坚定的信念,有强大的承受失败的能力,能冷静面对来自内外的各种压力。企业家们对此的想法是:永不放弃。他们一旦有了一个好主意,就一生致力于此。

沃尔特·迪士尼的箴言如此简洁而具有洞察力:

一次失败对普通人是一种打击,而对企业家,是一座桥梁。

> **创业者心语:**当我知道创业的所有真相以后,依然鸡血满满、斗志昂扬、越挫越勇地去前进,这就是创业精神。

3. 执行力(practice):行动才是关键

行动胜于语言,创业的远见卓识最好反映在企业家的行为上。无论是建立新企业还是内部创新,最终创业的行为和活动才是关键。作为一种商业活动,创业以强烈的行为导向为特征。创业的内容是做些事情、创造些东西和让事情发生。山姆·沃尔顿无论在何处旅游都会参观竞争者的店铺,以此来学习完善自己的生意。比尔·盖茨从哈佛退学,为了亲身参与竞争,而不是在学术环境内隔岸观火。

4. 绩效(performance):结果导向

企业家受结果驱动,他们关心发现和利用有利可图的机会。从亨利·福特到山姆·沃尔顿,从托马斯·爱迪生到比尔·盖茨,企业家通过他们的创业行动改变了人们的生活、工作、学习和娱乐的方式。

课堂学习

案例一：在大学生创业者身上，能看到创业精神的影响和对他们人生路上产生的积极作用。

覃柯樌是上海理工大学管理学院市场营销专业的学生，也是"上海理工大学大学生职业教练营"的第 8 期学员，是一个连续创业者。2014 年创办一个港口物流企业，2016 年创办一个电商 SAAS 平台。2015 年被评为"全国创业之星"，2017 年被评为"上海市创业先锋"，被多家高校聘为创业导师，他也成为了《大学生创业基础》的讲师。他来自广西山村，他说他家乡是没自来水，没电的大山里，上学要走 3 小时左右。他的创业故事可以参考网上一篇文章"从大山里走出来的孩子是如何在毕业两年内逆袭成高富帅的？"2017 年他因公司盲目扩张，资金链断裂和团队等问题而走到绝境。他一个人背个背包，在春节期间徒步回老家，进行灵魂的洗礼，反复拷问自己：我是谁？我要做什么？为了什么要做？我生命的意义所在？目前碰到坎了，如何面对？自己是否坚持走创业之路？在一番折腾纠结之后，他走了出来，重新审视自己的创业之路，再次启航。目前他在做早教的 APP 项目。

创业是一场在失败中前行的修行。

人生没有失败的人，只有放弃的人。

案例二：四位女生开火锅店一个月就放弃。

2013 年上海海洋大学同寝室的 4 位女生因为听了学校创业讲座，心潮澎湃，决定创业。4 人都喜欢吃火锅，于是每人出资 5 万元，在松江大学城开了一家火锅店。开张生意不错，但一个月后，4 个人谁也不愿去火锅店了，说不知道开店创业这么累和苦，特别受不了身上的火锅味，最终选择放弃。

没有创业精神，没有正确的创业动机和使命感，是不可能坚持的。这种轻易放弃实际上是没有创业精神的表现。

案例三：上海理工大学 2004 年的毕业生张元刚从甲骨文公司（全球最大的信息管理软件及服务供应商，主要为大型企业提供通用企业资源规划方案，简称 ERP 的跨国公司）辞职后，创办了上海泽阳信息科技有限公司，曾经申请创业基金被拒，是一位一再失败仍不失激情的创业者。其创业动机就是看到甲骨文的 ERP 系统软件在国内卖高价赚钱不甘心，要开发自己的软件系统解决小企业的人财物管理。他之后成立的上海泽阳智能科技有限公司成为一个智慧城市系统集成商，为客户提供智慧城市系统集成产品与服务。他本人 2012 年入选了福布斯"中国 30 位 30 岁以下创业青年"榜单，2013 年被评为"上海市创业先锋"。其间濒临夭折有之，峰回路转有之，酸甜苦辣，个中滋味也许只有张元刚自己才能深切体味，他说，他的创业之路是创业精神支撑着他一路走来的。

创业就是用自己的能量去创造被社会认可的事业。

所以说,创业没有大小只有成败。创业并不是要做成多么伟大的事业,而是为了某一个事业而不懈奋斗,这就是创业精神。

创业本身是一种无中生有的历程,创业者具备求新、求变、求发展的心态,以创造新价值的方式为新企业创造利润。

我们身边的企业家们坚持每天晨跑、健身、徒步、戈壁滩的极限徒步、珠峰的巅峰挑战,是为了什么？王石 60 岁还去哈佛读书,冒着生命危险攀登珠峰。他们回答这样做是在折腾自己,同时不断拷问自己:我是谁？我要做什么？为了什么要坚持？我是有责任和使命的,我要为所有股东、企业员工、为他们家庭的生计着想,不能后退,不能倒下。这是苦行僧的修行、地狱般刻骨铭心的修炼。

创业精神是坚守自己认定的有价值的事,不断拓展自己的不适空间,变不适为舒适,不甘平庸,成习惯的折腾,刻苦磨炼。原本是为了追求利益的商业行为,最后会不计个人得失、委屈、痛苦而追求梦想,追求社会价值和责任。

案例四:上海理工大学创业班的卯申宝是全国高校最大 OTO——59 store 联合创始人,他说:不创业等于死！生命没有活力,没有变化,没有挑战的刺激,就感受不到我还活着。创业改变了他们的生活,改变了命运！

◆ **课堂小结**:创业精神是一个人核心素质的集中体现,不仅决定一个人在机遇面前的选择,而且决定了一个人的生涯目标和事业追求。具有创业精神的人,无论是创办自己的企业,还是选择一个企业就业,都具备目光远大、心胸宽广的特点,都会达到人生的更高境界。

在建构自己的创业人生大厦时,创业精神为你的创业、人生大厦打钢筋、灌水泥,坚固你的人生精神支柱。

3.4 创业精神与创业人生

创业精神并不是什么"天生神力",它只是一个人努力追求、拼尽全力,去达成目标的心理诉求和行动力,只要踏实、勤恳,愿意付出努力,任何一个普通人就能够进行创新创业,拥有创业精神。

创业精神并非天生的,它是可以通过后天的学习、思考和实践培养出来的。研究表明,渴望成功是每个人都具备的一种潜在品质,只是有些人没能发现或正确地激发这种潜能。所以,他们的人生充满后悔、遗憾和抱怨。

创业精神的重要性不仅体现在创业活动中,也体现在生活、学习的方方面面。

从某种意义上来说,创业精神不但决定个人对生涯发展的态度,而且决定个人生涯发展的高度和速度。

（1）创业精神决定个人生涯发展的态度。我们生活在社会中,成长和发展肯定会受到各种因素的影响。由于不同的发展态度,在面临各种机遇和选择时,也会有不同的反应。正是一个个不同的选择和反应，才导致不同的人有不同的生活轨迹。

案例分享

上海理工大学首期创业班的段毅均同学原本是管理学院工商管理国际合作班的学生，家庭条件很好，他的父亲给他设计好了未来人生道路：在国际合作班毕业后，去英国金融、精算专业留学深造，回来后成为陆家嘴金融精英白领。但他在大二选择进入创业班，还未毕业就创业，成为IT科技创业公司的联合创始人，负责开发智能机器人、智能办公软件，目前是钉钉公司的CTO。他靠自学计算机工程相关知识，在创业百忙的同时，考上上海交通大学的计算机工程专业，继续在他喜欢的IT科技领域发展。他认为创业班的教育培养改变了他的命运，创业精神支撑他的刻苦自学（从社会软科学跨界进入理工科的硬科学领域）、努力奋斗，成就了他的梦想。

只要有爱好，有梦想，有创业精神的陪伴，人生路上，就没有不可能！

● **重要观点**：创业精神是一种理念、一种想法，是个体行为特征的凝练。它在个体生涯发展过程中起着举足轻重的作用。例如，创业精神中的创新性要求人们勇于开拓创新，做他人未做，想他人未想，为社会带来新颖之风；又如，创业精神中的合作精神让人们不要以自我为中心，要善于与志同道合的人合作；再如，创业精神中的坚韧性鼓励人们坚持不懈，培养坚定不移的信念。

（2）创业精神决定个人生涯发展的高度。创业精神体现了个体的综合素质，是一个人精神境界的凝练。具有创业精神的创业者敢于创新、勇于承担、不畏艰险、坚持不懈，他们会在创业道路上走出自己的一片天空，不断追求自己的人生目标，最后实现自己的人生理想；具有创业精神的人即使没有进行创业，他们在各行各业都会奋斗不息，较一般人而言，这些人不仅在事业上能取得更好的成就，在思想和生活上也会有更高的境界。

在这种情况下，如果当代的大学生们仍然安于现状、懒散，自己没有明确的发展目标，只是被动地接受别人的安排，那么，理想真的只是一个华而不实的梦，毕业可能就意味着失业。所以，大学生需要有意识地培养和加强自己的创新精神，勇于突破自己，敢于开风气之先，想他人之未想，做他人之未做，让自己的人生达到别人无法企及的高度。

（3）创业精神决定个人生涯发展的速度。创业精神具有积极主动、不断进取的特点，拥有创业精神的人会受到内在力量的驱动，不断奋发进取，在实现自己人生目标和理想的路上越走越远、越走越宽阔。不管在不在创业途中，不管从事什么职业，具有创业精神的人都有很强的成就动机，他们渴望创造价值、渴望达到自我设定的目标，这些渴望最终都会转化为他们不断进步和发展的动力。而缺少创业精神的人会比较安于现状，他们每天做好自己该做的事情、完成属于自己的任务之后，不会再有追求和突破的欲望，过着"每天撞钟"和"温水煮青蛙"似的生活，最后发现原来自己和别人的距离已经那么遥远。

最适合进行创业实践的时机是大学时代或大学刚毕业，机会成本较低，此时你身上承担的责任较轻，不需要养家。随着时间推移，你身上的担子越来越重，你就需要承担更大的风险。年纪愈大,要承担的责任愈多,往往还要考虑到身边的其他人,变得比较犹豫,机会成本较高。

课堂学习

华为内部 2 次重磅推荐,任正非也极力推荐说:"《致加西亚的信》大家必学。"文中的罗文,从美国总统手中接过一封写给加西亚的信,没有任何推却和借口,历尽千辛万苦,最后成功地完成了这个艰巨的任务。

01

美国与西班牙战争爆发以后,美国总统必须马上与西班牙反抗军首领加西亚将军取得联系。但加西亚将军隐藏在古巴辽阔的崇山峻岭中——没有人知道确切的地点,因而无法送信给他。有人对总统推荐说:"有一个名叫罗文的人,如果有人能找到加西亚将军,那个人一定是他。"于是,他们将罗文找来,交给他一封写给加西亚的信。

关于那个名叫罗文的人,如何拿了信、将它装进一个油纸袋里、打封、吊在胸口藏好,如何在 3 个星期之后,徒步穿越一个危机四伏的国家、将信交到加西亚手上——这些细节都不是我想说明的,我要强调的重点是:美国总统将一封写给加西亚的信交给了罗文,罗文接过信后,并没有问"他在哪里"。

像罗文这样的人,我们应该为他塑造一座不朽的雕像,放在每一所大学里。

大学生们所需要的不仅仅是学习书本上的理论知识,也不仅仅是聆听他人的种种教诲,而是更需要一种创业精神,一种敬业精神,对使命的承诺,对上级的托付,立即采取行动,全心全意去完成任务——"把信送给加西亚"。

02

没有人能经营好这样的企业:虽然拥有众多人手,但是令人吃惊的是,其中大部分人碌碌无为,他们要么没有能力,要么根本不用心。懒懒散散、漠不关心、马马虎虎的工作态度,对于许多人来说似乎已经变成常态。除非苦口婆心、威逼利诱地强迫他们做事;或者,请上帝创造奇迹,派一名天使相助,否则,这些人什么也做不了。

不信的话我们来做个试验:

此刻你正坐在办公室里,有 6 名职员在等待安排任务。你将其中一位叫过来,吩咐他说:"请帮我查一查百科全书,把克里吉奥的生平做成一篇摘要。"

他会静静地回答:"好的,先生。"然后立即去执行吗?

我敢说他绝对不会,他会用满脸狐疑的神色盯着你,提出一个或数个问题:

他是谁呀?

他去世了吗?

哪套百科全书?

百科全书放在哪儿?

这是我的工作吗?

为什么不叫乔治去做呢?

急不急？

你为什么要查他？

……我敢以10∶1的赌注跟你打赌，在你回答了他所提出的问题，解释了如何去查那些资料，以及为什么要查的理由之后，那个职员会走开，去吩咐另外一个职员帮助他查某某的资料，然后回来告诉你，根本就没有这个人。

当然，我也许会输掉赌注，但是根据平均率法则，我相信自己不会输。

真的，如果你很聪明，就不应该对你的"助理"解释，克里吉奥编在什么类而不是什么类，你会面带笑容地说："算啦。"然后自己去查。

这种被动的行为，这种道德的愚行，这种意志的脆弱，这种姑息的作风，有可能将这个社会带到"三个和尚没水喝"的危险境界。

如果人们都不能为了自己而自发地行动，你又怎么能期待他们为别人服务呢？

乍看起来，任何一家公司都有可以分担工作的人选，但事实真的如此吗？

你登广告征求一名速记员，应征者中，十有八九不会拼也不会写，他们甚至认为这些都无所谓。这种人能把信带给加西亚吗？

"你看那个职员。"一家大公司的总经理对我说。

"看到了，怎么样？"

"他是个不错的会计，但是，如果我派他到城里去办个小差事，他也许能够完成任务，但也可能中途走进一家酒吧。而到了闹市区，他甚至可能完全忘记自己来干什么的。"

这种人你能派他送信给加西亚吗？

最近，我们经常听到许多人对那些"收入微薄而毫无出头之日"以及"但求温饱却无家可归"的人表示同情，同时将那些雇主骂得体无完肤。

但是，从没有人提到，有些老板如何一直到白发苍苍，都无法使那些不求上进的懒虫勤奋起来；也没有人谈及，有些雇主如何持久而耐心地希望感动那些当他一转身就投机取巧、敷衍了事的员工，使他们能振作起来。

◆思考这个案例，你有哪些启示和感悟？

◆ **课堂小结**：高校创新创业教育，就是孜孜不倦地培养这种能够"把信送给加西亚的人才"的一段长久过程。这种人无论有什么样的理想都能够实现。在每个城市、村庄、乡镇，以及每个办公室、商店、工厂，他们都会受到欢迎。

微课：最好的商机在趋势里

★ **课后练习**

★ 阅读下面"影响无数创业者的车库规则"后，解释什么是创业精神。搜集企业家对创业精神的解读和案例（温州商人创业），形成自己对创业精神的理解，并在小组分享。

影响无数创业者的车库规则

● 相信你可以改变世界；

- 迅速行动,随时工作,工具随时待命;
- 了解何时该独立自主思考,何时该团队合作;
- 与同仁分享你的构思与工具,信任他们;
- 不玩政治,杜绝官僚作风;
- 由客户来决定你的工作是否做得很好;
- 激进的创见不一定是馊主意;
- 创造不同的工作方法;
- 每天要有贡献,如果当天没有贡献,就不能离开车库;
- 相信团队合作可以万事皆成。

课下 3 – 2 – 1 行动

《大学生创新创业基础》——所学知识点内化和能力点强化
——每课 3 - 2 - 1 练习

3 项收获 从本课程中找出 3 个 对你最有启发的具体知识点	2 项计划 请从 3 项收获中找出 2 项你认为将来可以执行的内容	1 项行动 请从 2 项计划中找出 1 项 你最想执行的行动
1.	1.	行动内容:(阐述请符合 5W2H 的原则)
2.		
	2.	
3.		截止时间:

请写出你(们)的行动学习心得体会(300 字以内),提交:

_____

_____

_____

_____

_____

续　表

第 4 模块　创业者与创业团队

　　创业需要极大的心理承受能力,如果你天生心理承受能力不足,是不适合创业的。小成功靠个人,大成功靠团队。

——锤子科技创始人　罗永浩

◇ 学习目标与要求

　　1. 了解创业者的概念;

　　2. 掌握创业者核心能力的内涵及培养方式;

　　3. 了解创业团队及其价值;

　　4. 了解合伙人的来源和筛选标准;

　　5. 了解创业团队的组建;

　　6. 了解初创企业的股权架构的设计;

　　7. 掌握合伙人之间的角色以及分工办法。

◆ 课前导读:直面罗永浩、戴威们的创业人生　再难也要坚持很燃

　　首部创业纪录片《燃点》讲述十四位创业者(罗永浩、戴威、张颖、papi 酱、傅盛、安传东、金星、马薇薇、徐小平、唐岩、许单单、孙海涛、孟雷、潘飞)生死拼搏的故事,也是中国正在发生的创业史。他们中有知名投资人,有把公司送上市的成功创业者,有曾站在风口后又衰落的明星创业者,也有连续失败又不断重来的草根创业者,他们一起组成了这个有血有肉的创业时代。

　　"回过头看片子,我有一些沧海桑田的感觉,创业真的不容易",记录了 14 位创业者沉浮的导演关琇说,无论失败与成功,过程中经历的东西都值得被记忆。

　　水滴筹 CEO 沈鹏在观影后称,电影很写实,记录的很多日常场景都似曾相识,其中最让他有感触的是安传东,"他才是中国大部分创业者的画像,他在出租车上和同事计算如何省电,还有团队之间因为业务而直白地争吵这些场景,在水滴筹创业的过程中都曾一一发生过。"

张颖曾说，创业路上堆满白骨，想活下来不容易，做大做强更难。

车和家创始人李想回忆，他第一次创业时怎么犯错都没事，也没有什么竞争对手，招一个人就一千多块钱。今天的创业者难度高了几十倍，尤其从 2019 年开始，所有的创业者都要准备好一场战争，要么成功，要么死，也没有太多冲出去的机会。这比 20 年前残酷太多倍了。

但如果你要问前路在何方，《燃点》影片开头有一句话或许是答案：这是我的路，你的呢？我回答那些问我"路"的人，因为每个人都该去选择自己的路。

起点与终点

创业通常起于一个微小的执念，征途是星辰与大海，终点是未知与无限。

罗永浩说，他看见很多人创业是为了赚钱，而他却是因为强烈的幸福感。据唐岩回忆，罗永浩之前的创业项目是淘人网，是别人找的他，他当时最想做的其实是手机，无奈手里没钱，不过还是"一聊到手机就唾沫横飞"。

张颖用一句话印证了罗永浩这种原生动力的强烈，罗永浩借钱、卖房子、做陌陌直播，每一分钱到手，眼睛都不眨就投在公司里，"我对这种人的态度是，我做不到、你做到了，就是牛逼。"正是在这种热忱的驱使下，罗永浩带着找唐岩借的 900 多万元，于 2012 年 5 月成立锤子科技。一旦开始困难是难以预计的，成立六年，罗永浩反复经历资金链断裂、融资困难等困境，直到最后脱敏。他形容"这是个逐渐麻木的过程，不是完全无感，而是没那么疼了，就那么回事儿了。"

他曾在 2014 年 B 轮融资融不到的时候天天失眠，但 2016 年经历资金链断裂时每天都能睡得着觉，虽然两者强度一样，都是随时发不出工资、随时倒闭、随时被债主围楼。

与之相对，罗永浩并没有能对"脱口秀"脱敏，锤子创办六年他一共开了 12 场发布会，也一度被看作发布会驱动型公司。但在《燃点》中，罗永浩谈到，他创业中最大的不快乐其实是来自演讲，融资困难带来的不快都不及于此，"我不愿意当众演讲，这是我创业当中最烦的一件事，早晨起来拉开窗帘，本来想呼吸新鲜空气，但一看到场馆就觉得是死缓。"

戴威的创业之路也缘起于对自行车的热爱，他觉得自己好像天生就会骑自行车，共享单车是他第六个关于自行车的创业方向，前面 5 次都倒下了，公司一度濒临破产。

与罗永浩的一路坎坷不同，戴威是一个从高处跌落的故事，他创办的 ofo 曾有过高光时刻，一度为共享单车这个细分行业的龙头，"产能第一、订单第一、用户量第一"。

在《燃点》中，戴威有一个镜头，在吃盒饭的间隙，他抬头看了看窗外说道，"我现在在办公室能看到校园，这是不忘初心。我们从学校走出来，服务从城市拓展到全球，每年我都非常激动，因为有更多人开始骑车。"

如今 ofo 深陷押金难退、融资难寻等旋涡，戴威依然说"要跪着活下去"。他认为任何事情都会过去，只要想去的远方足够远，往前走就是接近，就是成功，"我更看重 ofo 及它背后所代表的精神的延续。"

相较之下,连续创业者安传东的"终点"更为实际,"一开始我想做一家上市公司,现在的梦想是做一家公司卖给 BAT。"

他还记得,2007 年的时候第一次来北京,第一份工作是搬砖砌墙。那是北京最热的时候,没有阴凉地,在太阳底下站 5 分钟都受不了,后来包工头跑路,深感挣钱不易。也就是从那个时候开始,他决定要在北京打拼出一席之地,用创业来证明自己。

"我要是认可这个命,索性不如让自己变得更强大一些,我的心可以变得很宽很大,我可以包容很多委屈,我想去扭转像我这类人不公平的局面。"创业路途中,创业者会面临无数来自外界和自我的怀疑,也会收获很多善意的鼓励与支持。

《燃点》中一个令人印象深刻的片段,安传东上一次创业想做视频版的大众点评,张颖一针见血地问到其商业模式、收费模式、数据、收入等问题后,说道,"我没理解哪里来的共享啊,你拍了一个餐厅的介绍片,不代表你就能让很多 B 端成为你的客户,没有量,两者之间互动的逻辑完全不成立。"

张颖甚至尖锐地指出,这是创业者群体普遍存在的问题:没有任何依据假想出来一个市场,包括团队的核心竞争力也没有想清楚,"就是莽撞创业,这件事情按照他的模式能跑起来我完全不相信。"

甚至安传东的同事也并不完全信任他,在开会当中团队就人员招聘、产品模式等事情不断争吵,"我觉得你没有想清楚",同事大声指出。

受到质疑的还有已经小有成绩的马薇薇和 papi 酱,张颖称,他知道,大多数有文艺底蕴的人创业,都会遇到无形的天花板,有可能是自己的认识不够全面,或者过于懒散等,都会死在路上。

papi 酱在刚开始做 MCN 机构时相对比较封闭,来公司开会也不像现在开得这么勤,因为她觉得自己做内容和跟对别人阐述怎么做内容是两码事,"我会逼着自己多去和别人交流,创业很多事情都是被逼的,真的要有人骂一骂你,打一打你,你才能逼着自己往前走。"

创业者时常在极度自信和极度自卑之间徘徊,安传东说,有一个阶段你会坚信自己什么都可以干成,然后另外一个阶段你会发现自己一无是处。

傅盛则举了马化腾的例子,"腾讯的人和我说,马化腾也经常是在极度自信和自卑当中来回跳跃,第一次听觉得怎么会呢,后来才慢慢地理解。"

质疑与支持

也有些片段是温暖的。罗永浩谈及和老婆住在一起时,一个星期也就一两顿饭能一起吃,但他无论做什么老婆都支持;安传东发不出工资时家里拿出十万元补贴;戴威深陷危机时,张颖坚定地支持:"戴威连 30 岁都不到,却已经熬过去好几个坎。今天无论他要干什么,只要他的逻辑是对的,哪怕损伤一点利益我们也会支持。"

时间拨到 2017 年 11 月,锤子手机 M 系列发布会上,罗永浩在成都万人场馆的鼎沸人声中说道,那些唱衰锤子科技的评论者,还是给出了一些悲伤中令人感到温暖的评价,比如可能迈过了及格线,可能要毕业了,可能一时间死不了了。

"我预感我们会越走越顺,会卖疯了,如果我们卖过了几百几千万台,你要知道这是给你们做的。"罗永浩说道。

现在安传东又站在了创业的起跑线上,做浸润式中小学古诗文阅读软件——席读。"这次真的想清楚了。"

在那次失败的创业经历中,安传东的投资人王笑林说,其实一开始投的并不是这个项目,已经换了一次赛道,"我认为他这次选对了,如果还跑不下去的话,那就是人的问题。"现在这位投资人已经成了安传东的合伙人。

绝境与生机

"3 年以上的创业公司,只有 7％ 能生存下来,更不用说继续做大做强了。"张颖说创业之路是绝望的,满路都是白骨累累。

资金短缺,就像创业者的死神,如影随形。

安传东会为了 250 多元的电费,跟员工"死抠"空调周六日开不开,热水器下班拔不拔的细节;戴威曾在公司破产时,以自己的信用做抵押向投资人借 100 万元以求腾挪出生存的空间。

罗永浩回应锤子手机是发布会驱动的质疑时,直言没钱。"锤子以那么有限的预算去做业务,很多时候都捉襟见肘。"

新氧创始人＆CEO 金星回忆上一次创业失败,随着账面资金变得越来越少,融资的希望被投资人打了一个巨大的耳光。"当整个公司账上只剩几万元,你知道这只够发最后一次工资,时候到了。"

死神永远不止一位。对一家创业公司来说,发展缓慢就足以让它堕入深渊。戴威观察到随着 ofo 体系逐渐庞大,效率也在下降:一方面是车辆增多后如何高效运营;另一方面是人员众多带来的成本压力。"一开始会觉得做什么事情都很容易,现在很多时候我都觉得事情比我想象的要复杂。"他感慨。

米果文化 COO 邱晨的焦虑和戴威类似,那时的她意识到米果这家成立不足一年的公司,已经不可能再经历之前的急速增长了,她感到"迷茫,觉得后面的每一步都很艰难"。

在电影里,米果创始团队分析增长困境时,马薇薇用了米未传媒创始人马东的话:瘾大活不行。就是干劲十足,以为做什么都行,以至于失去了对方向的把握。"我的货经得起在用户面前持续售卖吗?"马薇薇说这是每个内容创业者的必经困境。

所以到底要跑多快? 在"皇包车"创始人孟雷看来,要跑得赢对手才行。"创业就是赛跑,你一停别人就超过你了,你就完蛋了。公司越大,你的靶就越大,瞄准你的枪就越多。"

发展缓慢对于上市公司来说,是一件更残酷的事情,增长慢,股价就会下跌。猎豹成立之后的五年,每年都能做到大于 100％ 的增长。而让他焦虑的是,猎豹在 2017

年的增长仅有 25%。这意味着猎豹原来的那套"工具＋广告"的策略遇到了挑战。

生机在哪？在电影中，傅盛直接回答了这个问题：猎豹只有在新的边缘地区才有可能找到机会，他决定去机器人领域试试。

欲望与自由

世界上只存在两种创业者，一种把创业当作阶级上升的通道，另一种纯粹是为了自我实现。

几年前，papi 酱一直想买一款包，老胡（她丈夫）送给她之后，她发现"有包之后，包不再重要了"。

创业后，她的目标换成了给妈妈买套电梯房，因为对一个年近六旬的老人来说，每天爬六楼太不方便。

理想的房子就在办公室对面，有时候她会望着高楼，想象住在那里该会是什么感觉，"那个房子多好啊，我好想住进去"。但即使她成了"2016 年第一网红"，积累的财富依旧不能让她轻松换房。

马薇薇不同，她打算永远不在北京买房，一方面因为自己是丁克，买房也不知道留给谁，另一个原因跟 papi 酱类似，她还没有有钱到轻松买房。

但这不意味着她更自由。生活中有很多不可预知的风险，比如家人随时可能会重病，有钱不一定能摆平所有的事情，但有钱一定比没钱好，"只要有欲望在就永远不自由。"

上市能最大程度地满足创业者的财富欲，傅盛形容猎豹上市后的感受："买好车、买房子的欲望通过上市突然就得到满足，你会发现空缺出一块来。"金钱就像 papi 酱一开始想买的包，一旦得到，就不再那么重要了。

不需要再追逐金钱时，人们在追求什么？

有人为了兴趣，傅盛做机器人是因为能够让他感到激动；有人追求卓越，在张颖看来相比于身缠万贯，事业上持续的卓越让他更感兴趣；有人享受生活，唐岩说："创业不是生活的全部，你有很多身份，可能是男友、儿子，我绝对不赞成把所有信用都压在一个创业项目上。"

每种选择，都值得被尊重。"不要去苛责人们对金钱的追求，也不要去挑剔有了钱之后人们不同的生活态度"，徐小平说。

命途与时运

在中国，奇迹每天都在发生。"今天中国的创业氛围是独一无二的，这个时代的速度就像按了快进键一样"，孟雷说。

作为国内第一批天使投资人的徐小平感慨：没有想到，仅仅五年，中国的风险投资行业和资金链就能变得如此繁荣。

在这个时代，成败瞬息可变。唯一可以肯定的是，如果说每个创业者都是一个燃点，一无所有的创业者和春风得意的创业者身上，都有着同样的光芒。

扫码看提示

思考：请总结这些创业者身上具有哪些素质？

4.1　创业者的核心素质

4.1.1　创业者的概念

1. 概念

创业者是指某个人发现某种信息、资源、机会或掌握某种技术,利用或借用相应的平台或载体,将其发现的信息、资源、机会或掌握的技术,以一定的方式,转化、创造成更多的财富、价值,并实现某种追求或目标的人。

在欧美一些国家,学者们将创业者定义为组织、管理一个生意或企业并承担其风险的人,企业界的企业家们也十分认同这一定义。"Entrepreneur"就是"创业者"这个名词对应的英文单词,其有两个基本含义:一是指企业家,即在现有企业中负责经营和决策的领导人;二是指创始人,通常理解为即将创办新企业或者是刚刚创办新企业的领导人。

创业是由创业者主导和组织的商业冒险活动。人是创业成功的第一要素,需要创业者富有开创新事业的激情和冒险精神、面对挫折和失败的勇气和坚忍等优良的品质素养,还需要具备解决和处理创业活动面临的各种挑战与问题的知识和能力。

> **创业者心语**:每个人都是自己命运的设计师。——洛克菲勒

陶行知说过:"人人是创造之人,天天是创造之时,处处是创造之地。"创业就是创造价值的过程。

课堂学习

讨论以下问题,理解表4-1中的区别。

创业者是怎样的人?

创业者和一般的管理者有什么区别?

创业者是特殊人群吗?

成为创业者的条件是什么?

具备了什么资源或人格特征才能去创业?

如何才能成为一名成功的创业者?

表4-1　创业者与职业经理人的区别

特 征 变 量	创 业 者	职业经理人
雇佣关系	雇佣者	被雇佣者
创业与否	创业者(与所控制资源无关)	企业内创业
出资与否	出资或继承出资	不出资

续　表

特 征 变 量	创 业 者	职业经理人
承担企业风险	承担企业风险	与本人雇佣契约有关的风险
所有权与控制权	同时拥有	无所有权,有一定控制权
担任企业主管与否	不一定担任	担任
创新功能	更强调	强调

思考:创业者和商人的区别有哪些?

扫码看提示

2. 对创业者的认识误区

创业者是一个特殊的人群吗?他们具有什么个人特质?决定成为创业者要考虑哪些核心问题?针对上述的有关问题,有一些流传已久的创业神话以及经过研究总结的现实情况。

创业神话 1:创业者是天生的,并非后天培养。

现实情况:大量有关创业者心理和社会构成要素研究得出的一致结论认为,创业者在遗传上与其他人并无差别,没有人天生是创业者,每个人都有成为创业者的潜力。某个人是否成为创业者,是由环境、生活经历和个人职业选择三个因素共同决定的。即使创业者天生就具备了特定的才智、创造力和充沛的精力,这些品质本身也不过是未被塑形的"泥巴"和未经涂抹的"画布"。创业者是通过多年积累相关技能、经历和关系网才被塑造出来的,这当中包含了许多自我发展的历程。

创业神话 2:创业者是赌徒。

现实情况:其实,创业者和大多数人一样,通常都不会过于冒险,他们一般能接受适度的风险。成功的创业者会根据自己所学知识,精确计算自己的预期风险。在有选择的情况下,他们会通过各种方法(如分担分享、规避风险)让风险最小化,从而影响成功的概率。他们不会故意承担更多的风险,不会承担不必要的风险,当风险不可避免时,他们也不会胆小地退缩。

创业神话 3:创业者主要受金钱激励。

现实情况:虽然认为创业者不寻求财务回报的想法是天真的,但是金钱却很少是创业者创建新企业的根本原因。传媒业巨头 CNN 的创始人特纳说:"如果你认为金钱是真正重要的事情……你将因过于害怕失去金钱而难以得到它。"

创业神话 4:创业者承受巨大的压力,付出高昂的代价。

现实情况:毋庸置疑,每一个创业者都是十分辛苦的,并且有压力。但是没有证据表明,创业者比其他无数高要求的专业职位要承受更大的压力,而且创业者往往对其工作很满意。他们有很高的成就感,据说认为自己"永远也不想退休"的创业者是公司中职业经理人的 3 倍。

创业神话 5:万能的金钱是创业者唯一的驱动因素。

现实情况:追求高潜力企业的创业者更多是被创建企业、实现长期的资本收益所驱动,而不是为高额薪水、奖金等立即可以获得的报酬。个人的成就感、对自己命运的把握、实现他们的期望和梦想也是强有力的动机。金钱只是保持得分的工具和方式。

创业神话6：创业者追求权力,喜欢控制别人。

现实情况：成功创业者的驱动力量来自对责任、成就和结果的追求,而不是为了权力本身。他们因获得成就和超越竞争对手而显得生机盎然,不是为了满足主宰和控制他人的个人权力欲。由于他们的成就,他们可能变得有权力、有影响力,但这些只是创业过程的副产品,而不是隐藏其后的驱动力。

创业神话7：钱是创立企业最重要的组成要素。

现实情况：如果其他的资源和才能已经存在,钱自然随之而来;但是如果创业者有了足够的钱,成功却不一定会随之而来。钱是新企业成功因素中最不重要的一项。钱对于创业者而言,就像是颜料和画笔对于画家那样,他是没有生命的工具,只有被适当的手所掌握,才能创造奇迹。钱同样只是保持得分的一种方式,其本身并不是最终归宿。创业者因乐于体验、追求创业带来的兴奋而获得自身的成长和成功：事情总是这样,当一个创业者赚了几百万、甚至更多的钱时,他还是会无止境地工作,憧憬着创建另一家公司。

创业神话8：任何人都能创办企业。

现实情况：创业者若是想要使他们创办企业的成功概率变大,就得识别出思路与商机之间的区别,并且思路一定要开阔。即使运气在成功中很重要,充分的准备仍是必要条件。创办企业还只是最简单的一部分,更困难的是要生存下来,持久经营,并使企业发展壮大。能够存活十年以上的新企业,10～20家中大约只有1家最后可以给创办人带来资本收益。

现实中与神话中关于创业者的说法,为什么差距如此之大？我们应该如何正确认识创业者？

● 重要观点：(1) 由于人们看待问题的角度不同,非创业者或者只关注成功的辉煌,或只关注创业失败的痛苦,而未从创业者角度客观地分析和描述。

(2) 没有人天生是创业者,创业者是通过多年积累相关技术、技能和关系网才被塑造出来的,包含着很多自我发展的历程;创业者和大多数人一样,通常是适度风险承受者;金钱很少是创业者创建新企业的根本原因;聪明的创业者会组建起自己的团队而非单枪匹马;创业者们承受很大的压力但也有很高的成就感和满意度;资源和才能是创业者成功创业的最重要的因素。

◆ 课堂小结：通过对创业者神话和现实的比较,我们知道大多数创业者不是天生的凤毛麟角的个人英雄。虽然创业者在背景和个人特征方面存在诸多差异,但是成功的创业者在个人特质和技能方面还是具有很多共同特征的。

创业者一般被界定为具有以下特质的人：

(1) 创业者是主导劳动方式的领导人;

(2) 创业者是具有使命感、荣誉、责任能力的人;

(3) 创业者是组织、运用服务、技术、器物作业的人;

(4) 创业者是具有思考、推理、判断的人;

(5) 创业者是能使人追随并在追随过程中获得利益的人;

(6) 创业者是具有完全权利能力和行为能力的人。

案例分享

1. 程序员锁库跑路，创始人损失 600 万元

最近一则"程序员锁库跑路"的新闻引起了热议。

1 月 20 日，螃蟹网络发布了一则公告。

公告称，螃蟹网络的一款游戏在上线测试当天，服务器被后端主程序员锁死，拒不交接工作，最终耗费两年，导致 600 万元资金的项目失败。

告游戏行业全体同仁书

各位行业同仁：

　　大家好，2019 新春将近，本司为防各位遭受重大用人损失，特此相告。

　　我司前员工 C++ 主程燕××在 3 个月的就职期间，官僚主义严重，与同事不能和睦相处，出于报复心理，于我司游戏数千人测试当天恶意失踪，锁死服务器与电脑，拒不交接工作。

　　在造成无可挽回的损失后，该员工又假意认错，以代码要挟想重新回到工作岗位，并以自己快要买房公积金不能断为由，要求公司继续为之缴纳。公司从大局出发，为之缴纳了公积金。同时，公司在征询是否重新接纳该员工时，遭到了全体员工的集体反对。燕××因此再次心生怨恨，先后两次来公司寻隙滋事，大喊大叫，干扰公司正常营业，还与出面阻止的制作人大打出手「公司已做报警处理」。

　　我司为独立游戏开发商，对待员工非常尊重，平等真诚，没有任何不适行为。我司前员工燕××，城府颇深，心智异于常人，先是利用与公司创始人是老乡和校友的身份骗取信任，看准急需用人的空当获得4万元高薪与分红，后又倚仗服务端仅自己一人，捏着公司命脉，恣意妄为，最终做出测试当天关服锁电脑如此骇人听闻的奇葩之事，始终拒绝交接工作，致使做出两年耗费 600 万元的项目最终失败。

　　之前公司全心挽救项目无法分心，没有将情况公之于众，现在项目已死，创始人负债数百万元，整个团队痛心疾首，本司以血的教训提醒行业各位同仁：识人需明，用人当慎！

　　另外，该员工与我司签有竞业禁止协议，相关法律程序正在启动，各位行业同仁切莫被其欺瞒。

　　本司所述为客观事实，绝无夸大成分，证据确凿。该员工劣迹斑斑，已有其他受害公司联系我司，在此本司呼吁更多的受害公司与本司取得联系。电子信箱：
××××@qq.com

深圳市螃蟹网络科技有限公司

螃蟹网络的创始人叫尹柏霖，遭控诉的程序员叫燕××。

尹柏霖本来有一个合伙人，负责技术，但是由于健康问题离开。正处断层之中的尹柏霖，遇到了做技术的燕××，仿佛抓住了一根救命稻草。而且，尹柏霖惊喜地发现，燕××不仅和自己是老乡，还是校友，有了这层亲上加亲的关系，于是给了他技术总监的职位，以及 4 万元的月薪。

可是没多久,尹柏霖就明显地觉察到燕××"心智异于常人"。不仅与其他同事无法合作,摆谱骂人,还经常迟到早退,同事们对他意见都很大。游戏测试当天,燕××无缘无故消失,他的电脑密码、服务器密码,也无人能解。游戏内测最终泡汤。

螃蟹网络也耗尽了资金,最后散伙了事,尹柏霖也只能打工还债。

这起新闻引起了广泛关注,多数人都跳出来指责燕××的卑鄙。

2. 不懂得核心技术的人不适合创业

尹柏霖说自己在游戏策划行业干了10年,但是显然他对游戏开发并不懂。

有游戏同行称,燕××编程水平很差,用的都是10年前的语言,明眼人一看就知道他水平不行。

可是这样的人,竟然被任命为后端总负责,还给4万元的高薪,这坑都是自己给自己刨的啊。

很多创业失败者都有个共同点,就是不懂核心技术。

隔行如隔山,你不懂核心技术,就只能依靠有核心技术的人,而你又不能识别他们核心技术的好坏,这对一个创业者来讲,是致命的。

我一个大学同学,原本是某互联网巨头公司的高管,股票变现,生活富足。但还想再上一个高度,便投入巨资,和另一个朋友合伙做私募基金业务。公司几乎都是同学出资,合伙人技术入股,负责操盘。关键是,同学一点技术都不懂,完全被对方所左右,做了两年,亏损惨重,公司倒闭。同学很懊恼,因为连钱怎么亏的都没弄明白,这叫花了钱连个教训都没买到。

但是也不能完全这么说,他还是买到了一点教训,那就是"草根创业,千万要懂创业领域的核心技术,否则会死得很惨"。

所以,不懂核心技术的人,不适合创业。尤其是在这个年代,各个领域几乎都有巨头把持,你靠什么和他们竞争?唯独就是聚焦在自己擅长的领域,进行"卡位战",这就需要你对本领域技术的精通。

3. 喜欢感性决策的人不适合创业

尹柏霖看重燕××有一个重要原因:双方是同乡和校友。

在中国传统观念中,人与人的信任,往往依靠"背书效应"。意思是说,比起陌生人,大家更愿意和与自己有联系的人打交道,也会给予更多的信任。同乡、校友这些联结无形中充当了背书。这其实是一种感性决策,会降低你的判断力。

但是,很多创业失败者都会犯这样的毛病。比如,找合作伙伴时,更喜欢找老同学、老同事,只要大家满腔热情,便一拍即合。合作过程中,也往往拿交情替代原则,不会对重要的权利和义务进行正式约定,也为失败埋下伏笔。

我的一个发小,曾跌过这个坑。他要和一个同学合伙开饭店,征求我的意见。我了解了一下情况,知道合伙人在这个行业有些沉淀,可行性方案也算靠谱。于是告诉发小,基本问题不大,就是不知道合伙人可不可信。发小拍着胸脯说,这合伙人是他最好的同学,绝对靠得住。我还是提醒他,即便如此,合作时的协议、经营时的账务都要巨细无遗,千万别做甩手掌柜。但是两年后,东窗事发,那生意让发小亏损了200多万元,更严重的是,发小的一些朋友基于对他的信任,都投资了这家饭店,结果大家都血本无归。发小蒙受了损失,也得罪了其他朋友,正陷于官司之中。

前段时间见到了发小,他一脸颓废地告诉我,当时就是太信任合伙人,完全没有插手经营。直到出了事,回头查账务才发现装修款、食材采购、员工薪水都有问题,可此时钱已烧完,回天无力。所以有些人是不适合创业的,他们太喜欢通过感性去做重要决策,不知道生意的事儿,本就该在商言商,丁卯分明。

回想此事件中,燕××一个人竟能掌握后端技术的所有命门,而不受监督,是否也是尹柏霖的感性决策造成的后果?

4. 不懂得止损的人不适合创业

游戏专业人士锦秀天评价此事说:手机游戏做上半年,就应该知道核心玩法靠不靠谱,市场潜力有多大,螃蟹网络竟然还能再烧2年钱。

这句话应该能直戳尹柏霖的痛点。

从整个事件来看,尹柏霖是不懂得止损的。由于技术端薄弱,项目本已持续不下去。

燕××的出现,让他有了押宝的心态,想通过燕××的技术来为项目续命,这也解释了为什么会给燕××如此高的待遇。

燕××的离开也没终止项目运作,直到所有钱都被烧光,尹柏霖也背负了重债,还需要靠打工来偿还。

我有一个要好的朋友,是个连续创业者,他说:"对于创业者,最重要的是止损。创业者一般心都比较大,总把前景想象的无限美好,不愿意去考虑最悲观的情况。其实,正确的做法,恰恰相反,一开始就要考虑退出机制,要设定一个止损点,这和炒股很相似。要让自己的损失可控。因为初期创业,失败的概率非常高,懂得止损,才有东山再起的资本。"

朋友这么说,也是这么践行的,前两次创业,都以失败告终,但是都是在止损位,果断离手。最终保持了实力,第三次创业终于成功。所以,不懂得及时止损的人,是不适合创业的。

车库里创业的故事太撩人,总让你情不自禁,孤注一掷,你潜意识中都会排斥失败二字,但是根据概率你多半会失败。唯一抵抗的办法,就是多次创业,这才能大大增加成功的概率,这也要求你每次失败都不能死得太彻底。

5. 不是所有人都适合创业

以上,我们说了这个时代不适合创业的三种人:不懂得核心技术的人;喜欢感性决策的人;不懂得止损的人。

当然,仅此三点很难概括创业成败的所有要素,只是想借此新闻,展开三个方面,给准备创业的人提供一点启发。其实有一点更想说明:不是所有人都适合创业。甚至悲观地来说,绝大多数都是不适合创业的。因为中国创业成功率在千分之七,你凭什么相信自己是那个孤零零的分子,而不是那些庞大的分母?

知乎作者刘阳阳,创业多次,涉及多种行业。他坦言自己非常努力,智商和情商也不差,可就是很难成功,有太多不可控的因素,有太多犄角旮旯需要关照。创业 6 年,钱都折腾干净了,身体还垮了,每晚都睡不好觉。直到来到一家外企打工,每天固定 8 小时工作,还有节假日,每晚睡得香甜,身体也变好了。他自己感慨,创业真的是给自己找不自在,原来当个打工仔是如此快乐。

发出同样感慨的,还有螃蟹网络的创始人尹柏霖,创业失败后,他找到了一家公司打工,太太刚生下一子,他回归了平淡的生活。他在视频中感谢大家对他遭遇的关注,更感谢大家对他心情的关照。他说,请大家放心,自己不会想不开,现在感觉很好,就是一枚快乐的打工仔。

思考:这个案例告诉了我们什么?你同意作者关于不合适创业的人的观点吗?

4.1.2 怎么去培养你的领导力

创业难,创业九死一生。据网易财经 2015 年的统计,中国创业企业的失败率为 80% 左右,企业的平均寿命不足 3 年,而大学生创业的失败率可能更高。我们鼓励创业,是鼓励年轻人去吃苦,鼓励年轻人学会自律,鼓励年轻人学会合作,鼓励年轻人发挥天赋,成就他们更丰富多彩的人生。

对于创业者而言,资金、人才等资源都是缺乏的,他们获得成功的最大依靠就是他们的领导力。

卓越领导者就是有野心的梦想家。领导者就是推销希望的商人,只不过他卖的不是一般的有形商品,而是希望。我把希望给你,你把支持给我。不管是国家领导人还是企业领导人,一个成功的团队领袖,首先是一个伟大的造梦者,依靠梦想来引领追随者前进。如果他拥有领导力,就会有追随者,不管有多少追随者,都会由于他的目标明确、意志坚定,感染越来越多的人追随他。这就是领导力的力量。

1. 领导力的内涵

美国领导力发展中心的创始人赫塞博士把领导力定义为:领导力是对他人产生影响的过程,影响他人做他可能不会(或想不到)做的事。

波恩斯指出,领袖劝导追随者为某些目标而奋斗,而这些目标体现了领袖及其追随者的共同价值观与动机、愿望与需求、抱负与理想。领导力就是影响力,是对他人产生影响,能成功地影响他人的行为并实现组织目标的能力。

富有领导力的人的基本素质:真诚、信誉、激情、正直、公平、包容、信心、责任、创新。信誉和真诚是领导力的基石,并提出了卓越领导的五种习惯行为模型:以身作则、共启愿景、挑战现状、使众人行、激励人心。

企业创始人需要有非常清晰的使命、愿景、价值观,只有这样才能感召他人。创始人的使命、愿景、价值观就是领导自我的核心要素。这是一门让自己的内心坚持感染其他人,在困境中执着坚持,并带领大家走向胜利的一门艺术。

一个创业者的战略战术可以调整(类似于方向盘),但这个使命、愿景、价值观最好保持稳定(类似于船舵)。只有当你的使命、愿景、价值观能被人清晰地感知到,才能吸引那些意气相投的人参与进来。因为他们代表了一种群体的利益，顺应了一种呼声。中国共产党领袖毛泽东就是一个伟大的"创业者"。在他"打土豪、分田地"的口号的引领下，我们打破了一个旧世界，创造了一个新中国，今天共产党员已超过 8 000 万，是迄今为止世界上最大的执政党。

2. 怎么去培养提升你的领导力

创业者的领导力，既是天生，也是自我修炼！这句话暗示人们，领导力不都是天生的，大多数人都有成为卓越领导者的可能和潜力。如何培养提升自己的领导力？

创业者要过的第一关是领导自我或者是自我管理。只有领导好自我，才能领导好他人和创建事业。

王石

王石："我每天都强迫自己做的一件事——对自己有益但感觉不适的事，并把它变成习惯。有规律才能坚持！我发现任何只要是有一点不适的事情都是可以训练的，我们可以将一件不适的事情变成一种习惯，然后你会离不开它，觉得这点小痛苦其实是平淡无奇生活中的一种调味料。这件事由不适变得舒适，良好的习惯就是这样养成的。我以前一直觉得我们应该让自己舒适一些，但是后来我明白有一些不适有时并不是一件坏事。事实上，你可以学会享受这种不适，例如，我每天都会做一些力量训练，虽然这点不适不会严重到令我讨厌的地步，但是人就是这样的，能逃避的困难，我们总能找到借口。我制订计划表格，让这点不适参与我的生活，形成一种习惯。每当我完成 15 个引体向上，就会在引体向上那一栏写上 15，每个月我都会换新的纸张，并总结上个月的情况。不经意间，几个月时间我已经做了 1 000 个引体向上了。"

岑伟平：原上海理工大学毕业生、首期大学生职业教练营营长、上海玖暄智能科技有限公司联合创始人、总经理。

岑伟平说：伟大者首要是管理自己。

岑伟平每天坚持健身，风雨无阻，他说："生活中很多人以为伟大是领导管理别人，这实际上是错的。当你不能管理自己的时候，你便失去了领导别人的资格和能力。当一个人准备走向伟大的时候，那就要先把自己管理好，取得领导的资格，在组织中成为最好的成员。大家才会信任你，才敢把命运寄托在一个首先能管理好自己的人身上。"

岑伟平

这个世界上有两种人，一种人是强者，一种人是弱者。强者给自己找不适，弱者给自己找舒适。想要变得更强，就必须学会强者的必备技能，那就是让不适变得舒适。

李开复：《少有人走的路》里有这样一句话：解决人生问题的首要方案，乃是自律。缺少了这一环，你不可能解决任何麻烦和困难。

自律者才会有自由，自律者能培养出领导力。

自律能够带给你发自内心的平静和享受。因为你知道，自己在一天天地改变，自律已经变成了一种深入骨髓的习惯。正如李开复所说："千万不要放纵自己,给自己找借口。对自己严格一点,时间长了,自律便成为一种习惯,一种生活方式,你的人格和智慧也因此变得更加完美。"

李开复

创业者要过的第二关是领导他人。领导他人则需要三种彼此关联的能力:一是能否把一群对的人召集凝聚在一起,二是能否激励他们做出卓越绩效,三是能否让他们不断成长。这三种能力都是以领导自我的能力为基础的,是领导自我能力的外化。凝聚对的人的过程中还要有识人、用人的能力,知道核心团队每个人的优缺点以及如何为组织所用。柳传志的 9 字真言——"搭班子、定战略、带队伍",凝聚人就是"搭班子"的过程,把它放在"定战略"之前是有道理的,因为战略是由创始人和核心团队慢慢制定的。激励和培养团队则和"带队伍"相对应。当你把"班子"搭建好之后,就看你能否让团队有效地制定和执行战略,这就是"使众人行"。创始人必须花大量精力在团队建设和激励上,一个组织的文化往往是创始人气质的外化。一个优秀的领导者通常深谙人性,他们知道每个人的动机是什么,并在物质和精神层面去激励他们,让他们完成单个人无法完成的工作。一个优秀的领导者通常也是一个优秀的教练,他们知道如何赋能于人,让下属在能力和意愿上都向创始人期待的目标迈进。

创业者要过的第三关是培养战略思维和坚韧不拔的精神。创业首先要找准方向,方向不对再努力也没用。"取势、明道、优术",势是第一位的,势就是方向。要顺势而为,而不是逆势而动,这就需要创业者有很好的战略判断力。坚韧不拔对于创业者尤其重要,因为创业是不断探索、验证商业模式的过程。一开始想的可能就是错的,面对市场考验,坚韧不拔的意志力就显得格外重要。但在坚持大的方向的同时,要不断调整小的目标,随机应变,创业者必须要平衡好这两者的关系。

领导自我和领导他人的目的是做成事,这就要考验领导者是否具备上述的能力,很少有人天生同时具备这些能力,没有人是天生的领导者,这就需要创业者的后天自我修炼。

曼德拉

曾任南非总统的曼德拉是具有领导力的人,他在监狱度过三十余年,但他从来没有屈服,没有放弃,没有动摇,这就是内心坚定的力量。他相信未来、他有自己的信仰,也只有内心坚定的人,才能带领南非走出当时的困境。

因为坚持,马云创造了阿里巴巴,面对创业路上的困难时,用他的信念感染周围的人,让阿里巴巴成为中国互联网的顶尖企业,并迈向伟大企业的路途。大坚持,有大的领导力,小坚持,也能够做成一件自己想做的事——创办你的企业。人生一旦找对了一个方向,不要轻易言弃。只有自己内心坚定,才能说服感染周围的人,让其他人追随你,让周围的朋友帮助你。在商业上取得成就的人,很多都是在年轻时期就开始创业尝试的。很多投资人会偏爱连续创业者,因为无论失败或成功,经验教训会成为下一次创业的基石——每一步都向成功在迈进。从根本上来说,经历决定了经验,经验决定了成就。鼓励年轻人创新创业,艰苦奋斗,是期望大家拥有更加丰富的人生,成就更大的事业。

4.1.3　怎么去培养你的市场机会捕捉能力

一个创业者必须具有敏锐的市场机会捕捉能力,识别宝贵的创业商机。尽管人人都能观察,但得到的结果却往往大相径庭。"浮光掠影,走马观花"与"见微知著,一叶知秋",差之毫厘,谬以千里,前者只能看到"浮云",后者却能发现"市场新大陆"的"金矿"。

大学生要想具有敏锐的市场机会捕捉能力,先要培养自己的商业敏感和好奇。

1. 怎样培养你的敏感

场景一:随着互联网的兴起,越来越多的人在"天猫"上买衣服,他们经常关注有哪些新款,哪些衣服比较漂亮,哪些是自己比较喜欢的,哪些比较便宜。不可否认,一般人在"天猫"上买衣服的时候都会这么想。然而,那些具有商业敏感性的人不仅看到这样类似的问题,还会关注这个店家是怎么把客户吸引进来的,它的图片是怎么处理的,有什么样的技巧,有关产品的描述是用什么方法做的,它的页面布局怎么样,有什么样的心理暗示策略会让顾客在这个店家买?

场景二:现在的朋友圈经常会看到一些熟人要求点赞。一般人的想法是,我要不要去参与一下,或者发牢骚说:"真没意思,怎么又来了。"又或者会想到,还有谁会去点赞。但是,敏感的人看到这样的情况以后除了会想上述问题之外,还会想另外的事情。例如,什么样的动机让那个人要求大家点赞;哪些人会去帮助他;如果是参加某个活动,那整个活动的页面设计是怎么样的;活动的文案是怎么设计的。

一个敏感的人会站在这样的角度去思考:在一些不同寻常的行为下,隐藏着什么样的商业规律和行为;什么样的商业规律在起作用;可能会形成什么样的商业机会;只有经常这样思考,我们才有可能成为一个敏感的人。

2. 怎么培养你的好奇

场景三:工作以后,会发现工作远不如上学轻松,每天下班回到家后会觉得很累,不想做饭。此时,大部分人会有以下几种做法:一是不想做就先休息一下;二是先看一下家里有什么现成的吃的,简单做一点就好;三是点外卖。而充满好奇心的人会思考:小区里有没有人可以帮忙做饭;外卖的话,怎么样才能保证外卖的食品卫生安全;送达时间在多长的时间范围内我是可以接受的。

保持好奇心的人,在感受到某些地方不舒服的时候,会思考有没有什么方法或机会来解决问题。经常保持对事物的敏感和好奇,可以感受生活和工作中的美好与不足。当感受到不足时,就会发现一些新需求,也能不断地提升解决问题的能力。

你有没有考虑过下面这些问题:为什么全国的旅游街卖的东西都是一样的(图4-1),这些商品有什么共同之处;如果网红食品现在算下来是亏的,你觉得未来它们怎么赚钱;写字楼的无人货架未来最可能的盈利模式是什么;如果你开一家普通的奶茶店,你会怎么选址;校园身边有哪些不方便或者抱怨,有什么办法可以解决这些痛点……保持好奇心,持续追问一个项目如何运营,如何才能赚钱生存下去。日积月累,就会逐渐形成一个商业模式的知识体系,一遇到商业机会,就会比别人更快地闻到"钱的味道"。

图 4-1　某旅游街上售卖的小商品

● **重要观点**：创业者的敏感，是对外界变化的敏感，尤其是对商业机会的快速反应。好奇是对新生事物的关注。创业者会去思考：在一些不同寻常的行为下，隐藏着什么样的商业规律和行为，什么样的商业规律在起作用，可能又会形成什么样的商业机会。只有经常这样思考，我们才有可能具有敏锐的市场机会捕捉能力。

4.1.4　怎么去培养你的机会识别和创造能力

1. 机会识别和创造能力的内涵

机会识别理论上强调创业活动是发掘或者创造机会以及合理利用创业机会的过程。创业过程是复杂的，创业过程中会有各种条件的限制，创业机会既和市场息息相关，也与创业者主观能动性关系密切。创业者既需要具备观察客观环境的能力，也需要发掘自己的能力；既需要从市场中发现机会，也需要发挥主观能动性去创造机会。

（1）机会识别能力。

机会识别能力是指在市场中识别创业机会的能力。创业者在潜在的创意中选择了创业机会，并持续开发，在创业过程中，机会的预期价值及创业者的能力得到反复权衡，创业者对创业机会的战略定位也越来越明确，这一过程被称为机会识别。在这个过程中，创业者处于被动响应的状态，创业者对创业可能出现的各种结果有清晰的了解，能够对是否利用创业机会以及如何利用创业机会作出决策。

伏牛堂"90后"创始人、北京大学硕士毕业生张天一曾经在北京卖米粉红极一时，他发现在中国餐饮业一直是比较"土鳖"的行业，一年产值比互联网行业高

张天一

却没有自己的巨型连锁餐饮企业,对美食的尊重和追求是他创立伏牛堂的初衷。他发现湖南米粉在过去一百年间都没有在北京打开过市场,但他通过互联网找到了北京有可以接受湖南米粉口味的客户群。于是,他便开始了创业之路。开业仅仅两个月,伏牛堂的月营业额就达到 15 万元,利润率达 30%。

（2）机会创造能力。

机会创造能力是指创业者在与环境的互动中创造机会的能力。在创造机会的过程中,创业者的行为是主动的,并且创业者的决策是在不确定的情况下作出的,风险信息也是在创业过程中逐步产生的,事先并不知晓。Twitter 联合创始人 Biz Stone 认为机会是自己创造的,不是等来的,他的第一份全职工作就是创造机会的典型:一开始,他在一家出版社兼职搬箱子,在知道公司有设计封面书套的需求后,他马上用电脑设计了一个方案并提交给公司,最后,那幅作品被一致评为最优。公司即使很惊讶地发现是搬箱男孩设计的,也给予了他一份全职工作。在此期间,他学到了很多创意思维和设计技巧。

2. 机会识别和创造能力的培养

机会很重要。Airbnb 的成功,是因为它恰恰创立于经济周期中的经济萧条时段,人们非常需要额外收入。如果不是这样的经济环境,人们恐怕不会愿意把自己的家租给陌生人。怎样才能从错综复杂的环境中找到机会呢?

（1）应研究宏观环境。创业者要研究政策、跟对形势,思考如何将产品、服务与国家对接,马云创办的"淘宝"之所以成功,是因为刚好符合了国家鼓励创业的政策。顺着国家鼓励的层面努力,就会事半功倍。

（2）应抓住市场的机会。创业者可以从以下五个方面寻找突破口:一是在市场不完善的地方寻找和创造机会;二是在变化越快、越不连续、越混沌的地方寻找和创造机会;三是在现存服务和商品质量的矛盾中寻找和创造机会;四是在总利润、净利润和净现金流最多的业务中寻找和创造机会;五是在信息和知识的缺口中寻找和创造机会。

（3）要结合自己的特点。只有通过实践和思考,不断了解自己的能力和兴趣,找到适合自己能力、契合自己兴趣的项目,才能持久热情地投入。这个过程中需要有"吾日三省吾身",做事后立刻总结的态度。只有发现自己的优劣势,才能有的放矢。

（4）切记避免惯性思维,要强烈发挥想象力和创造力。下面这个把梳子推销给和尚的案例就可以给我们一些启发。

案例分享

有一个营销经理想考考他的手下,就给他们出了一道题——把梳子卖给和尚。

第一个业务员:出了门就骂,什么狗屁经理,和尚都没有头发,还卖什么梳子! 找个酒馆喝起了闷酒,睡了一觉,回去告诉经理,和尚没有头发,梳子无法卖! 经理微微一笑,和尚没有头发还需要你告诉我?

第二个业务员:来到了一个寺庙,找到了和尚,对和尚说,我想卖给你一把梳子,和尚说,我没用。那人就把经理的作业说了一遍,说如果卖不出去,就会失业,你要发发慈悲啊! 和尚就买了一把。

第三个业务员：也来到一个寺庙卖梳子，和尚说，真的不需要的。那人在庙里转了转，对和尚说，拜佛是不是要心诚，和尚说，是的。心诚是不是需要心存敬意，和尚说，要敬。那人说，你看，很多香客很远来到这里，他们十分虔诚，但是却风尘仆仆，蓬头垢面，如何对佛敬？如果庙里买些梳子，给这些香客把头发梳整齐了，把脸洗干净了，不是对佛的尊敬？和尚话说有理，就买了 10 把。

把梳子卖给和尚的更高境界

第四个业务员：也来到一个寺庙卖梳子，和尚说，真的不需要的。那人对和尚说，如果庙里备些梳子作为礼物送给香客，又实惠、又有意义，香火会更旺的。和尚想了想，有道理，就买了 100 把。

第五个业务员：也来到一个寺庙卖梳子，和尚说，真的不需要的。那人对和尚说，你是得道高僧，书法甚是有造诣，如果把您的字刻在梳子上，刻些"平安梳""积善梳"送给香客，是不是既弘扬了佛法，又弘扬了书法。老和尚微微一笑，善哉！就买了 1 000 把梳子。

第六个业务员：也来到一个寺庙卖梳子，和尚说，真的不需要的。那个人和和尚说了一番话，却卖出了一万把梳子。那人说了些什么呢？他告诉和尚，梳子是善男信女的必备之物，经常被女香客带在身上，如果大师能为梳子开光，成为她们的护身符，既能积善行善，又能保佑平安，很多香客还能为自己的亲朋好友请上一把，保佑平安，弘扬佛法，扬我寺院之名。岂不是天大善事？大师岂有不做之理？"阿弥陀佛，善哉！善哉！"大师双手合十，"施主有这番美意，老衲岂能不从。"就这样寺院买了一万把，取名"积善梳""平安梳"，由大师亲自为香客开光，竟十分兴隆。当然，开光所捐的善款也不菲啊！

我们看一下六种思路对应的销售理念：

第一个人受传统观念的束缚太厉害，用常理去考虑销售，是不适合做销售的。

第二个人是在卖同情心，这是最低级的销售方法，叫"叩头营销"，是不能长久的。

第三、第四个人为客户着想，可以说是"顾客满意战略"，自然会有好的效果。

第五人不仅能够让顾客满意，还能迎合顾客心理，自然就不会差。

最后一位推销员突破思维定式，创造了新的市场，梳子有了新的功能。这不是在卖梳子，而是在卖护身符，把顾客的价值最大化，卖得最多自然也就不足为奇了。

4.1.5 怎么去培养你的资源整合能力

1. 资源整合能力的内涵

（1）资源的分类。

资源的分类有好几种方法，从归属权的角度来看，我们可以把创业资源划分为内部资源和外部资源。内部资源是指创业企业或者创业团队自己所拥有的,能够自由配置和使用的各种资源,如创业者、员工、机器设备。外部资源则是创业企业或者创业团队并不拥有归属权,但通过一定的合作拥有的资源使用权。还有其他很多分法,例如,从创业资源的认知角度来分,可以把创业资源分为现实资源、潜力资源和潜在资源;从支撑作用的不同着力点来分,可以把创业资源划分为效益型资源、声誉型资源和决策型资源。

(2)资源整合。

资源整合是一个复杂的动态过程,是创业者对不同来源、不同层次、不同结构、不同内容的资源进行选择、汲取、配置、激活和有机融合,使之具有较强的柔性、条理性、系统性和价值性,并对原有的价值体系进行重构,摒弃无价值的资源,以形成新的核心资源体系的过程。资源整合能力非常重要,它决定着能否把创业设想转化为行动,能否让机会实现经济效益。

资源整合要利用好自身的资源。大学生处于资源积累的初始阶段,自身拥有的资源较少,特别是资金,但对于创业者来说,资金的缺乏并不可怕。我们要正确地看待资源,切记不要被它们控制,而是去盘点和整合它们。许多创业者都是在资源匮乏的制约下挣扎产生的。资源整合首先要对自己的资源做审视和考察。特德·贝克和里德·纳尔逊拜访和记录了 40 家独立的中小企业,进行了 757 个小时的田野调查(田野调查就是直接观察法的实践与应用,也是研究工作开展之前,为了取得第一手原始资料的前置步骤)和 167 次访谈,发现拼凑能够很好地描述创业者利用自身资源的独特行为。拼凑包含以下几层意思:一是通过加入一些新元素,实现有效组合,并因此改变结构;二是新加入的元素往往是手边的东西,也许不是最好,但可以通过一些技巧或者窍门组合在一起;三是这种行为是一种创新行为,会带来意想不到的惊喜。

2. 资源整合能力的培养

大学生在资源整合中常会遇到具有共性的问题,如资源过于分散,难以整合;缺乏资源整合能力;缺乏资源整合意识。大学生可以从以下几个方面培养自己的资源整合能力。

(1)要有资源整合的意识。既要巧用身边的资源,又要有意识地有效利用外界的资源,与利益关联方构建稳定的关系。以"天下资源皆可为我所用"的意识和气魄,来突破自身资源不足的局限和障碍。

(2)要依靠自有资源。格雷格·简福蒂提出一种观点:缺少资金、雇员、设备甚至缺少产品,实际上是一个巨大优势,为了让公司生存下去,迫使创业者在每个阶段都要问自己怎么才能用更少的资源获得更多的利益。对大学生而言,一方面,由于自身资源缺乏,要学会对资源进行优化配置;另一方面,由于资源缺乏,一次性投入所有资源既不可能也不现实,需要分多个阶段投入资源,并且在每个阶段或决策点投入最少的资源。要依托学校的一些资源,多参加大学生创业实践活动,如创业讲座、创业沙龙、创业计划竞赛,既可以降低风险,也有助于在实践中提高自己发现和整合资源的能力,又能服务于创业实践。

(3)要运用外界资源。对创业者来说,运用他人资源(尤其是在企业初创期)是一种重要的方法。创业者要尽可能多地获得资源的使用权并能够控制或影响资源配置。外部资源整合的过程本质上是一个利益和价值交换的过程,需要创业者擦亮眼睛,练好口才,以价值交换的思路成功说服资源拥有者给予支持。

4.1.6 怎么去培养你的学习能力

1. 学习能力的内涵

人类社会已经进入了知识经济时代,人们创造的知识总量也越来越多,知识与技术更新的速度越来越快,新技术新产品的生命周期越来越短。因此,只有快速学习、终身学习,才能跟上知识潮流的步伐并引领潮流。创业路上充满了未知,没有完全一样的经验可以照搬,创业者只能在书本和实践中不断学习、思考,才能成长起来。

学习能力是指以快捷、简便、有效的方式获取准确的知识、信息,并能将其内化的能力。学习能力包括对知识的接收、转换和应用以及对信息的获取、筛选和利用的能力。简单地说就是举一反三,透过现象发现本质,进行知识的联想和迁移,并在实践中不断检验理论知识的能力。

2. 学习能力的培养

要提高学习能力,必须要有科学的方法。有了科学的方法后,就可以事半功倍。

(1)要向实践学习。朱熹的《观书有感》中有两句诗:"问渠哪得清如许,为有源头活水来。"培养学习能力要注重于经营管理的实践,通过考察、参观、访问、经验交流等途径向实践学习。同时要耐心和细致,无论学习什么,都不是一蹴而就的。彼得·圣吉在《第五项修炼》中特别强调自我超越、改善心智模式和系统思考在个体学习过程中的意义。在学习的过程中这三点都非常重要。自我超越要求每个人首先要学习如何不断地理清并找到自己内心真正的愿望和追求,然后全身心地投入实现自我;心智模型是人在长期的工作和生活环境中形成的,在环境发生改变时也应及时调整心智模型;系统思考是指运用系统的非片段的思维方式,去发现事物变化的本质,利用变化开创新局面。在学习过程中,会有不断否定推翻固有观点的时刻,否定之后又会有新的否定,要坚信在一定量的积累下会达到质的飞跃,毕竟学习是一个螺旋式的上升过程。

(2)要向书本学习,强化通识教育,建立合理完善的知识体系。创新不仅要精通专业知识,还要有广博的综合知识,如关于创业政策、法律方面的知识以及社会知识,只有知识视野比学校教学大纲宽广,才能多角度、多方位地观察思考问题。要努力成为博中有专的"T"形创业者,成为复合型人才。

(3)要向成功的创业者学习。《礼记》里有一句名言:"独学而无友,则孤陋寡闻。"冯·卡门也鼓励要在讨论和交友中提高自己,丰富自身,开阔视野,见贤思齐。如果要学习某一领域的知识,可以借助互联网或者人脉关系,想办法接近这个领域的佼佼者,向其虚心请教,让他为自己指一条科学的学习道路,可以避免走弯路,在有方向之后渐渐地把知识点连成面。所以,要重视交友,保持一颗自信谦和的心,随时给自己清零,放下自己,虚心倾听才有可能有收获。

4.1.7 怎么去培养你的执行力

1. 执行力的内涵

执行力是指有效利用资源、保质保量达成目标的能力;是贯彻战略意图,完成预定目标的操作能力;是把企业战略、规划、目标转化成为效益、成果的关键。**执行力包含完成任**

务的意愿，完成任务的能力，完成任务的程度。对个人而言执行力就是办事能力；对团队而言执行力就是战斗力；对企业而言执行力就是经营能力。

目前许多大学生普遍存在执行力欠缺的问题。很多时候，我们都喜欢拖延到最后一刻，才匆忙地去做那些本该早就做完的事情。比如：制订了一堆计划，可等到月底却发现，做成的事情寥寥无几；临近考试了，才感觉到恐慌和懊悔，勉强自己熬上几个通宵来复习；终于开始行动起来，可却总是管不住自己，时不时地刷个微博，玩会游戏，看个抖音……每个人都会遇到类似的情况，因为执行力不够，所以事事拖延，事事懊悔，最后落得一事无成。大部分人要么喜欢沉浸于看似积极的幻想中，自欺欺人，要么对要做的事情望而生畏，迟迟不愿行动，由此，执行力就渐渐成了我们跨越平庸的一道鸿沟。有人说，一个人的想法是 0，执行力是 1，那从 0 到 1，就是最关键的一步。因为没有这一步，你永远是 0，而一旦你走出这一步，你才可能从 1 到 10，从 10 到 100。没有执行力，我们就会一直在原地踏步，难以从平庸的生活中跳脱出来。

执行力上的低效能，往往源于我们内心常常面临的五个问题。

（1）问题一：选择太多，信息过载。在如今的社会，我们每天所面临的选择题太多，选项也太多，而且因为我们对自己没有清晰的认识，不知道什么对自己最重要，所以在信息过载的情况下，往往不知所措。

（2）问题二：内心的噪声太多。当人无所事事的时候，会有无聊虚度、无用颓废的感受，内心充满了自责懊悔的消极想法，这就会造成很大的内耗。自责、担忧、纠结和焦虑，这些内心噪声引发的负面情绪不断地涌向我们，结果就是我们迟迟不愿行动，甚至是直接放弃行动，接下来因为自己的不作为，又将引发更多的内心噪声，这进一步吞噬着我们的行动力。

（3）问题三：完美主义情结。许多人是显性或隐性的完美主义者——要么把一件事情做到极致，要么就什么也不做。这种完美主义的倾向，容易让人陷入没有止境的准备和设想中，走向执行力高效的反面，而没有准备好就成了很多完美主义者的最大托词。其实，完美主义情结的背后，暗藏的是一种恐惧心态。因为害怕失败、害怕挫折，所以只要结果有一点点的偏离，他都可能终止行动，停下来继续设想和计划。对他来说，只有如此才能与可能的失败保持距离，从而让自己不用面对挫折和紧张。这种看似对自己高要求的完美主义，实则是一种拒绝面对现实的眼高手低。

（4）问题四：不懂拆解任务。有时候，一个任务因为过于繁重，在我们眼里就变成了一种强大的负担，而我们又缺乏拆解的能力，所以就会陷入一团乱麻的焦虑状态，不知道从何下手。甚至在已经行动的情况下，我们也容易因为缺少规划，往往今天干劲十足，明天就偃旗息鼓，这直接让我们没有办法持续下去，最终半途而废。

（5）问题五：懒惰，爱给自己找借口。懒惰会让我们给拖延找借口，在潜意识中创造一个舒适区，然后把我们的精神焦点拉到这里存储起来。这时候，你的大脑里往往会有两个声音，一个在拼命地高喊："快点行动，不要停下来，赶紧把事情干完！"而另一个声音则来自悠闲的舒适区，更具有吸引力地规劝你："算了，那件事情太难了，何必为难自己，不如给自己找点乐子！"

这五大问题往往就是我们在日常生活中执行力低效的根源，它们对于潜在创业者来讲是最致命的。只有清晰地知道执行力的核心要素和直面自己的问题，我们才能对症下药,找到解决之道。

2.执行力的培养

(1)执行力的四大核心要素。

第一,执行力体现为快速行动。无数成功创业者的经历证明,创业要想在市场创造优势,并获得胜利的关键是提高速度,只有具备快速反应的能力,竞争者才能更具竞争力,才能得到长足的发展。

第二,执行力以部门、团队协作为基础,要有团队精神。执行力说起来很简单,就是按质按量,不折不扣地快速完成工作任务。这是执行力最简单,也是最精辟的解释。但是,很多个人、团队,甚至企业都不具备。大家都听说过三个和尚喝水的故事。当庙里只有一个和尚时,他一切自己做主,挑水喝;当庙里有两个和尚时,他们通过协商,可以自觉地进行分工合作,抬水喝;可当庙里来了三个和尚时,问题就出现了,谁也不服谁,谁也不愿意干,结果就是大家都没水喝。这个故事让我们认识到团结的重要性。在完成一项任务时,缺乏团队协作会导致失败,每个人都不是一座孤岛,在做工作时需要相互协作、相互帮忙、相互提醒,这样才能不断提升自己完成任务的能力。

第三,执行力来源于执行者的坚韧性。坚韧性指具备较强的挫折承受力、忍耐力、承压能力、自我控制力和意志力。这种坚韧源于自律。所谓自律,就是针对自身的情况,以一定的标准和行为规范指导自己的言行,严格要求自己和约束自己。自律能够帮助我们认识自己,并让自己养成更多良好的行为习惯,从而提高自己的执行力。

第四,责任心和工作热情是执行力的动力和保证。责任是分内应做之事。分内的边界究竟有多大,每个人的尺度不同:有的基于法律规定,有的依据市场契约,有的是出于道德良心。责任心越强的人,越倾向于承担更多的事情。

(2)怎样培养执行力。

① 积极的自我对话。

既然内心噪声太多会造成内耗,降低我们的执行力,那我们就要想办法去消除那些噪声。事实上,完全消除内心噪声是不太可能的,一个更好的方法是将消极的内心噪声转化成积极的自我对话。

当你担心自己做不好,害怕自己犯错,内心有各种自责、焦虑和恐慌的时候,你可以对自己说——"失败了又怎么样,大不了从头开始""只要自己尽力而为,就没有什么可害怕的""与其在这里担惊受怕,不如什么都别想,直接去做"。其实,因为完美主义而迟迟不肯行动,也可以通过这样的对话获得行动的力量。

当我们通过积极的自我对话戳破了那层恐惧的面纱时,就会从中获得积极的能量,也会发现内心更加平静和谐,行动力变强,而原来一直不敢面对、不敢去做的事情,也变得能够轻松地开始了。

② 拆解目标。

当一个目标太大的时候,你是无所适从的。因为我们从中获得的常常是挫败感,却很难有成就感。只有当我们在做一件事情的时候能够获得源源不断的成就感,我们才能够持续地行动下去。就像你给自己设定"每天运动一小时,一个月减重 20 斤"的目标,这个目标意味着你每天要有大量的运动和严苛的饮食,而这对于一个从来不运动的人来说,简直就是一场酷刑。这时候，即使你开始行动，也会感觉到力不从心，因为这个目标对你来说太难了，难到只要想一想都会心如死灰。对于我们的大脑而言，成就感才是最有效率的激励方式。所以，在计划执行的时候，我们可以把目标拆解成一个一个能让自己产生成就感的小目标，让自己能够在小目标中循序渐进，不断获得成就感，获得正反馈，从而让我们持续行动下去，最终达成一个大目标。

③ 细化任务。

在我们设定好一个合适的目标后，就需要对目标进行任务细化。如上面说的，先将每天运动一小时拆解为每天运动 15 分钟，再进行任务细化，主要考虑以下问题：15 分钟的运动安排在什么时间段；在这 15 分钟里要做什么运动，跑步、举重还是拉伸；如果是跑步，多少速度合适；如果是举重，举多重的杠铃，一组举几次。只有当我们在计划的时候把这些细节问题考虑清楚，我们在执行的时候才不会因为需要费力地思考而延迟行动。如果你在执行的时候，还要思考做什么、怎么做，那只能说明你没有在计划阶段认真准备，这势必给我们的行动造成了极大的阻力。

高效执行的最好策略，是一看到计划，就可以不假思索地执行。这就要求我们在做计划的时候，将任务细化，考虑周详：任务明不明确，能不能一眼就看明白；有没有具体到每一个详细的步骤；执行的时候，是不是可以不加思考地按步骤走下去；如果遇到了问题，我们该如何处理。

只有把这些问题都考虑好了，计划才会是一个可执行的计划，而一个好的、可行性高的计划，就像绘制了一个流程图，每一步该怎么走，我们心里一清二楚。

④ 给执行营造便利。

想要提高执行力，就需要营造行动上的便利，让行动所需要的客观条件一应俱全，从而减少我们行动的阻力。也就是说，在你做好计划之后，需要想一想：这项任务需要什么样的环境，什么样的工具；哪些是需要提前准备好的，放在哪里可以减少行动阻力。就像你要跑步，如果你的运动服、运动鞋都深藏在柜子里，你还需要翻箱倒柜地把装备拿出来，那你还愿意去跑步吗？但是如果你很早就把运动装备准备好，放在门口触手可及的地方，那在你想要跑步的时候，你就可以即刻行动，没有内耗。所以，当你要读书的时候，不妨把书放到显眼的地方；当你准备学习的时候，不妨关闭手机，免受干扰。

⑤ 建立内在的驱动力。

当我们发自内心地想要去做一件事情的时候，我们往往可以毫不费力地行动起来，而且因为全神贯注地在做事情，我们更能够达成目标，并且能收获内心的幸福感。所以，我们需要给自己的目标任务构建意义感，并且清楚地了解自己为什么要去做这件事情。这其实涉及我们的价值观——我想成为一个什么样的人，什么对我来说是重要的。提高执行力需要我们直面内心，找到自己做一件事情的意义和驱动力，这才是我们摆脱平庸最本质的解决之道。

执行力的本质和内核，就是要切中要害，不留死角，解决问题。如果一个人能够直面自己的问题，明确知道自己是谁、自己想要什么、应该怎么做，他就会非常坚定，并拥有高效的执行力，从而对生活充满掌控感。他的创业之路或者职场之路也会走得更坚实。

1. Uber 在进入英国时遇到一个非常大的挑战,整个伦敦的出租车司机进行大罢工。很多人去伦敦出差或者旅游没有出租车可以坐,不知道应该怎么出行。如果你是 Uber 的 CEO 特拉维斯,你会怎么考虑?

2. 临近毕业,除了直奔就业而去的"找碗族",还有不少年轻人选择创业。他们摩拳擦掌,跃跃欲试,希望通过自己的努力,将创业的梦想变成现实。他们在创业路上披荆斩棘,只为见到成功的曙光。除了政策支持、资金铺垫等"硬件",创业还需要哪些"软件"?

◆ **课堂小结**:目前,全球各国政府对大学生创业越来越重视,我国不仅为创办企业制定了很多优惠政策,在资金和帮扶方面也给予了政策的倾斜。

创业是勇士的选择,创业是人生独立的开始。每一个创业成功的人,身上都具备很多优秀的品质,他们的乐观、执着、进取精神和社会责任感,正是当代大学生要学习的。

★ 课后练习

1. 实训任务

创业之前,创业者应该对自我有正确的认知,这是创业者创业前必经的重要环节。首先,大学生需要认真思考回答以下问题,来初步判断自己是否能作出创业的决策。

(1)能长时间地保持创业激情吗?

(2)身体和精神状态适合创业吗?

(3)家庭和朋友支持你创业吗?

(4)准备好承受创业初期的风险了吗?

其次,大学生可以通过一定的测试来事先了解自己是否具有创业的素质和能力。美国创业协会设计了一份试卷,可以使大学生在作出决策前对自己有一个初步的了解。

评估一　测试你的创业素质

测评说明

(1)请认真阅读题目,根据你的实际情况选择最符合你的描述。

(2)在选择时,请根据你的第一印象回答,不要做过多的考虑。

(3)每题有 4 个答案,分别为"经常""有时""很少""从不",在每道题后写下自己的答案。测试题如表 4-2 所示。

表 4-2　创业素质、能力测试题

题号	题　　目	答案
1	在急需作出决策的时候,你是否在想"再让我考虑一下吧"	
2	你是否为自己的优柔寡断找借口:"是得慎重考虑,怎能轻易下结论"	
3	你是否为避免冒犯某个或某几个有相当实力的客户而有意回避一些关键性的问题,甚至表现得曲意奉承呢	

续　表

题号	题　　目	答案
4	你是否无论遇到什么紧急任务,都先处理琐碎的日常事务	
5	你非得在巨大压力下才肯承担重任吗	
6	你是否无力抵御或预防妨碍你完成重要任务的干扰与危机	
7	你在决定重要的行动计划时常忽视其后果吗	
8	当你需要作出可能不得人心的决策时,是否会找借口逃避或不敢面对	
9	你是否总是在快下班时才发现有要紧事没办,只好晚上回家加班	
10	你是否因不愿承担艰苦任务而寻找各种借口	
11	你是否常来不及躲避或预防困难情形的发生	
12	你总是拐弯抹角地宣布可能得罪他人的决定	
13	你喜欢让别人替你做自己不愿做的事吗	

评分方法:

每题有 4 个答案,回答为"经常"得 4 分,"有时"得 3 分,"很少"得 2 分,"从不"得 1 分。

测评结果分析如表 4 - 3 所示。

表 4 - 3　测评结果分析

分　　数	评　　析
50 分以上	你的个人素质与创业者相差甚远
40～50 分	你不算勤勉,应彻底改变拖沓、效率低的缺点,否则创业只是一句空话
30～39 分	大多数情况下充满自信,但有时犹豫不决,不过没关系,有时候犹豫是成熟、稳重和深思熟虑的表现
15～29 分	恭喜你! 你是一个高效率的决策者和管理者,更是一个成功的创业者

(资料来源:《创业素质测试问卷》,美国创业学会)

评估二　测试你的创业能力

测评说明:无论是刚从学校毕业进入就业市场的年轻人,还是在社会经历了多年的上班族,许多人都希望拥有一份属于自己的事业。当老板不是一件容易的事,你是否适合创业,你有无创业潜力……做下列测试可帮助了解自己。

本测试由一系列陈述句组成,请根据实际情况,从是和否中选择最符合自己特征的答案。在选择时,一定要根据第一印象回答,请不要做过多的思考。

测评题:

1. 是否曾经为了某个理想而设下两年以上的长期计划,并且按计划进行直到完成?

2. 在学校和家庭生活中,你是否能在没有父母及师长的督促下,就可以自动地完成分派的工作?

3. 是否喜欢独自完成自己的工作,并且做得很好?

4. 当你与朋友在一起时,你的朋友是否常寻求你的指导和建议? 你是否曾被推举为领导者?

5. 求学时期,你有没有赚钱的经验? 你喜欢储蓄吗?

6. 是否能够专注地投入个人兴趣连续 10 个小时以上?

7. 是否习惯保存重要资料,并且井井有条地整理,以备需要时可以随时提取查阅?

8. 在平时生活中,你是否热衷于社会服务工作? 你关心别人的需要吗?

9. 是否喜欢音乐、艺术、体育以及各种活动课程?

10. 在求学期间,你是否曾经带动同学,完成一项由你领导的大型活动,比如运动会、歌唱比赛?

11. 喜欢在竞争中生存吗?

12. 当你为别人工作时,发现其管理方式不当,你是否会想出适当的管理方式并建议改进?

13. 当你需要别人帮助时,是否能充满自信地要求,并且能说服别人来帮助你?

14. 你在募捐或义卖时,是不是充满自信而不害羞?

15. 当你要完成一项重要工作时,总是给自己足够的时间仔细完成,而绝不会让时间虚度,在匆忙中草率完成?

16. 参加重要聚会时,你是否准时赴约?

17. 是否有能力安排一个恰当的环境,使你在工作时能不受干扰,有效地专心工作?

18. 你交往的朋友中,是否有许多有成就,有智慧,有眼光,有远见,老成稳重型的人物?

19. 你在工作或学习团体中,被认为是受欢迎的人物吗?

20. 自认是一个理财高手吗?

21. 是否可以为了赚钱而牺牲个人娱乐?

22. 是否总是独自挑起责任的担子,彻底了解工作目标并认真完成工作?

23. 在工作时,是否有足够耐心与耐力?

24. 是否能在很短时间内,结交许多朋友?

测评标准:

选择"是"得一分,"否"不记分。统计分数,参照以下答案。

0~5 分:目前不适合自己创业,应当训练自己为别人工作,并学习技术和专业。

6~10 分:需要在旁人指导下创业,才有创业成功的机会。

11~15 分:非常适合自己创业,但是在否的答案中,必须分析出自己的问题加以纠正。

16~20 分:你的个性中的特质,足以使你从小事业慢慢开始,并从妥善处理中获得经验,成为成功的创业者。

21~24 分:你有无限的潜能,只要懂得掌握时机和运气,将是未来商业巨子。

2. 身边的小案例

林绘,上海理工大学"创新梦工场"的大学生创业导师。2018 年 3 月,他的创业项目"奇怪果园"获得由紫辉创投、伯藜创投等三家机构投资的千万级 A 轮融资,"奇怪果园"城市业务等得到进一步扩张。目前"奇怪果园"已覆盖两三百所学校,解决了几百人的就业问题,每年缴税近千万元。

当这些辉煌的成绩展现在我们眼前的时候,也许没人会想到:刚踏进大学的林绘只是一个普通话不流利,甚至连话都说不连贯的男生。他的老师曾说:"那时的他,说一句话估计要用十个标点,听他说话的人还要在脑子里想一下到底说的什么意思。"

从一个词不达意、语不成段的平凡大学生,到驰骋商场、屡获佳绩的创业成功者,林绘究竟经历了哪些蜕变?

教练营改变了林绘的人生道路。上海理工大学的大学生职业教练营成立于 2007 年 4 月,它是由校内老师和企业家自发创立的,其宗旨是帮助学生认识自我,梳理人生目标,提升学生职业素质和能力,至今已发展成学校的公选课程,先后已举办 17 期,有超千人受益。作为上海理工大学教练营第二期的学员,林绘表示,"在教练营,每天的晨练改善了我的身体素质,每次自我展示都不断提升着我的表达能力,更重要的是,教练营让我养成了不断学习的习惯,培养了快速学习的能力。"同时教练营也悄然改变着他的创业态度,他曾说:"从最开始的爱折腾,到希望做一些事情锻炼自己,到成立一个属于自己的团队,再到拥有一个自己的公司。教练营让我不断地认识自己,不断朝着自己的目标前进。"在教练营的帮助下,他结识了志同道合的小伙伴,他们相互信赖,彼此支持,先后创立了"乐活""棒棒糖"等小型企业。

林绘是一个特别有毅力,也特别能吃苦的人。他有着一颗从不轻言放弃的心,遇到困难哪怕做不下去也咬牙坚持,直到最后的成功。最初创业的时候,资金短缺是很大的问题,一开始他连唯一一个员工的工资都发不起,只有靠大家东拼西凑才勉强凑足。有一次,林绘和其他三个股东在实施创业计划的问题上产生分歧,因为没有钱租用室内场地,他们只好在寒风瑟瑟的户外讨论,矛盾化解的时候已经是凌晨 2 点多,而这只是他们艰难创业的一个缩影。创业一年多以来,林绘更是没日没夜地坚持奋斗,每天至少工作 17 个小时,他有时更是感叹每天 24 小时也不够用。

创业并非易事,更不是一蹴而就的事情,它所依靠的也绝不只是所谓的天赋。而当创业者选择进入大学生职业教练营的时候,也唯有全身心地投入实训,不懈坚持,才能最终提升自己,成就未来!

（资料来源:编者整理身边的案例形成）

思考题:

(1) 从林绘的创业经历上,可以看出创业者需要哪些素质和能力?

(2) 你认为创业者应该具备哪些素质和能力?

(3) 你认为创业者的哪些素质和能力是可以培养的?

3. 课堂体验活动之一——金牌记者

活动说明:请同学们在 8 分钟的时间内,尽量多地进行采访,并向每个采访对象询问以下 7 个问题:

(1) 你最喜欢的休闲活动是什么?

(2) 你的人生座右铭是什么?

(3) 如果可以重新选择,你希望自己是男还是女,为什么?

(4) 你心目中的理想伴侣是什么样的,请以一位知名人士做代表。

(5) 你最痛苦的一门课是什么? 为什么?

(6) 如果你是一朵花,你认为自己是一朵什么花?

（7）通过此门课程的学习，你希望自己在哪个方面能有所改变、提升？

4.课堂体验活动之二——创业选择的 SWOT 分析

扫码看提示

每个同学用 SWOT 分析法来分析自己如果创业选择的优势、劣势、机遇和挑战。

5.课后的小组创业实践活动——走访身边的创业者或创新发明者

活动方式：组建模拟创业团队，分工合作完成"走访你身边的创业者或创新发明者"活动，并在下次翻转课堂上分享展示。

● **实践活动思考启发：**

扫码看提示

生活中我们每个人每天都在跟不同的人打交道，只是我们似乎从来都没有从创业精神和创新意识的角度去考察他们，普通人与成功者之间到底有什么不同？为什么同届学生毕业十年后的境遇会大相径庭？为什么有的创业者可以做大，有的创业者却走向失败？创新是如何实现的？创新最大的障碍是什么？

● **实践活动目的：**

通过对身边各类人士的观察，在走访创业者和就业者的体验中，总结普通人与成功者的区别，认识创业精神的本质，理解创业精神的重要性。通过走访已经创业的校友、自己的亲友、社区和学校旁边的陌生创业者或者是成功的名人，加强对创业者的创业经历的了解，在比较中体会拥有创业精神的人在人生观念上有哪些不同。

● **实践活动方式：**

填写《大学生创业实训——创业者走访调研表》（表 4-4），按照活动要求去走访校区或者社区周边的创业者，并注意拍照、拍摄视频和填写表格。

表 4-4 创业者走访调研表

创业领域	毕 业 时 间	创 业 时 间	商品或服务	经 济 效 益
科技				
超市				
餐饮				
网店				
连锁				

● **实践感悟活动完成以下任务：**

（1）这些创业者身上有哪些品质是创业精神的表现？用自己的感受如实表述。要求字数在 300～500 字。

（2）这些企业家或者创业者在哪些领域进行创业？现在生意怎样？他们当初为何选择创业？

（3）观察他们的个人特质有什么异同？是否有共性？

（4）把走访过程拍成照片和视频，并制成 PPT，每 3～6 人组成一个小组，下次在翻转课堂上与同学分享。

创业访谈提纲(仅供参考)

1. 企业的基本信息(表 4-5)

表 4-5 被访企业基本信息表

企业名称		经营地址	
企业代码		电话	
电子邮箱		邮编	
成立时间		人数	
负责人		手机	

2. 企业主营业务及产品是什么?

3. 主要的目标客户和市场情况?

4. 市场运作的方式和渠道?

5. 刚开始是如何进入市场的?

6. 现在营业额/产值、利润、产品毛利率?

7. 有几个合伙人? 管理团队有几人?

8. 当初为什么会创业? 谈谈创业经历?

9. 创业遇到过哪些困难,如何克服的?

10. 公司的核心优势是什么?

11. 你和公司未来的打算是什么?

12. 公司经营/找到优秀(合伙)人/得到机遇等,成功的原因是什么?

13. 什么是成功? 年轻人如何成功?

14. 创业的最大感悟是什么?

15. 准备一个自己和团队最想知道的关于创业、职业、做人等方面的问题。

注:创业者采访包括人、组织、事三个方面。

人——主要指创业者和创业团队,包括精神、理念、经历。精神主要指对人、事、生活的信念,体现在创业的动机、遇到困难的态度、对未来的期望等方面;理念主要指对用人、做事、公司运营等方面的认识,体现在创业经历、经营业绩、成功用人做事等方面;经历是前两者内容的载体,故事性、生动性使前两者更便于理解和沟通。

组织——是指创业的团队,主要指创业公司,包括经营情况和成果两个方面。经营情况通过对产品、客户、方式等的了解,学习如何创业;成果是通过公司产值、人员、市场规模等,了解创业的成果。

事——是指创业者和创业公司所经历的事。成长的经历、创业中最难的、最开心的事,对这些事情的认识、感悟、感受等,能更深入地了解创业者,增加访谈影视内容的可看性和影响力。

通过上述内容可以了解创业全过程(机会识别、资源整合、团队、创办企业、管理新企业)

企业家提示：学生在走访创业者和他们的企业的实践过程中，要不断思考，带着问题到走访中去寻求答案，再把自己在实践中发现的问题，带到课堂上，经过老师答疑和同学互动讨论，可以进一步加深对创业精神的认识。

4.2　组建创业团队

马　云

创业者心语：创业是找最合适的人，不一定要找最成功的人。——马云

◆ **课前导读**：最聪明的人在一起，却搞砸了一支团队

玛格丽特·霍夫曼是一个知名的商人兼作家，在美国和英国的 5 家公司任 CEO，曾在英国 BBC 广播电视台有 13 年的制片人经验。本文是她在 TED 演讲的整理稿，此演讲视频超过 200 万人观看。她认为一个优秀的团队并不是由一群高智商的人组成的，而是刚好相反。

玛格丽特·霍夫曼

先跟大家说一个关于鸡的故事。在普渡大学，有一位名叫威廉·谬尔的生物进化学家研究了鸡下蛋的问题。我们都知道，要计算鸡的生产率很简单——只需要数数鸡蛋就行了。但他想知道的，是如何提高鸡的生蛋率。于是，这位博士设计了一个巧妙的实验，他先把鸡分成了两群：一群是生产力一般的鸡；另一群是生产力极强的鸡，我们姑且称为"超级鸡"。在经过六代的生存繁衍后，他发现了什么呢？第一群"普通鸡"，表现还算不错，它们个个都身形结实，羽翼丰满，并且鸡蛋产量急剧增加。那第二群"超级鸡"呢？只剩下三只，其余全死了。

原来，那三只鸡把其他的鸡都啄死了。只有通过挤兑同伴，这些生产力极强的鸡才能获得成功。现在，我在世界各地讲这个故事，人们几乎立刻就看出了其中的含义，并跑来对我说："我们的公司就是那个超级鸡群！"有的人说："这就是我的人生！"

的确,我们的一生都被告知,你想要获得成功,就只有不断地竞争——进好的学校,找好的工作,要做人上人——但我从来没有觉得这些话有多激励人。这么多年来,我们一直在用"超级鸡"的模式来运转大多数组织和公司。

许多人觉得,成功靠的是挑选顶尖人才,只需要把那些最聪明的人放在一起,然后给他们所有的资源和权利就够了。但是,这样做的结果也和养鸡实验如出一辙:人们都变得极富侵略性,组织的功能失调,并出现了各种资源的浪费。因此我们迫切地需要另外一条路,比如说,真正的团队。

什么叫真正的团队?麻省理工学院有一个研究组曾邀请了几百名志愿者,并将他们分成了几组来解决难题。结果显示,那些表现优异的团队,并不只是拥有一两个超高智商的成员,也不是因为成员们整体智商水平最高。

反之,获得成功的团队都有三个特点:第一,他们都有着较高的社交灵敏度和同理心。第二,成功的团队给了每个人同样的时间,这样就没有任何人能成为主导,也没有任何人有机会搭便车。第三,成功的团队里都有更多的女性员工。

这是不是说明女性具有更多的同理心?我们无从知晓,但重要的是,这个实验证实了我们的理论:那些团队表现优异的关键,在于成员与成员之间的关系。在现实生活中,这意味着人与人之间的互动非常重要。因为成员之间的高度契合和反应灵敏,他们的创意才会持续涌动并不断壮大,里面的人才不会被某个想法困住,也不会浪费精力去钻牛角尖。

互帮互助,听起来好像很没士气,但在成功的团队里却至关重要,其作用往往胜过个体的智慧。它意味着:我没有必要了解所有事,而是只需要在一群愿意寻求并给予帮助的人之间工作。

尽管听起来有点浅显,以至于我们觉得互帮互助会自然发生,但事实并非如此。当我在经营我的第一家软件公司时,我们就陷入了一种困境:除了摩擦,就没有别的了。后来,我渐渐认识到,我的团队里那些聪明又有创造力的人并不了解彼此,他们只是将全部的精力都投入了各自的工作,甚至都不知道坐在他们旁边的人是谁。于是,我就坚持让大家停掉工作、花些时间去认识他人,之后我们才取得了一些突破性的进展。

在一个团队里,冲突是不可避免的,而坦率就是化解冲突最好的办法。事实上,我们却很少用这种方式去哺育智慧和创造力,相反,我们习惯于去谈论所谓的明星员工。

我曾经想过,如果我们开始以这种方式培养人才,是不是就不会再有明星员工了。但当我在欣赏伦敦皇家艺术学院戏剧的试演时,眼前的一切真的让我很惊讶,原来,监考的教授们并不看重个人的表演能力,而是学生之间那种互动——因为,所谓戏剧,就是由互动产生的。同样的,一些做过许多畅销专辑的音乐制作人也和我说:"的确,我们有很多音乐巨星,只不过他们中的大部分并不会红多久。只有那些合作性非常强的人,才可以一直保持很高的名气。"除了演员和歌手,许多公司也一样——我访问过许多以独特性和创造性闻名的公司,几乎没看到什么明星员工,因为在这些公司并不需要"超级鸡",他们中每一个人都很重要。一旦你们真正理解了人与人之间互动的重要性,很多问题就会迎刃而解。鼓励人才竞争的管理学过时了,如今,合作互助已经代替了竞争的位置。几十年以来,我们曾试过用金钱去激励人们,但已经有大量的研究表明,金钱将破坏人与人之间的社会连接。所以,我们现在应该让人们互相激励,而非让金钱所控制。

同样的,我们过去常常认为领导者应该像救世主那样独自解决复杂的难题,但如今,我们应该重新定义"领导力"这个词——在我看来,领导力就是有能力去创造一种环境,让其中的每个人都能集思广益。

在环境保护史上,有个著名的协议叫"蒙特利尔议定书",提倡全世界都逐步禁用会导致臭氧空洞的氯氟烃。尽管出发点很好,但当时人们面临着一个难题:如何找到替代物?

有个团队迎接了这个挑战,但提出三个关键原则:第一,团队里不应该有明星队员,我们需要每个人,因为每个人都有独到的见解。第二,我们做事只遵循一个标准:没有最好,只有更好。第三,老板不进行干涉,只需要保证团队的正常运作,并确保以上原则。最终,这招奏效了,这个团队远远超越了其他公司,成功地处理了这个威胁人类生存的棘手问题。到目前为止,"蒙特利尔议定书"是执行的最成功的国际环境合约。不过,除了臭氧空洞,未来还有很多亟待处理的事情。如果我们仅仅寄希望于一两个超人,那么肯定不能解决问题,相反,我们需要每一个人。

无论是运营一家公司,还是保护地球环境,只有承认每个人都有价值,我们才能充分释放更大的能量、想象力和动力,创造出一片新天地。

● **重要观点**:独立创业曾是很多创业者的首选,但随着外部创业环境的复杂性和市场的不确定性,越来越多的人选择合伙创业。与独立创业相比较,合伙创业具有很多方面的优势,对创业成功起着举足轻重的作用。创业者可以依靠团队的力量,展示自己超凡的领导力。但是,合伙创业有利也有弊。

4.2.1　组建创业团队

创业团队是指在创业初期(包括企业成立前和成立早期),由一群才能互补、责任共担、愿为共同的创业目标而奋斗的人所组成的特殊群体。

创业团队有以下四个要素:

(1)有核心。当团队运作时代来临时,主管的角色越来越重要,主管是整个团队的核心和灵魂。主管的团队角色与职责分为:① 舵手。他会带领团队成员,描绘出团队未来的愿景,并分享意见产生共识,制定出具体的中、短期目标,拟定实施的计划。② 精神领袖。他会依据团队成员的个性,尊重其差异性,建立互信互助的团队文化,使团队运作能顺利进行并完成公司任务。③ 教练。他会对团队成员进行分工,能够激励团队成员成长,并提供教练式的指导活动。

(2)有目标。人类因为梦想而伟大,团队更是这样。每个人都有梦想,有效的团队领导人应能找出团队所有人员的共同目标,并与团队成员达成共识,以吸引成员不懈地朝目标迈进。

（3）有分工和协作。高效团队存在的基础是团队成员有明确的分工和职责，成员之间的技能要有互补性，团队内部要取长补短，创造高效团队。

（4）有文化。团队文化是指团队成员在相互合作的过程中，为实现各自的人生价值，并为完成团队共同目标而形成的一种意识文化和行为准则。团队文化是团队发展的内在动力和基石。

新团队组建期特征：对团队目标和个人目标不了解；团队成员彼此陌生，互相猜忌；团队成员对团队规则不熟悉，对组织没有信心；人员流动性大；团队绩效成长较快。因此，创业合伙人在组建创业团队时的主要工作是：① 组建队伍：按照市场需要进行定编和进行人员招聘。② 定目标：宣布你对团队的期望，与成员一起建立团队愿景。③ 指方向：提供团队明确的工作方向和策略。④ 讲文化：培训团队成员了解团队文化并提供团队所需的信息，让大家信任你。⑤ 定核心和分工：明确团队的核心和根据个人特点进行工作分工。⑥ 树信心：对团队成员多鼓励少批评，建立团队信心。

案例分享

大雁法则：

第一，每只大雁在飞行中拍动翅膀，为跟随其后的同伴创造有利的上升气流，这种团队合作的成果，使集体的飞行效率增加了 70%。

第二，所有的大雁都愿意接受团体的飞行队形，而且都实际协助队形的建立。

第三，大雁的领导工作，是由群体共同分担的，虽然有一只比较大胆的大雁会出来整队，但是这只带头雁疲倦时，它便会自动后退到队伍之中，然后几乎是在难以察觉的情况下，另一只大雁马上替补领导的位置。

第四，队形后边的大雁不断发出鸣叫，目的是给前方的伙伴打气激励。

第五，不管群体遭遇的情况是好是坏，同伴们总是会相互帮忙。如果一只大雁生病或被猎人击伤，雁群中就会有两只大雁脱离队形，靠近这只遭到困难的同伴，协助它降落在地面上，然后一直等到这只大雁能够重回群体，或是直至不幸死亡后，它们才会离开。

4.2.2　创业团队合伙创业的利弊

创业团队与群体有不同之处，创业团队是团队组织而不是一般群体。团队中成员所做的贡献是互补的，而群体中成员之间的任务在很大程度上是可以互相替代的。简单地说，在团队中离开谁都不行，在群体中缺谁都无所谓，具体表现在：

（1）团队成员对是否完成团队目标一起承担成败责任，并同时承担个人责任，而群体成员则只承担个人成败责任。

（2）团队的绩效评估以团队整体表现为依据,而群体的绩效评估则以个人表现为依据。曾有研究得出这样的结论:工作群体绩效主要依赖于成员的个人贡献,而团队绩效则基于每一个团队成员的不同角色和能力而产生的乘数效应。

（3）团队的目标实现需要成员间彼此协调且相互依存,而群体的目标实现却不需要成员间的相互依存性。

（4）团队较之群体在信息共享、角色定位、参与决策等方面也明显更强。

1. 创业团队合伙创业之利

徐小平

徐小平:"合伙人的重要性超过了商业模式和行业选择,比你是否处于风口上更重要。"对于创业公司来说,人才、合伙人是至关重要的,不管在哪里,人的因素都是决定性的因素,立志创业,找到好的合伙人能事半功倍。腾讯五虎,百度七剑客,小米八仙过海,阿里巴巴十八罗汉等都是鲜活的案例。

（1）短板互补。对于一个企业家来说,最难的事有两件:一是寻找能够胜任业务的人;二是寻找可以信赖的人。如果你能与可以信赖的人一起合作,而他又可以处理重要的业务,那么,你们将是最好的搭档,他可以助你一臂之力。经验表明,如果一对能人要在一起工作,关键一点就是这两个人必须是并列关系,不应让团队中的两个能人做同一类事。最好两个人是互补型的。

（2）风险共担。现代社会是一个充满风险和机遇的社会,创业活动更是机遇与风险并存的商业活动。没有敢为人先的冒险精神,是不可能成功创业的。邓小平曾经说过:"没有一点闯的精神,没有一点'冒'的精神,没有一股气呀、劲呀,就走不出一条新路,就干不出新的事业。"成功的合伙人不是对风险视而不见,而是以一种独特的视角共同承担风险。

（3）资源共享。团队工作的核心是协同合作,协同合作的重点在于资源共享,只有达到真正的资源共享,这个团队才是真正意义上的团结合作的组织。

（4）1+1>2。优秀的团队清楚他们要达到的目标,所有成员都致力于达到他们的目标。在这个团队中,成败属于整体而非个人,成员不但同甘共苦而且公开合理地分享经营成果,整个团队具有强大的凝聚力,会产生 1+1>2 的效果。

2. 创业团队合伙创业之弊

（1）决策不一致。合伙创业时,合伙人的决策意见经常会出现不一致。一旦有些团队成员不认可公司的目标和策略,就易导致创业团队解散,引发企业经营的巨大风险。

就像联想的倪光南和柳传志:柳传志是一位有科技背景的企业管理者,而倪光南是一名科学家,他们的分歧是经营理念不一致,柳传志是市场导向,而倪光南是技术导向,这一根本分歧导致了曾被誉为"中关村最佳拍档"的联想创业组合的分裂。

倪光南　　　　　　柳传志

（2）分工不明确。合伙创业时另一个经

常遇到的问题就是分工不明确,导致有些事情没有人做,有些事情交叉管理。这种情况对于组织架构而言也是资源的浪费。

(3) 性格不合。创业合伙人个性、兴趣不和,导致磨合问题、难以正常地开展创业活动。一旦性格不合就会造成相互推诿以及互相之间不信赖,企业无法拧成一股绳。

(4) 资源不匹配。正如前面所说,企业的创始人一开始凭借自己拥有的资源、能力等各自占一定比例的股份,若是在企业运营的过程中发现,合伙人之间的资源没有形成资源互补,便会在创业道路上埋下"地雷",可能会造成很大风险。

3. 好团队与差团队的区别

你是否经常听到一些抱怨:A 说公司工作环境紧张,弄得人心惶惶。B 说领导性格古怪,经常莫名发脾气。C 说和公司同事一起工作很开心。D 说与同事共同完成一个项目感觉很骄傲。你是否思考过为何有些人在团队中有种种的意见,有些人对团队又很满意。身处创业或者职场环境中,如何判断自己是处于好团队还是差团队呢?

下面这 11 张图(图 4 – 2—图 4 – 12)来告诉你。

好团队与差团队区别

图 4 – 2   团队目标

图 4 – 3   领导作风

图 4-4 管理、机制

图 4-5 工作环境、人际关系

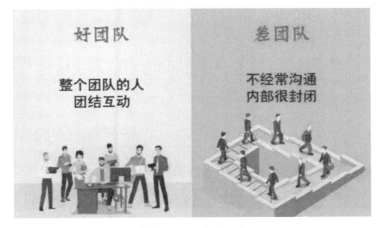

图 4-6 沟通、互动

图 4 - 7　团队氛围

图 4 - 8　价值观与心态

图 4 - 9　激情、活力

图 4 - 10 凝聚力

图 4 - 11 职场风气

图 4 - 12 职业发展

4.2.3　合伙人的来源和筛选标准

1. 合伙人的来源

创业者可以通过亲朋好友、招商洽谈会、论坛研讨会以及包括网络新媒体在内的公共传媒等形式寻找创业合作伙伴。创业团队应该尽可能精简，一是为了减少人员的费用支出，二是为了减少协调沟通的成本，提高反应速度。互补原则是创业团队组建的重要原则（图 4-13），它包括知识互补、性别互补、年龄互补、阅历互补、性格互补等。值得注意的是，在知识互补方面，要充分注意结构搭配，技术、管理、营销人才缺一不可，并充分发挥个人优势。纯粹的技术人员组成的公司容易形成技术为王、产品导向的情况，从而使产品研发与市场脱节；仅由市场和销售人员组成的创业团队缺乏对技术的领悟力和敏感性，也容易迷失方向。

图 4-13　合伙人选择原则

2. 合伙人的筛选标准

合伙人的筛选标准至少有以下三个前提：

（1）共同的创业价值观。

共同的创业价值观是创业团队凝聚在一起的关键。价值观通过行为再现，共同的价值观反映在共同的理念、相同的行为上。成功企业的背后一定有铁打的团队，铁打的团队背后一定是共同的价值观。

优秀的创业团队价值观具有凝聚力、合作性、完整性、目标长远等特征。拥有正确团队理念的成员相信自身处在一个命运共同体中，共享收益，共担风险。组建一支优秀的创业团队不是一蹴而就的事情，需要随着时间的推移和企业的发展逐步完善，创业价值观也会随之不断发展和完善，但是凝聚团队的关键仍然是共同价值观主导下的企业文化。

（2）共同的创业愿景。

共同的愿景是指创业团队对未来组织的发展具有共同的期望与认识。愿景是凝聚创业团队力量的重要因素。愿景就像一个未来的蓝图，或一个清晰而令人振奋的目标。有了明确的愿景，不仅能给创业团队提供一个明确的方向和目标，更能激发团队成员的潜能。共同的创业愿景是创业团队组成的关键因素。在创业的过程中，团队成员难免有挫折与失败，还有因为沟通不良造成的成员之间的相互摩擦，愿景就是这些摩擦与困难之间的润滑剂。有了共同的愿景，团队成员做事情会有一个清楚的目标，有一个明确的价值，当团队合作中出现问题时,团队可以依照团队的愿景去做选择。

（3）相互信任。

信任是人与人之间合作交往的基础,也是创业团队组建的关键原则。创业初期,夫妻、兄弟姐妹、同学、老乡、好友等都会基于信任而组建团队,这种以感情为基础的信任无交易成本,共同的经历、知识结构和技术能助推小微企业的创建与成长。

在商业史上,通过组建创业团队而获得创业成功的案例,远远多于单枪匹马创业成功的案例。

4.2.4 创业合伙人的一致性

（1）物质方面。物质方面的一致性体现在对财富利益的看法是否一致。若是有的合伙人斤斤计较,有的合伙人经常吃亏,则是不均衡的。

合伙人制度仅仅有利益捆绑还不够,还要有梦想、情怀的捆绑,还要有价值观的一致。不要用兄弟情谊来追求共同利益,一定要用共同利益追求兄弟情谊,这样的合伙人制度才能长久。

（2）精神方面。合伙人是否有理想,是否愿意为理想作出牺牲,是精神方面是否存在一致性考察的重点。有些人只想收获不愿付出,则不是真正的合伙人。真正的合伙人的一致性不仅体现在物质方面,而且其在精神领域是有共鸣的。

（3）情怀方面。每一个由创业合伙人组建的企业同时也是一个社会细胞,都肩负着义不容辞的社会责任。合伙人的境界和世界观是否一致,直接影响着企业的发展。优秀的合伙人在为自己创造价值的同时也在为社会和他人创造价值,并且以之为乐。

4.2.5 合伙的关键因素

1. 阻碍合伙的因素

（1）道不同不相为谋,即价值观不一致。"成家立业"是我们经常听到的一个成语,将"成家"和"立业"放在一起说,是因为两者在很多方面具有一致性。例如,无论是一个家庭还是一个团队,都需要成员们拥有一致的价值观。价值观存在于人的潜意识里,一般不易看出来,但是人的价值观一旦形成就很难改变。所以,组建团队时就要选择价值观相同的人。好的团队就应该像"罗马军团"一样,单个作战并不出众,团队合作却能出奇制胜。

（2）斤斤计较,心胸狭隘。俗话说:"上牙和下牙都要打架",更何况是人与人的相处。我们允许矛盾的存在,但若是在合伙创业的时候发现有些人斤斤计较,则会对企业未来的发展埋下隐患。在公司面临问题时,若是斤斤计较,则会加速企业的衰败与灭亡。若是大家能开诚布公地去谈,每个合伙人以公司的利益为重,则能使企业渡过难关,进而使企业朝着更好的方向发展。

（3）不愿付出却坐享其成。合伙人就是既能共享利益,也能共担风险的人。那些只能同甘却不能共苦之人,坚决不能与之合伙。

2. 创业团队核心成员需要具备的特点

（1）自我驱动,有强烈的愿望成为一个出类拔萃的人,而非安安稳稳过小日子。

（2）专注纯粹，愿意对所做的事情投入 100％的精力，而非总是想着给自己留条后路。

（3）勇敢乐观，敢于挑战高难度的任务，而非畏首畏尾。

（4）善于学习，stay hungry，stay foolish，拥有持续进步的能力，而非坐吃山空。

（5）有责任心，看到问题能够指出问题并解决问题，而非视而不见或者抱怨别人。

好的人才总是扎堆聚集的，因为他们很难在一个平庸的团队里生存，这就叫物以类聚、人以群分。如果你的要求很高，你就会有越来越多的高素质人才。如果你让平庸的人进入团队，那你就会让其他的人难过，最终让整个团队平庸。

3. 优秀创业团队要有使命感，团队使命感是激发出来的，不是灌输进去的

没有人会为了别人的事业卖命，所以，别认为自己真的有能力给别人洗脑。你能做的仅仅是激发团队对成就感的渴望，然后帮助他们去实现它。

4. 远景目标要足够大，短期目标要比能力高一点

当机会出现的时候，90％的人会因为害怕失败而放弃，你只要做了，就直接打败 90％的人。所以，要获得足够大的成就，先要有足够大的梦想，然后勇敢地去尝试。远景目标是用来憧憬的，它的作用是给团队指明方向的。短期目标是用来激励的，它的作用是给团队加满油的。对员工最大的激励不是薪水和职位，而是成长。

5. 团队信任感很重要，信任驱动而非 KPI 驱动

谁都不愿意像个提线木偶那样被摆弄。如果你想让员工把工作当作自己的事情来做，就要给他足够的信任，管理他的工作目标而非工作过程。如果你给员工 KPI，那你只能收获 KPI 的结果。如果你给他信任，那你会收获更多。

6. 打破权威，分散决策

团队必须要有领导，但是最好不要有权威。树立权威对团队的伤害是非常大的，它会让团队成员放弃独立思考的能力，放弃自己的责任，勇敢地把权力分散下去，那不会给你带来多少损失，却会给你带来极大的收益。相信你的下属比你更加专业，他们的信息比你更全面和及时。最关键的是，你只有给了他们权力，他们才愿意承担责任。Google、腾讯和小米都是这样做的。

7. 同甘共苦的经历

共同的经历、共同的回忆，同甘共苦是一个团队最好的精神黏合剂。大学 4 年的同窗，如果能找到最铁的哥们一起创业就最好不过了。如果团队成员互相都不熟悉不了解，怎么可能有共同的使命感。

8. 足够的物质回报

财散人聚，财聚人散。再多的钱可能也买不到团队成员的使命感，但是没有足够的钱，成员一定没有使命感。

9. 信息的充分透明

在创业公司，通过内部的信息网络，每个成员不仅可以获得和自己工作相关的信息，还能获得其他同事、其他部门的信息。创业公司要像一个流淌着信息血液的有机体。

10. 超越工作的伙伴关系

当前面这些条都做到的时候，这个团队一定就不是简单的工作关系了，它一定是超越

工作的伙伴关系,每个人都会开心地喊出"I love my team!"

创业需要敢拼、敢做、能做的人与你一同努力,建构的核心团队完整、稳固、互补,团队的 DNA 和所作事情之间的匹配度高,就能一起并肩奋斗、创造属于自己的天地!

课堂学习

1. 你(们)是技术人员,开发了一款产品并投入创业,你(们)知根知底的朋友也很看好这个项目,想入股参加,你(们)会答应么?为什么?谈谈你(们)的看法。

扫码看观点

2. 你(们)与一个合伙人共同创业三年,你想加大投入扩张规模,进行横向扩张;对方希望继续深入现有业务及细分市场,进行纵向深挖,你们发生了激烈的争执,该怎么办?

扫码看观点

3. 大学生创业团队与一般创业团队一样吗?

4. 从唐僧师徒西天取经的故事中,你是如何看待创业团队的分工和唐僧的领导力的?

案例分享

新创企业的发展应该是一种团队合作的行为,尤其是在知识经济时代,从事创新型的企业活动很少能够仅靠创业家一人就能完成。对于创业家而言,如何组建团队、如何管理团队就成为十分重要的内容。

腾讯的优秀团队

当年相邀四位伙伴共同创业,由马化腾出主要启动资金。有人想加钱、占更大的股份,马化腾说不行,"根据我对你能力的判断,你不适合拿更多的股份。"因为未来的潜力要和应有的股份匹配,不匹配就要出问题。什么问题?拿大股不干事,干事的股份又少,矛盾就会发生。虽然主要资金由马化腾所出,他却自愿把所占的股份降到一半以下——47.5%。"要他们的总和比我多一点点,不要形成一种垄断、独裁的局面。"同时,他自己又一定要出主要的资金,占大股。"如果没有一个主心骨,股份大家平分,到时候肯定出问题,同样完蛋。"

创立腾讯公司之初,他就和四位伙伴约定清楚,各展所长、各管一摊:技术、业务、行政和信息部门。因为都是多年同学,彼此特长都知根知底。如此设计,使创始团队能再维持张力的同时保持和谐。没有人能够独断,保证了意见不合、讨论、甚至互相泼冷水的空间。但彼此多年同学,不好意思一不和就撕破脸不认人;被逼着去说服别人,就需要提炼、把问题想得很清楚。彼此定位不同,就从不同的角度来判断,保证认识全面;最后马化腾有一大股,该做决定的时候还是有一锤定音的能量。这就是马化腾,七年前就在为今后可能出现的陷阱筹谋。

2005年还基本是几个创始人各管一块,但腾讯的业务变得多样化也更专业化,不可能靠一个人掌管。马化腾对伙伴们讲,一定要培养出下一层接班人。"我们的责任是更多地支持接班人去做,更多在跨部门之间协调,更多地决策,具体的事情都是交给他们去做。"2006年2月,有麦肯锡和高盛背景的"空降兵"刘炽平从马化腾手中接过总裁的位置。刘炽平早在2003年扶助腾讯上市的时候就跟马化腾相熟,对腾讯情况"十分了解"。直至2005年初马化腾把刘炽平引入腾讯做首席战略投资官,观察了一整年,知其"懂的东西很细、问问题的技巧到位、得到多方认可"之后,才给其总裁一职,并且还只主要负责市场和销售,可谓步步筹谋。

现在,公司有两个CEO,一个是创始人张志东,另一个是从微软空降的熊明华。9人的核心团队里有4人为外部空降。"没办法",马化腾说,"因为有些专业知识,无论怎么补课,就是到不了那个级别。指望你的提高去迎合公司发展的风险太大,所以一定要请人来替换你的功能。"如CFO曾振国、行政总裁网大为。要搞资本运作、要跟国际大公司合作,就是要靠"空降兵们"积累很多年的专业知识能力。

现在,市场和销售交给刘炽平,各条具体业务线交给各高层,马化腾最大的功夫下在跟踪前沿。作为CEO,在腾讯内部,马化腾也被叫作"首席体验官"。一个新产品出来,他会首先以一个普通网民的身份去感受,哪里不方便,哪个按键用起来别扭,哪里颜色刺眼,要对很多细节提出建议。用户界面和人机交互的设计,也是他兴趣所在。

思考:

1. 腾讯公司创办初期,马化腾为什么要占最大投资的比例?

2. 腾讯公司高管团队为什么要引进"空降兵"?要怎么处理"空降兵"与团队成员的关系?

◆ 课堂小结:合伙创业,合的不是钱,而是激情、人品、格局和规则!
创业建立一个有使命感的团队很重要,找对人就成功了90%。

4.3　创业团队的股权设计

"西少爷"创始人孟兵

创业者心语:大家作出努力之后有公道的回报,在利益分配方面比较公平。这是我们的诀窍。

——马云

"没有一家公司没有出现合伙人问题的,除非他只有一个人。如何处理好合伙人的退出、权益的分配等,是我们必须要经历的一刻。我希望所有的创始人不要再犯我曾经犯过的错误。""西少爷"创始人孟兵曾说。

案例分享

福布斯中国公布了"2017 年中国 30 位 30 岁以下精英"榜单。"西少爷"创始人孟兵作为中国新餐饮代表入选,一同上榜的还有 OFO 创始人戴威、运动员张继科、水滴互助创始人沈鹏等各界翘楚。"西少爷"拿下了望京 SOHO 最特别的位置的门店,潘石屹亲自为其站台;获得 2016 年餐饮界最大的一笔融资额,总融资金额高达 1.4 亿;从全球互联网公司百度、腾讯中走出来的创始团队三年间不断创造着各种业界奇迹,但其创新模式和发展速度也让很多人质疑。

谈及"西少爷",除了逆势而为的融资节奏让市场惊叹、众多创业者艳羡外,曾经的团队内讧也令人印象深刻。

如今,一切尘埃落定,"西少爷"在市场上站稳脚跟,正阔步前行。创始人孟兵会反思当年的团队内讧,他们走过的弯路又给创业者提供怎样的借鉴呢?

移动互联时代,一念天堂,一念地狱,罅隙一旦产生就可能无法弥合。

因"分手"闹得沸沸扬扬且几败俱伤的,又何止"西少爷"一家?创业大潮有多澎湃,团队内讧事件就有多"热闹"!远的不说,拉勾网、泡面吧、理大师……创业团队分道扬镳、甚至对簿公堂的情况频频发生。

身处现代社会,两件需要合伙的事情最难搞定,一是寻找生活中的伴侣,二是寻找创业合伙人。

一个耐人寻味的细节是,征婚交友平台和招聘网站的火热,恰恰证明了这种人们心照不宣的窘境。现代人对"嫁人等于二次投胎"的传统思维已经羞于启齿,却对寻找创业合伙人之难毫不掩饰,有创业者甚至大呼:比起找对象,找到合适的创业合伙人简直难 100 倍!

身为创业大潮中的一员,笔者颇为赞同孟兵那句"创业有时是非理性的"。没有几分敢拼鲁莽、没有些许不计后果,任何人都无法创业,不是市场机遇稍纵即逝,就是创意想法被忙碌的生活碾压得一无是处。但创业的"非理性",又不能是纯粹的感性释放,而是需要在理性的指引下,最大限度地激发自己和团队的创意和潜能。

诚然,团队合作是否合适,只有一起经历风雨之后才能得出结论。一切结局,最后被证明的种种不合适,往往在决定合伙创业之初就有了端倪。在和孟兵的交谈中,他屡次提到创业之初,难以找到合伙人,"考虑得不是非常全面"——只考虑和罗高景、宋鑫是西安交通大学的校友,后者的工作履历也仅仅证明其是同龄中的佼佼者,在了解不够的情况下创办了"西少爷"。

把脉中国式合伙人的内伤,总能看出从和到不和的表象之下,隐藏着几个难以疏通的"郁结"。它们潜伏在创业路上,如同定时炸弹。

创业维艰,孟兵经常加班至深夜。在接受艾问采访的前一天依旧如此,采访间隙以咖啡提神。在不擅情感流露的孟兵看来,宋鑫"不能对合伙人负责是当时的核心矛盾"。

在公司初创时期,孟兵和罗高景几乎每天熬夜通宵写代码、赶方案,宋鑫则以自己不会写代码为由,经常炒股,熬夜看小说、打游戏。罗高景称"基本上是我们俩养着他一个人"。而孟兵更是怒其不争:"三个人合伙创业,我们都搭上了自己的前途,每天用尽所有精力……你每天看电视、打网游,怎么能够对你的合伙人负责。"

合伙创业等于上了同一条"贼船",团队成员是绑在同一条绳上的蚂蚱,大家的劲儿要往一处使,每个人都要对企业、创业伙伴负责。某种意义上,合伙创业与婚姻有相似之处,从此之后,你不再是纯粹而任性的你,而是团队和家庭中的一员。你的身体、你的时间,都不再完全属于自己。就算你在此之前再放纵不羁爱自由,也要收敛锋芒,学着并学会洗手做羹汤。你别无选择,只因你做了选择。

在创业的高压稀薄的氛围中,每个人都心力交瘁,一旦有人分心,或者不够竭尽所能,便可能引发其他合伙人的指责和怨恨。

各执一词的争论又何止"西少爷"一家。在另一个著名的"理大师"内讧中,联合创始人薛镝称自己为理大师付出许多,一手组建市场部,做媒体推广不遗余力,而另一端的 CEO 薛希鹏则称薛镝不能胜任工作,在调换岗位后亦不能完成 KPI(关键绩效指标)……

在很多人看来,"西少爷"内讧源于股权之争。的确,孟兵与宋鑫之间的矛盾彻底爆发,就在于一次投资细节商讨中。

2014 年 5 月,孟兵以便于公司管理决策为由,在拟好的合同中提出增加 3 倍投票权,让宋鑫感到权力被削减。在僵持阶段,有人认为宋鑫办事不力致公司发展缓慢,提出 4 倍回报的方案,以 27 万元加 2% 的股份回购宋鑫 30% 的股份,但此时"西少爷"估值已达 4 000 万元,宋鑫认为其有权要得 1 000 万元。双方纷争不下时,天使投资的注入,给宋鑫壮了胆,他选择了另起炉灶。

很多时候,在钱面前,人性的本质显露无遗。没有对错之分,只有真假之别。

但真与假,又往往因为双方各执一词,难以区分。但凡纠纷,一定会引发"罗生门","西少爷"内讧也不例外。在媒体报道上,大多是关于宋鑫对孟兵"捐款 50 万元跑路"的"骗子"指责,还有自己被无情地扫地出门遭遇的控诉。

不可否认,在创业之初,合伙人的矛盾焦点往往围绕着股权。而股权是死的,人是活的,隐藏在股权"冰山"之下,往往又是更深层次的东西。正因为如此,内斗的主角都觉得自己很冤枉。

真正的事实可能是,大家真的都挺冤的。你看,我跟你谈情,你却跟我谈钱!

很多时候,人与人的矛盾之所以难以调和,并非源于经济纠葛,而是价值观的不同。你的点头是 yes(是),我的点头是 no(不),如何调和?于创业而言也是如此。对创业公司来说,任何创始人团队的搭建在选择合适的人选之初,就需要把对价值观、认同感、参与感等的考核放在最前面。

创业是一群人的狂欢,为了完成同一个梦想走到一起。大家的信仰趋同,对企业的愿景一致,才能让事业走得更远。

对于"西少爷"团队内讧的原因,财经作家吴晓波直指核心:"最大的问题是大家对愿景没有达成共识,因为商业本身面对不确定性的挑战,一旦团队里的人对公司未来的愿景没有达成共识,就会产生矛盾。"

创业合伙人之间的矛盾肯定并非一两次事件引发的,而是大家对创业思路和未来规划不完全一致,为日后的冲突埋下伏笔。

尽管孟兵一再在采访中表示创业之初"自己是老大,却不好意思多要股份"显得过于感性,但从日后的行事来看,孟兵和罗高景显然是将"西少爷"作为毕生的事业来经营的。他向笔者坦陈:"我基本上所有的时间都在工作,是一个工作狂。除了晚上睡觉,只要一睁眼肯定就是公司的事,我从来不去看电视、看小说、炒股。因为我认为把时间投入我所做的、所选择的这件事情上回报率最高。"

在竞争激烈的创业时代,苦行僧似的孟兵是标准的创业者形象,除了创业没有自己的生活,这种非正常状态恰恰是中国创业者最正常的状态。对于"西少爷"之后要走的路,孟兵的一番话暴露了他的野心——把肉夹馍分享给世界:"'西少爷'的'西'意为'源自西安,朝向西方',我们最初就希望做一个国际品牌。也许500年后回头看,我们就像那些走丝绸之路的人一样。分享是我们公司最重要的理念。"

即使在网上备受质疑和攻击,孟兵也没有太过在意。在和笔者的沟通中,他不止一次强调:"我更多追求的是自己的梦想。"

反观宋鑫,其志向则不一定在此。他被孟兵和罗高景当作懒惰和坐享其成的消极行为,如"看电视""打游戏""炒股",对每个上班族来说,都是再普通不过的。证据之一就是,面对昔日队友的指责,宋鑫面对媒体表现出自己的受伤和无奈:"没想到会把这些小事记在心上,并耿耿于怀至此。"

在孟兵看来可以上升到衡量责任感的"大事",在宋鑫眼中却是鸡毛蒜皮不值一提的"小事",双方的标准不一致。或许,在宋鑫看来,创业就是就业的另一种状态,创业诚可贵,自己的生活也要兼顾。

与孟兵相比,宋鑫性格中感性的成分可能更浓一些。一边是孟兵觉得宋鑫对公司业务发展没有带来实际帮助,另一边是宋鑫觉得自己尽了力却没有获得应有的认同,合伙人之间的矛盾在一天天的工作中不断升级。

随着"西少爷"的不断发展壮大,股权、控制权、钱,这些赤裸裸直戳人性欲望的字眼也摆在了当初结义创业的朋友面前。对于"西少爷"来说,宋鑫与孟兵终有一个人要离开。当宋鑫成为离开的那个人时,他很受伤:"我真是没想到我的创业兄弟为了利益,将我逼得那么惨。"

在《喜剧之王》中,周星驰饰演的尹天仇曾无奈地说:"如果你非要叫我我跑龙套的,可不可以不要加一个'死'字在前面。"

这句话,极其适合创业企业的联合创始人角色:创始人名正言顺,就像孟兵被各路媒体宣扬成移动互联网创业代言人;其他员工没有心理压力,毕竟自己只是跑龙套的员工一枚;最敏感的角色当属联合创始人,既不是跑龙套的,也不是领衔主演!

联合创始人的角色为何如此敏感?没有的话,团队不完整;实力稍弱,显得很没用;要是太强,团队稳定性又深受威胁。

"没有一家公司没有出现合伙人问题的,除非他只有一个人。如何处理好合伙人的退出、权益的分配等,是我们必须要经历的一刻。我希望所有的创始人不要再犯我曾经犯过的错误。"当"西少爷"创始人孟兵对着镜头说出这句话的时候,有着一股云淡风轻的从容。

一切没有对错,只有是否和谐。商业本身是门艺术,果不其然。

思考:"西少爷"的散伙案例给创业团队哪些启示?

扫码看提示

4.3.1　创业团队的股权结构

股权结构是公司治理结构的基础,公司治理结构则是股权结构的具体运行形式。不同的股权结构决定不同的企业组织结构,从而决定不同的企业治理结构,最终决定企业的行为和绩效。

"西少爷"的散伙;宝能系入侵万科;1 号店股权变局,创始团队失去控制权;真功夫家族企业的股权相争,蔡达标入狱 14 年……这些事件的根源,都在于创始人团队搭建之初,没有对股权结构进行合理的设计,没有充分反映创始人对企业的贡献。实际上,一家公司不合理的股权结构,相比其他问题,更有可能让一个本来不错的初创公司分崩离析。在企业刚刚出现盈利、刚刚步入正轨、刚刚准备发力的时候,因为股权纠纷,企业倒下了,可悲可叹,更可惜!

企业的股权架构设计,核心是领导者的股权设计。领导者不清晰,企业股权就难以分配。创业企业,要么一开始就有清晰明确的领导者,要么磨合出一个领导者来。企业有清晰明确的领导者,并不必然代表专制。苹果、微软、Google、BAT、小米……这些互联网企业都有清晰明确的领导者。领导者不控股时,这些企业都通过 AB 股计划、事业合伙人制等确保领导者对公司的控制力。创业团队可以采用民主协商的决策机制,但意见分歧时必须集中决策,一锤定音。

股权结构要如何设计是件非常复杂的事情,在没有能力分配股权或者懂得股权结构之前,往往无法预测它的结果,但是当结果产生的时候,也已经无法修改了。

股权,作为企业的命脉,该如何去合理分配,其实是个世界难题,下面将详细阐释股权分配的几个误区。

1. 误区一:按出资比例来分配股权

以前,确认股权比例,大家都是按照实际出资额来确认的,比如注册资本是 100 万元的公司,你出 50 万元,占 50%;我出 30 万元,占 30%;另一个人出 20 万元,占 20%。出资 50 万元的股东即便不参与创业经营,占股 50% 是常识。

现在,只出钱不干活的股东"掏大钱、占小股"已经成为常识或者商界人士的共识。在过去,股东分股权的核心甚至唯一依据是"出多少钱","钱"是最大变量。现在,"人"是股权分配的最大变量。资金重要,人才更重要!随着时代的发展,特别是风险投资的兴起,越来越多的人认识到,企业的长久发展,主要取决于创始团队,尤其是创始人的品格、格局、才干和执行力,团队是核心。目前,投资机构出大钱占小股,创始人出小钱占大股,成为了高度创新型企业的常见股权结构。有人把创始团队成员持有的股权叫作"人才股",人才股的股东主要是"出力"的,他们需要长期全职服务于公司,负责公司的运营;把投资人等资金提供者持有的股权叫作"资金股",资金股的股东主要是"出钱"的,不参与公司的日常运营。

2. 误区二:平分股权

在实践中,有很多经验不足的创业者,很喜欢平均分配股权,比如两个人每个人占50%的股权,或者三个人每个人33%(或34%),四个人每个人25%的股权。如果是五个好兄弟的话,股权就平分,每个人20%。看起来好像很公平,但因为每个人的能力不同,其实并不公平。这种平分股权的方法从一开始就埋下了分歧的种子。有能力的人会想:我比他们都能干,为什么股权和大家一样?没能力的人可能会想:我可以混日子,吃这份股权。如果处理不好,矛盾就会爆发出来,甚至会导致公司崩盘。

平均分配股权基本上是最差的股权分配方案。它有三个可能的恶果——① 公司没有明确的领导者。因为大家股权都是一样的,没有一个人说了算,凡事都得商量着来。如果公司没有一个明确的带头人,没有一个人可以最终拍板决策,那么公司的运营效率就会低下,也谈不上什么快速发展。② 平均分配股权,很可能使得没有一个人有强大的动力坚持下去,为公司最终的发展负责。在公司遇到困难时,其他人都可以退缩可以放弃,持有股权最多的创始人一定不能退缩不能放弃。可是如果股权分配平均,大家都有可能会放弃,也许没有一个人会坚持到最后。③ 公司控制权纠纷。在公司发展到一定规模以后,股权分配过于平均,可能导致股东之间争夺公司的控制权。比如"真功夫"的案例,就是因为蔡达标夫妇和小舅子潘宇海一开始的股权比例都是50%,后来蔡达标夫妇离婚,两家对立,开始争夺公司的股权和控制权,最终蔡达标锒铛入狱,企业的发展也受到影响。

总之,公司的股权,不应当是平均的;公司的决策权,也不应当是均等的。

3. 误区三:一股独大,没有合伙人只有"打工仔"

很多中小民营企业,往往是老板一股独大,不愿意与别人合作,也不愿与别人分享,只是希望员工为自己打工,还希望员工一辈子死心塌地地为企业付出,有的老板总是抱怨核心人才培养好了人就跑了,那为何不问问自己当时为什么要从别的企业辞职自己创业。当我们都不希望一辈子为别人打工的时候,我们也不要期望别人会为我们打一辈子工。雇佣时代已经是过去时,创业合伙人是未来的必然趋势。万科、华为、海尔、小米等知名的企业都在纷纷推行合伙人管理模式,让员工与公司形成利益共同体、事业共同体、命运共同体。

4.3.2 股权激励

关于创业团队成员为什么离开的问题,马云曾经总结过两个核心原因:"钱,给少了;心,委屈了"。创业的时候,创始人需要关注人的欲望、人的需求,才能激发人的内驱力,让团队能一起往前走。而股权正是创业激励中最主要的部分,股权是一种长期激励的手段,也是一种潜在回报很高的激励。所以在创业企业中,一定要设置一个比较合理的股权结构,才能让团队走得更远。

没有做股权激励的公司:是一个老板"推着"成百上千的员工做事!稍有懈怠公司就会倒退!做了股权激励的公司:是成百上千的员工在"拉着"一个公司奔跑!稍微一发力公司就腾飞。现代企业的竞争,归根结底是人才的竞争,人力资本分享公司发展成果是企业收入分配体系改革的必然方向。企业的核心命题是价值创造与价值分配,股权激励是解决企业价值分配问题的根本性制度。其实股权激励与公司规模大小是没有必然联系的,企业越小越需要进行股权激励!因为和大企业比,小企业一无资金,二无技术,三无品牌,拿什么来吸引和留住人才。给不了别人现在,就要给别人未来!

当年马云导入股权激励,从最早的 18 个人创业,到今日不断引进空降兵,引进风投,每一步都与股权激励密切相关。要想让员工与老板"永结同心",必须制定一个让员工觉得是为自己干的机制。

因为只有让员工成为企业的主人,通过股权激励的方式,让他们觉得是在为自己打拼的时候,企业才能得以持续的发展。

1. 初创企业的进入机制(图 4 - 14)

入股命脉:

A. 必须能独当一面(不能独当一面,入股就是负担;家人不能独当一面,也不能分股份)

B. 必须在每个层面吸纳股东(不是缺人才,是有人才没有给股份,如:财务总监,销售第一名,技术总监)

C. 必须带钱、带人(直系亲属不要拿钱,外人必须拿钱买老板创业几十年的心血拿钱了才会重视;老板不能给外人入股)

图 4 - 14   初创企业的进入机制

2. 企业退出机制(图 4 - 15)

退出机制的核心就是预防事情的发生。

命脉就是:害怕什么就把什么列为退出机制。

如:害怕中途退出,就把中途退出列为退出机制。如果中途退出,则净身出户,只享受当年已发生的利润的分红。

如:害怕出卖公司,则把出卖列为退出机制。如果出卖公司,则净身出户只享受当年已产生的利润分红(只要出卖公司,就是心不在公司,跟老板就不是一条心)。

如：害怕遇到天灾不能胜任，则把遇天灾人祸不能胜任列为退出机制。如果遇天灾不能胜任，则必须做股权处理。

图 4-15 企业退出机制

股权问题，在每个企业的生命周期中都是一个极其重要的问题。有多少企业家因为不懂股权，公司天天上演"三国演义""五王争霸战"，业绩、利润、员工积极性大幅度受损。所以在这个合伙制的时代下，一套有效的股权布局机制对企业发展至关重要！

4.3.3 股权生命九条线

（1）绝对控制权 67%，相当于 100% 的权力，修改公司章程、分立、合并、变更主营项目、增资或减资、公司的分裂和解散、变更公司的形式等重大决策；

（2）相对控制权 51%，控制线，绝对控制公司，确保上市公司稀释后还可以超过三分之一；

（3）安全控制权 34%，一票否决权；

（4）30% 为上市公司要约收购线；

（5）20% 为重大同业竞争警示线；

（6）临时会议权 10%，可提出质询、调查、起诉、清算、解散公司；

（7）5% 为重大股权变动警示线，在上市公司属于重大股东，出售股票必须登报公布。建议夫妻档上市公司其中一方持股 4.9%，可以避免内部交易风险；

（8）临时提案权 3%，提前开小会；

（9）代位诉讼权 1%，亦称派生诉讼权，可以有间接的调查和起诉权（提起监事会或董事会调查）。

◆ **课堂小结**：好的股权设计是创业团队成功的基础，要像尊重生命一般尊重创始股权（图 4-16）。

公司创业初期，创始人的股权分配比例非常重要，一定要在创立之初就约定好股权占比，不一定要工商注册，但是一定要约定好每个人的股权比例、相应的退出机制以及预留出一定比例的股权吸引优秀的人才。随着投资人的引入，投资方股权的占比也要根据公司的竞争优势、盈利能力和发展潜力进行估值，同时约定投资人的退出机制。

创业之初的模糊约定，在公司发展壮大时，很容易产生股权和利益纠纷，导致合伙人散伙。像"西少爷"肉夹馍这样，创业之初的好友变为陌路人，甚至敌人，都不是我们创业的初衷。

此外，如果公司创立之初，就制定一套经营性的股权激励，对于公司的发展和扩张会更有利。有了好的想法，需要干活的人和创始人一起把公司经营好，就需要身股、银股和期权的激励机制的结合，让员工关心企业的发展，共享企业的利润，才能持续盈利，达到员工、公司和股东三方的共赢。

好的股权激励应该是股权激励服从企业战略：战略—组织架构—岗位—人员—激励对象。

好的股权激励应该是持续性股权激励：企业不能将股权激励当成一时之举、临时之策，而是应该把它当成一个长期之举，当成公司的基本制度，像对待工资奖金那样对待股权激励制度，将股权激励制度做成一项长期基本管理制度。

◎ 世界难题
股权的设计根据团队的实际情况而定

◎ 避免平均主义
平均主义是股权结构的最大忌讳，团队需要主要担当

◎ 考虑"后路"
股权设计要充分考虑后期给团队的激励机制；融资路径稀释的设计

◎ 人民币选票
坚定认为有投入的事业才有存在成功的可能性

图 4 - 16   股权设计

案例分享

一个公司能活多久，看这个公司的股东结构就知道了……

一些初入社会的创业者，加上同学、伙伴等合作的热情，很容易想到的股权结构就是平均分配。因为都不好意思提出来当老大，平均分配股权看上去是非常完美的分配方式。有一些两个合伙人成立的公司，直接就各百分之五十。但是我们看看，现如今成功的企业当中，存在创始人平均分配股权的公司吗？一些人认为"群龙无首"便是吉祥，因为大家都和和睦睦地相处，其实在企业中，群龙无首就是没有人承担最终责任。

一个 2007 年成立的科技公司，是由四个同学一起成立的，股份都为 25%，经过几次开会讨论，聘任一个为董事长，另一个做总经理，其他两个只做股东。一开始团队的热情让这个公司卖出了不少产品，企业是盈利的。但是即使企业盈利也一直没有解决一个问题，就是公司对这个董事长和总经理两个人的激励问题，这两个人拿的基本上还是 2009 年公司成立时定好的固定工资。期间无数次的股东开会都会涉及这个问题，毕竟为公司付出的主要是这两个人，而这两个人的出资所占股份又没有明显多于其他人，其他两个只做股东的投资人又觉得当时投资就是为了赚钱才投资的，如果给这两个人分了，投资收益就不够吸引人投资了。就这样，公司股东之间的矛盾在不断地激化。

终于，2012 年年初，企业开始入不敷出，出现了亏损，这个导火索一下让其他两个只做投资人的股东看不下去了，一边给董事长和总经理发着工资，另一边作为股东是亏钱的。而董事长和总经理却认为自己的能力如果到了别的公司早就有车、有房、有期权了。就这样，企业在股东的内部质疑声中清算了……

还有其他类型的案例，最典型的就是主要出资人占大股东，主要干活的当小股东的例子。这种股东架构到最后依然会演变成大股东和总经理之间不可调和的矛盾，对公司的融资及上市都是最根本的阻碍。可能有人会说，"没问题，我们俩感情好"，可是"感情"是非常微妙的东西。今天热火朝天的两个人，明天兵戎相见，老死不相往来的例子太多。

解决办法：股权分配基本原则是要保持干活的人做大股东，一般采取主要出资人以借款的形式借给创业者、让创业者做大股东的方式，创业者最后通过不断的收益来偿还出资人的借款，并逐渐将企业做强做大。

资料来源：（曹海涛，《创业者》，电子工业出版社，2015 年）

★ 课后练习

在一个初创公司团队里，一个公平的股权结构设计会涉及许多可变因素。这些关键因素不仅要考虑到公司里的每一位员工在公司内部的角色，还要考虑他们工作会得到的补偿，以及公司的投资人和那些在公司幕后出谋划策、有创业想法的人。

1. 谁是最初发起人

如果一家初创公司有两位联合创始人（能力互补），通常所谓公平分配就是按照 50/50 的比例进行平均分配（可能埋下决策难隐患），或者采用 66/33 的比例进行股权倾斜分配（两人在能力、资源整合上有强弱差异），可以基于公司最初的创意、启动最初的开发工作以及组织最初的创业团队这三点。

你认为：在这两种情况下，股权结构如何设计为好，说明你的理由。

2. 谁为你的公司提供了资金

如果其中一位创始人还提供了启动资金支持，那么他应该得到股权。如果说一个公司创始人在原始资本中投入了 10 万元，这笔钱占到一家起步阶段公司估值的 20%。

你认为：对提供资金的创始人有利且合理公平的股权比例应该多少？

3. 这个人的角色重要到什么程度

公司关键的高层管理人员应该比非关键的高层人员得到更多的股权股份。公司的首席执行官和首席技术官，应该比一个办公室经理或是一个图形设计师得到的股份要多。

如果五个公司"首席"级别的高管每人得到 10％的股权,十个副总裁级别的高管每人得到 2.5％的股权,剩下来 25 个主管/经理级别的管理人员每人得到 1％的股权。

你认为:这样安排合理吗?有何建议?

4. 这个人拿薪水吗

那些初创时期不拿薪水而全力以赴的人,也应该得到股权分配。这和资金支持企业没什么不同。如果这个人延迟领取每年 10 万元的薪水,就接近一家全新初创公司 20％的股权了。

你认为可以给予不拿薪水而全力以赴的人 20％的股权吗?

可能还会有其他的考量,比如那些起重要作用的技术专利,还有关键供应商或者相关投资人,以及其他给初创公司带来价值的人。创始人必须要有一个全盘的考量,这个考量必须要把公司全体人员都包括在内。

需要提醒的是,把股权这份蛋糕分完以后,仅仅是完成了一半工作。

你认为还有什么后续工作要考虑,以防个别创始人或者持股高管离开公司以后手上一直还拥有公司股权,对公司发展产生不利影响?

扫码看提示

5. 教学实践环节——组建你的团队填写表4-6。

表 4-6 团队建设

项 目	具 体 内 容	备 注
团队名称		
设计 LOGO		
团队口号		
团队愿景		
创业项目		
团队领导力		
团队成员及分工		
团队管理制度		
其 他		

4.4 创业团队的管理策略

案例分享

假如你打算和几个人合伙,那么下面合伙创业的"天规"你不得不看。

"天规"第一条:投名状法则

1. 出钱规则(各出多少;差额如何平衡;股权如何划分。)

2. 出力规则(如何分工;谁干什么;什么责任。)

3. 赚钱规则(赚谁的钱;用什么去赚;怎么个赚法。)

4. 执行规则(谁去执行;怎么执行;什么责任。)

5. 领导规则(谁来领导;资本领导;技术领导;销售领导;当赚钱的人和出钱的人不是同一个人时,谁当领导;领导权多大;集体投票权多大。)

6. 罢免规则(领导出问题怎么办;战略出问题怎么办;哪些事件发生才可以启动罢免程序。)

7. 退出规则(为了不把矛盾扩大化,如何退出;原股退出还是议价退出;损耗成本计算标准。)

(以上这段,江湖上称为《大圈帮合伙作案共事章程》)

"天规"第二条:翻脸法则

(提议、动议、附议、反对、弃权、表决的议事规则)

1. 战术失误处理规则(是换将,还是换方法;)

2. 战略失误处理规则(是换帅,还是换战略;)

3. 观点冲突处理规则(是投票平息,还是专家平息;)

4. 人格冲突处理规则(是打架解决,还是司法仲裁;)

5. 发生矛盾处理规则(是控制情绪,还是找出问题;)

6. 矛盾升级处理规则(是团伙打架,还是独立决斗;)

7. 撕破脸皮处理规则(是双双驱逐,还是集体散伙;)

8. 相互动刀处理规则(直接报案!)

(以上为《翻脸前的议事规则》详细文件参考《罗伯特议事规则》)

"天规"第三条:绝不合伙法则

1. 有诈骗经历的人,不能与其合伙

2. 说话不靠谱的人,不能与其合伙

3. 对父母不孝的人,不能与其合伙

4. 言语之间眉飞色舞的人,不能与其合伙

5. 参与帮派势力的人,不能与其合伙

6. 太讲哥们义气的人,不能与其合伙

7. 经常挑战社会规则和公共道德的人,不能与其合伙

8. 斤斤计较的人,不能与其合伙

9. 喜欢抱怨的人,不能与其合伙

10. 喜欢多嘴、摆弄是非的人,不能与其合伙

11. 善于发现问题,但从不主动解决问题的人,不能与其合伙

12. 推诿、善辩、否认的人,不能与其合伙

13. 有严重的极端政治倾向的人,不能与其合伙

(以上为《缘分考察器》,也可以用于团队建设中)

"天规"第四条:必须有一个法则

1. 最好有个年纪偏大但未必有钱的人

2. 最好有个思维活跃敢于突破的人

3. 最好有个沉稳扎实善于刹车的人

4. 最好有个勤俭节约善计成本的人

5. 最好有个口才不错说话靠谱的人

6. 最好有一个善于使用社会化网络的人

7. 最好有一个有三年销售经验的人

（这不仅是你创业时需要找到的人，也是你生命里应该找到的人）

"天规"第五条：分钱法则

1. 以出资优先的分红规则

2. 以技术优先的分红规则

3. 以出力优先的分红规则

4. 以卖命优先的分红规则

5. 以年度利润的百分之五十分红，另五十做发展基金

6. 员工之间的分红规则

7. 员工之间的期权规则

8. 员工之间的奖励规则

9. 不可分资金的公益化处理规则

"天规"第六条：散伙法则

1. 以兄弟名义合伙的散伙法则（烧掉烂账，重头来过）

2. 以哥们名义合伙的散伙法则（一顿痛哭，各找各家）

3. 以朋友名义合伙的散伙法则（一杯老酒，各奔东西）

4. 以生意名义合伙的散伙法则（一纸判决，一拍两散）

（以上参见著名电影《十一罗汉》）

"天规"第七条：管理法则

1. 别打肿脸充胖子，能苦则苦，办公条件先不讲究，节约成本

2. 能自己干的活就不要请人，请人更花钱

3. 必须要请的人，就要不惜代价去请到

4. 先别盲目追求品牌，而是要追求市场

5. 不要一上手就做一个系列产品，最后把自己困死在系列里面

6. 一定是主打一款产品，单点突破，野蛮生长

7. 大多时候，所有的领导都是干活的，必须冲到第一线

8. 不要一点小权在手，就摆出个领导架子，没人理你

9. 用最快的速度给公司做成一个市场标签，让用户记住

10. 尘埃初定的时候，抽空让自己歇一歇，大家聊聊前景问题

11. 不差钱的时候，把合伙人中最笨的那个送去学习

12. 成功了不要志得意满，而是事事警惕，市场随时会让你死去

13. 公司有点样子的时候，快速融资、快速做大

14. 融资的时候不要过于纠结股份,而错失发展良机

15. 玩资本比玩产品要轻松一点

16. 玩平台比玩资本更高级一点

17. 能做成平台就做成平台,而不要迷恋自己的产品

18. 每个资本家能活到最后的,都不是傻子

(资料来源 https://www.sohu.com/a/2314674"合伙人,合的不是钱,而是人品、格局和规则")

4.4.1　合伙人的角色

合伙人是指投资组成合伙企业、参与合伙经营的组织和个人,是合伙企业的主体。了解合伙企业首先要了解合伙人。合伙人是团队而不是群体,团队中成员所作的贡献是互补的,而群体中成员之间的工作在很大程度上是互换的。合伙人之间如果分不清楚角色,不管在管理上还是在决策上都会变得十分混乱。

> **创业者心语**:团队的最高境界是士为自己者死,不是知己,也不是他人,而是自己。你的团队,把你的事业当成他的事业,把你的身家性命当作他的身家性命,这时候这个团队就会成为战无不胜的铁军,任何利益、任何诱惑都打不垮、任何威胁都无法撼动的团队。

合伙人角色有以下三个主要因素:

(1)谁是"老大"。对于任何一个合伙的企业而言,首先要考虑的问题是"谁是老大"。有些企业通过持股比例可以比较容易看出谁是老大,但是很多企业的合伙人持股比例是一样的,即股份均分,任何事情都是商量着来,这将直接导致企业的决策效率低下。因此,对于任何一个企业而言,都必须明确"谁是老大"。

(2)"老大"能力怎么样。一开始持股比例最多的是"老大",但是不一定持股比例多的就是最能干的,也不一定就能带领企业渡过艰难时期。没有一个明确的角色划分,就会使得另外的股东萌生退出的想法。因此,在合伙的过程中要不断磨合,做好明确的角色划分。

(3)如何进行角色定位。同一行业的不同企业,角色定位不同;企业所在的行业不同,角色定位不同;合伙人的性格不同,角色定位也不同。

4.4.2　合伙人的分工

合伙人作为一个工作集体,其工作内容由于业务内容极其不稳定而处于不断变化之中,因此,角色比工作职责更能清楚地表达创业团队成员之间的分工。

在高绩效团队中,成员的角色往往是互补的。高绩效团队的成员都应该清楚自己在团队中的角色,而且应该明白相互之间的角色有时可以相互替代。因此,在高绩效团队

中,有时一个人需要充当几个角色,有时几个人又可担当同一个角色。

合伙人分工有以下三个要素:

(1)分工应按照什么原则?在分工一开始时就必须确定好原则,例如,按照每个人的能力或者每个人所拥有的资源来划分,并且思考公司需要的职能岗位。对于创业合伙人来说,最好是每个人都能具备多项能力,都能独当一面。另外,分工时应考虑每个部门的能力和资源,尽量做到每个部门的资源和能力互补,若是重叠,将会导致某些部门比较强、某些部门比较弱,进而造成企业的不均衡发展。

(2)根据每个合伙人的能力和特长来分工。团队的每个合伙人都有各自的特长,因此,在分工之前应仔细思考他们的能力和特长是什么、他们对自己未来的预期和愿景是什么。

(3)是否需要明确分工?对于不同的企业来说,答案是不能一概而论的。不明确的分工适用于创业早期,并且是灵活性强的企业。分工不明确带来的问题是一部分人的职责太多,削弱员工工作的积极性。因为分工不明确,造成员工不能把精力放在自己擅长的业务上。明确分工同样也会造成问题,因为分工明确,合作的程度就会受到影响。

4.4.3　合伙人的决策规则

合伙人越多,决策越难制定。对于一个企业来说,必须要有一个决策者。决策者也必须制定一个决策,即使有人觉得这个决策合理,有人觉得不合理;有人觉得可信,有人觉得不可信。因为企业是以结果为导向的,任何一个没有结果的决策都是失败的。制定决策必须果断,决策也是有时效性的,过了时间,决策的市场价值就会大打折扣。实际上,合伙人的决策规则没有一个统一的版本,但是必须保持核心价值观的一致性,即以公司价值最大为根本进行决策。根据创始人的思想以及做事风格的不同,有些企业内部是平等决策,有些是专制决策。平等决策的优势是团队氛围融洽,容易建立相互信任的关系,其中的一个劣势就是团队达成共识需要很长时间,不适应高速发展的企业。平等决策的另一个劣势是职责不清晰,一旦出现问题,就容易造成相互推诿。习惯专制决策的创始人相对来说比较强势,专制决策有利于快速决策,责任明晰;其劣势在于一个人的考虑范围是有限的,听从他人的意见有利于作出更加合理的决策。

从上面的描述可以提炼出合伙人决策规则的三个要素:

(1)必须有决策者,股份不可以平分,合伙人不可以商量着来;

(2)决策必须有效率;

(3)要以公司价值最大化为根本。

4.4.4　避免与合伙人冲突

在风险投资对合伙人的关注度持续升温的当下,与一个值得信赖且可靠的团队一起工作至关重要。一些风险投资对你的合伙人的重视程度甚至远大于对你整体创业计划的关注。因此,确保你与所有人都能相处融洽是重中之重。但问题是,你和那些像你一样热切、过分热心且雄心勃勃的大学生们总是会发生矛盾的,特别是在大家对公司如何发展持有的观点不一致时。尽管与合伙人保持和平相处很难,但也应该尽力尝试。每个创业公司和团队的工作模式都会有所不同,但有些基础性的东西是适用于大多数工作环境的。以下四个方法可以帮助你避免与合伙人之间的矛盾激化。

(1)信任是王牌。如果你对某人缺乏信任,就不必与他一起工作。你需要坚信你的合伙人会将公司的最佳利益放在心上,并且会与你一样对公司无限忠诚。这种信任实质上会区分出建设性批评与负面冲突间的不同。

(2)不要太快下结论。太快下结论会导致误会的发生。如果你是真的信任你的搭档,你就应该避免不听他这一方的说辞就直接下结论的情况发生。许多公司的分崩离析就是因为误会,而这些误会,如果某一方更耐心一点,就可以避免。所以,千万别让矛盾激化到无法挽回的境地。认真聆听你的合伙人的建议,即便是想法相左,也应该让你的合伙人享受质疑的好处。

(3)就事论事。你越年轻,这可能对你而言越困难。然而正如杠杆的力量一样,你越是用小的分歧去刺激搭档,事情只会变得越糟。用与业务无关的问题稀释你的观点,也会使分歧的严重性变得普遍化,从而进一步成为矛盾的催化剂。

(4)修补关系要尽快。合伙人之间的关系紧张将会对公司造成伤害。在矛盾爆发后,要记得你们的征程仍旧漫长且艰难,你与合伙人之间是彼此需要的,所以,修补关系的事宜早不宜迟。

4.4.5 合伙人矛盾冲突的解决

在一家初创公司里面,矛盾是在所难免的,工作时间长,空间和资源普遍短缺,人们往往固执己见,很多问题都可能无法避免,但是如果准备充分,则完全可以优雅地处理好。关于合伙人矛盾与冲突的解决可以从以下五个维度来分析。

(1)观点冲突。给大家一个解决方案,叫作"慢一拍"决策,顾名思义,就是当几个合伙人各执己见的时候,慢一点作决策。给自己和对方一段时间冷静,稍后再作决策。

(2)性格冲突。在选择合伙人的时候,要坚持性格互补的原则。所谓性格互补,是指两个人或者几个人的性格一定是有差异的,此时,如果遇到性格冲突,应该学会换位思考。换位思考是一种心理体验过程,是在人际交往过程中能够体会他人的情绪和想法,理解他人的立场和感受,并站在他人的角度上思考和解决问题的能力。

(3)言语冲突。俗语说:"牙齿和舌头都有打架的时候。"相处久了,言语冲突难以避免,当发生言语冲突的时候,应该注意对事不对人,更不要对别人的品性妄加论断。

(4)处事方法冲突。每个人的处事方法可能都不太一致,此时要以公司的利益为重。

(5)利益冲突。都说共苦容易,同甘就不那么容易了。如果遇到利益冲突(如风险、分红、损失),要按照以前约定的规章制度、规则来办。

4.4.6 合伙人工作失误的解决

"智者千虑,必有一失。"如果合伙人在工作过程中出现失误,我们应该如何处理?处理规则是什么？ 我们是换"将"还是换方法？

（1）战术失误。如果是战术失误，因为"人无完人"，还是可以原谅的。每一次所犯的错都是未来的一个经验教训，从而可以在同一件事情上尽量避免犯第二次错。因此，如果出现战术失误，选择互换方法比较合适。

（2）战略失误。公司创始人所作出的决策对公司未来的发展起到举足轻重的作用。但是，并不是所有的创业者都能在第一次就选对了道路。因此，遇到战略失误的时候，最好还是选择更换战略。但是，有些项目如果还有新的投资人进入，当初的投资比例就会有所变动，就会导致被动换"将"。

4.4.7　合伙人在管理上应达成的共识

创业合伙人所具有的多样性，为团队带来不同见解以及不同的经验和技能。但是凡事都有两面性，在带来多样性的同时就会带来负面影响，也可能会导致冲突。如果你打算和别人一起创业，你需要留出一些时间与合伙人进行讨论，制定出一份合伙人协议。刚开始的时候，一切进展得很好，但是随着公司的成长与壮大，可能会发现创业公司的未来发展和它的使命会有所变化。当公司在运营过程中遇到这些变化时，就会出现一系列问题。每个合伙人都有自己的想法，并且任何一个优秀的合伙人的想法都是从公司角度出发的，都是为了让公司更好地发展。由于资源有限，精力也有限，很多时候只能择其一而行更远。合伙人在管理公司方面如果没有互相达成一定的共识，就会造成管理上的混乱，久而久之，小混乱变成大混乱，公司就不能正常运营，最终会造成极坏的后果。因此，合伙人必须在人员管理、财务管理、市场营销管理等方面达成一定的共识。

1. 人员管理方面

（1）对组织结构达成共识。无论是垂直式的领导还是扁平化的组织结构，员工的隶属关系明晰，可以避免产生多头领导给公司带来的一些管理问题。

（2）对人员管理达成共识。人员的录用标准必须清晰明确，人才是来源于内部还是从外部引进，什么样的人才比较满足公司需要，适合企业发展……显而易见，明确界定好人才的录用标准要比人才的来源对企业的价值更高。

（3）对人才培养理念达成一致。人才的培养并非一朝一夕就能形成的，而是一个很长远的过程。其中，怎么引进人才是一个方面，内部人才梯队的搭建是另外一个方面。

（4）对"不交叉领导"的理念达成共识。当企业的创始人意见不一致时，员工应该听谁的，必须要事前达成共识。

2. 财务管理方面

（1）财务制度公开透明。即使是创业型的企业，也需要有明确的财务制度，财务制度不需要复杂，但是必须公开透明。甚至在拓展业务时，财务制度也是能吸引到连锁加盟的伙伴的。

（2）财务管理中的流程合法。法律法规是每一个公民都应该遵守的，这毋庸置疑。

（3）资金管理以及使用规范要达成共识。首先，不能把企业的钱当成自己的，这不利于企业的发展。一旦成立公司，就必须按照公司的运营体系来运作，因此，必须对企业的资金管理达成共识，包括投入和支出。企业经营无论盈亏都要承担。既然是合伙人，就不能仅考虑怎么分红，事实上，在遇到亏损的时候，职责也是对等的。

3. 市场营销管理方面

（1）关于客户定位，要达成共识。结合企业的战略，对客户定位一定要达成共识。

（2）关于营销渠道及预算，要达成共识。有一些营销推广的渠道费用比较高，如电视媒体。也有一些营销渠道的推广费用比较低，如网络营销、口碑营销。对不同的企业来说，营销推广方面的方式以及预算也不一样，因此，要在这方面达成共识，有利于公司的价值最大化。

（3）对客户满意度的评价要达成共识。对任何一个企业来说，客户都是自己的衣食父母。他们的满意度高固然好，如果满意度低，势必会成为企业未来进一步优化的核心推动力。

4.4.8　达成共识的方法

合伙人要具备一定的学习能力，因为合伙人的发展需要与组织的发展相适应。合伙人达成共识的方法主要有以下三个：

（1）提前制定合伙制度。创业前的准备对于创业的成功是必不可少的，跟合伙人达成怎样的共识直接决定了公司今后的发展方向。关于公司的目标和未来，合伙人之间有相同的想法是非常重要的。一起打造一家有潜力的、成功的创业公司是一件令人兴奋的事情，但是必须花时间提前制定好合伙制度，明确分工。

（2）当意见不一致时，听"老大"的。合伙人之间意见相左时，一定要听"老大"的，即使有时候"老大"的意见也不一定完全正确，但是由于各方面的原因，都必须达成共识。

（3）加强沟通，达成共识。创业团队内部的沟通是影响团队有效性的一个重要因素。沟通是人类组织的基本特征和活动之一。没有沟通，就不可能形成组织和人类社会。企业是十分典型的人类组织形态。沟通是维系组织存在、贯彻组织文化、提高组织效率，进而促进组织不断发展的主要途径。合伙人之间的有效沟通可以让团队成员以更高的效率处理事情，改善相互之间的关系，更好地展现组织的需要，最终获得成功。

★ 课后练习

1. 你（们）和最要好的两个朋友合伙创业，一年多来，公司经营不善，你（们）的朋友不想干下去了，都想退股，你（们）会怎么办呢？对你今后的合伙有哪些值得借鉴的？

2. 合作一年多，你（们）与合伙人不管是在工作理念上还是公司决策上都有很大的矛盾，你（们）发现他（们）的工作失误越来越多，你（们）会怎么办？

3. 你（们）与合伙人在管理公司时总是不能在想法上达成一致，例如，在人才管理上，你们的想法总是背道而驰，遇到这样的情况你（们）会怎么办？有什么好的经验或者建议吗？

课下 3 - 2 - 1 行动

《大学生创新创业基础》——所学知识点内化和能力点强化
——每课 3 - 2 - 1 练习

3 项收获 从本课程中找出 3 个 对你最有启发的具体知识点	2 项计划 请从 3 项收获中找出 2 项你认为将来可以执行的内容	1 项行动 请从 2 项计划中找出 1 项 你最想执行的行动
1.	1.	行动内容：（阐述请符合 5W2H 的原则）
2.	2.	
3.		截止时间：

请写出你(们)的行动学习心得体会(300 字以内)，提交：

_____

_____

_____

_____

_____

_____

_____

_____

第5模块 创业机会与商业模式

◇ **学习目标与要求**

1. 了解创业机会的来源、特征;
2. 掌握识别创业机会的方法;
3. 学会对创业机会和个人匹配的分析;
4. 掌握创业机会评价的基本方法;
5. 了解商业模式的来源和商业模式的本质;
6. 掌握商业模式设计方法。

◆ **课前导读:你有没有一双发现财富的慧眼**

　　2018年,就读上海杉达学院行政专业的学生沙思安,因为面临毕业,就希望在学校附近找一个住处,找来找去就住进了群租房。虽然是在一个新小区,每月1 000多块房租,可当他住进去以后还是吓了一跳,周围全是人,近20间房里竟然住了40多人。很多人都在抱怨住宿条件差,可是这确让小沙看到了商机。每年毕业的大学生群体这么大,便宜又安全的住宿市场又短缺,为什么不能创立一个专门为刚毕业求职大学生提供中、短期租房及服务的正规连锁旅社呢?之后还可以发展成年轻人的求职居住社区。沙思安在"大学生创业基础"课程的教学实践环节中曾遇到几个想做经济型酒店的伙伴,他把想法一说后,大家都觉得这是个好的创业机会。于是沙思安他们就用这个创业项目去参加上海"创青春"大学生创业大赛,并获得了铜奖,后注册了"爱尚租"公司,开始走上了他们的创业之路。

　　在创业的道路上,有时需要的恰恰是发现一般人没有看到的机会,或者说做了一般人不屑于去做的事,最后把平凡的事做到了不平凡。创业无大小,在成功者面前,财富无处不在,就看你有没有一双发现财富的慧眼。

(资料来自上海杉达学院,编者整理)

市场机会很多,但创业者需要的是能够创建成功企业的最佳机会,此机会能更好展现团队能力、整合创业资源、适合商业环境特点、符合机会特征,便于创业者开展创业活动。

创业机会识别是创业过程的第一阶段,如何识别真正有价值的创业机会,既需要创业者的天赋等主观个体特质,又能通过学习来把握。捕捉商机,实现自己的创业梦想,几乎是众多创业成功者的公开秘密,但是,如何去寻找、识别商业机会,通过被人忽略的信息发掘创业机会,实现自身价值,创造社会财富,这是人们一直在努力追寻的目标。创业机会在何方,如何识别创业良机,怎样评价创业机会等内容都是本模块重点解决的基本问题。

5.1　创业机会的来源、类型与特征

创业者在努力寻求机会的同时,还需识别并评估面临的机会是否符合创业者的能力、兴趣和自有资源。通过了解经济、技术、社会、文化发展趋势,挖掘一些重要的新需求。当这种需求和机会,通过自身的努力,实现的未来的预期经济收益远大于可能会因冒险付出的代价和辛苦时,创业者应尽快付诸行动,开展这项新业务。因此,对创业机会的合理选择及行动与否,是创业者人生中的关键点之一,而要解决这些问题,我们需要了解创业机会的概念、来源及特征。

5.1.1　创业机会的概念

杰弗里·蒂蒙斯教授把创业机会看作尚不明确的市场需求或未被利用的资源和能力。

创业机会是市场需求与企业家精神的一个交集,是企业家所能识别的有效需求,创业机会也称商业机会或市场机会,是指有吸引力的、较为持久的和适时的一种商务活动空间,并最终表现在能够为消费者或者客户创造价值或增加价值的产品或服务之中,同时它能够支撑一个新创企业或风险项目。

● **重要观点**:创业机会是一种能够为消费者或客户创造价值或增加价值的可能性,是通过各种创新满足市场,使市场由非均衡趋向均衡,并对创业者和社会均有利的机会。

5.1.2　创业机会的主要来源

创业机会不同于一般意义上的商业机会。商业机会注重的是在既有"手段—目的"框架基础上的资源价值最大化;而创业机会则意味着创造或识别尚未被其他市场参与者发现或利用的新的"手段—目的"组合关系。

巴朗和施恩视创业机会为人能够开发具有利润潜力的新商业创意情境(经济、政治、社会和人口、技术)的潜力,美国凯斯西储大学谢恩教授更是鲜明地将创业机会的变革来源归结为市场机会、技术机会、政策机会、社会和人口机会四种。为清晰阐述创业机会来源,我们认为下述的三种来源的归纳是有益的思考,它是基于"不平衡性"哲学理论提出的。

创业机会的首要来源是市场均衡力量的对比。市场供给的变化,诸如新技术、新产品、新工艺,都会带来新的市场机会;同时,新市场需求的出现和改变,都会为睿智的创业者提供新的创业机会。

其次,创业机会来源于不断发生的外部变化。无论是经济、政治,抑或是社会人口和技术,正是这些外在因素的刺激,或推动或拉动了人类的需求变化,要求国家、社会、人民去研究新方法、解决新问题,从而带动新的社会总需求,为创业机会的诞生孕育新的沃土。

此外,丰富的信息是创业机会的重要来源。"世间不缺乏美,而缺乏发现"道出了创业商机的潜藏性,这就需要我们把握丰富的信息资源,用睿智的头脑、独特的视角去挖掘、发现,拨开云雾,在信息的海洋中,筛选出真正有用的信息,进行整合利用,方能把握创业良机。

在诸多寻找创业机会来源的思路中,管理大师德鲁克提出的创新机会的七种来源为我们提供了有益的启示,这"创新七剑"的具体内容如下。

(1)意外之事。无论是出乎意料的成功,还是出乎意料的失败,抑或是意料之外的外部事件,都属于意外之事的范畴。意外之事所能提供的成功创新机遇的风险、艰辛程度较小,但是,鉴于自身的惯性思维将长期存在的事件视为"正常",而忽视意外的成功或者失败,把意外的成功或失败视为"偶然结果",甚至是不正常、不妥当的现象。德鲁克认为这种意外的成功或失败正表明潜在的一种变化,预示着新的机会的来临。

(2)不一致性。现实世界中,实际与预想的不一致性往往是创新机会的征兆,预示着新机遇的出现。发生在产业、市场或某种程序内部隐藏的不一致的变化,如果在现实运营中积极把握,则可以利用创业机会的创新价值,推动创业活动进一步发展。

(3)流程需要。产业、企业流程或某领域的流程结构往往是相对稳定的,流程结构的巨大变化,则会为创新提供巨大机会。创新者需要努力完善因变化导致的薄弱环节,满足新流程需要,利用新技术、新知识优化新流程,创造新机遇。

(4)行业市场结构的变化。传统行业的市场结构通常较为稳定,但也会因为外界的变化冲击快速瓦解。当产业、企业或市场结构变动时,要求企业及管理者面临挑战、实施创新适应新需求。虽然结构变化带来的创新需求对行业内部成员构成威胁,但是变化却为行业外的成员创造了巨大机遇。通常要预见行业市场结构的变化,可以通过观察帮助企业快速增长、预判经营者的战略是否合理、技术领域的发展趋势。

(5)社会人口的变化。一个国家或地区不同年龄、性别、民族的人群对不同产品有不同的消费偏好。社会人口的结构变化会给产品消费的习惯带来较大的商机,诸如中国的独生子女一代的成长、人口老龄化的趋势,针对这两大族群的房产消费、保健品消费的产品品种和结构变化都带来了新的巨大市场。

(6)观念和认识的变化。思维习惯成为观念创新的最大障碍,固化思维限制人们思维的创新,但人的观念又会随着时代的发展而变化。在这种尴尬的处境下,人的感受、观念认识等意识形态都会发生变化,这将创造巨大商机。诸如,随着人们收入水平的提高,消费能力与环保观念碰撞之后,人们更注重健康、环保的高层次消费,更加注重健康基础上的绿色环保观念的推广,这为时尚、节能、环保、健康的新理念产品和新产业带来了新的机遇。

(7)创新知识。知识创新是一个长期且艰难的环节,鉴于其无形性、难以管理、无法预见、成本较高的特点,都为现代的创新从业人员带来较大的挑战。知识创新同时又是多学科知识、技术和现代管理方法的综合运用。因此,以创新知识为前提的革新需要更加系统的资源支持和协同发展。世界高科技创业浪潮证明了创新知识推动创业机会发展的力量,创新知识不仅为企业带来了巨大利润,同时成为这个时代巨大的精神载体。

5.1.3 创业机会的特征

案例分享

　　一般来讲,每年的 6 至 8 月是洗衣机销售的淡季。每到这段时间,很多厂家就把促销员从商场里撤回去了。张瑞敏纳闷儿:难道天气越热,出汗越多,老百姓越不洗衣裳?调查发现,不是老百姓不洗衣裳,而是夏天里 5 公斤的洗衣机不实用,既浪费水又浪费电。于是,海尔的科研人员很快设计出一种洗衣量只有 1.5 公斤的洗衣机——"小小神童"。"小小神童"投产后先在上海试销,因为张瑞敏认为上海人消费水平高又爱挑剔。结果,上海人马上认可了这种世界上最小的洗衣机。该产品在上海热销之后,很快又风靡全国。在不到两年的时间里,海尔的"小小神童"在全国卖了 100 多万台,并出口到日本和韩国。张瑞敏告诫员工说:"只有淡季的思想,没有淡季的市场。"

　　思考:通过以上案例,谈谈创业机会有哪些特征?

　　被誉为"世界创业学之父"的杰弗里·蒂蒙斯总结了创业机会的四个特征:吸引力、持久性和适时性,并且伴随着可以为购买者或者使用者创造或增加使用价值的产品和服务。

　　1. 吸引力

　　创业者所选择的行业,即创业者所要提供的产品和服务,对于消费者来说应该是具有吸引力的,消费者愿意消费该产品和服务。新兴的产品或服务,因为具备满足或弥补全新的顾客消费需求,或者能解决市场现有的问题,这是创业机会能够存续发展的根本原因。

　　2. 持久性

　　创业机会应当具有持久性,能够得到进一步的发展。具体来说,市场能够提供足够的时间使创业者对创业机会进行开发。创业者进行创业机会分析时,应把握创业机会的这一特征,以免造成对资源和精力的浪费。

　　3. 适时性

　　适时性与持久性相对。创业机会存在于某个时间段,在这个时间段进入该产业是最佳时机,这样一个时间段被称作"机会窗口"。换句话说,创业机会具有易逝性或时效性,它存在于一定的空间和时间范围内,随着市场及其他创业环境的变化,创业机会很可能消失。

　　4. 创造顾客价值

　　创业机会来源于创意,创意是创业机会的最初状态。创意是一种新思维或者新方法,是一种模糊的机会,如果这种模糊的机会能为企业和顾客带来价值,那么它就有可能转化为创业机会。这一特征有两个层面的含义：一方面，盈利性是创业机会存在的根本基础。创业者追逐创业机会的根本目的是基于创业机会组建企业，只有可盈利的事业机会才能保持企业基业长青，实现个人价值。另一方面，创业机会的盈利性是潜在的，并非一目了然。这就需要创业者拥有一定的知识和技能，同时也要有相关领域的实际经验。当然，这就为创业机会的识别和评价带来了一定的困难。

5.1.4 创业机会的类型

1. 增加产品或服务的价值

为某种产品或服务增值，包括性能改进，提高质量或服务体验，提高易操作性或产品的其他特有价值。例如，酿酒商注重如何生产出高质、美味、廉价的美酒。

2. 对现有方法或科技的新应用

对现有科学技术的开发性新应用。20 世纪 60 年代，磁条信用卡诞生，一位有想法的创新者发现，这种技术同样可以应用到酒店的房卡上，由此创立了一个全新的应用和行业。

3. 开创大规模的市场

集中力量为已有产品开创大规模市场。例如，35 毫米自动变焦相机一经推出就被广泛用于婚礼或大型聚会。

4. 产品的个人定制

产品个人定制，为现有产品或科技提供新商业机会。戴尔电脑公司允许客户根据个人需要，为所购买的戴尔电脑配置不同的部件。

5. 提高覆盖面

拓展地理和网络触角，获取更多公司客户。淘宝网帮助商家获取更广泛地域的现实和潜在顾客。

6. 管理供应链

沃尔玛以自身的货物运送系统和大型超市优势，采用合理的库存管理技术，获得巨大经济效益。

7. 整合变革

此类创业机会往往出现在行业间的融合之时。例如，阿里巴巴等企业，不仅提供商品销售平台，而且提供储蓄、保险等理财服务，行业间的界限不断被打破，跨界经营思维风起云涌。

8. 程序再造

商业及生产流程的革新是机会的重要来源。例如，随着联邦快递和其他空中快递系统的出现，货运行业发生了翻天覆地的变革。

9. 扩大公司规模

通过企业并购或者持续增长，企业规模不断扩大。目前众多行业内频频出现的业内知名企业并购案例，目的在于增大企业规模，加强竞争优势，同时有利于规模效应的实现，节约成本，为客户提供更优质的服务。

案例分享

　　创业机会不会直接呈现在你面前,它有时是以问题的形式出现的,很多时候,抱怨就是商机。这样的例子举不胜举。随着"90 后"成为我国大学生的主体,这批"独生子女"大学生的生活、行为方式很多地方令人费解,男生通宵达旦打游戏,女生在宿舍里追剧。他们一日三餐恨不得都叫外卖,连下宿舍楼走五分钟路程去超市买零食都不乐意;而且他们嫌夏天太热,冬天太冷,还不想中断正在打的游戏或者正在追的剧,就想有人上门服务。这批学生抱怨说:"高校宿管不让快递、外卖进楼,十分不方便。"上海理工大学二期创业班王达西、何鑫等 7 位同学从这个抱怨中看到了巨大的市场机会:上海有高校 40 余所,在校大学生群体有 50 万之多。如果能够提供"送货到舍"的服务,将是一个很好的创业机会,而且可以从学生群体中招聘"楼店长",每一个宿舍楼配一个店长。这 7 位同学,抓住这个商机,设计了"宅享购"项目试水,该项目在运营 45 天后就盈利 2 万余元,并在第六届全国大学生网络商务创新应用大赛中获得了本科组冠军。之后,"宅享购"的理念、商业模式被首期创业班毕业生卯申宝移植进"59 food"。创业团队在服务学生客户群体的同时,发现大学生大多是"夜猫子"型,这些学生玩着玩着,就特别喜欢吃方便面、香肠等各类零食产品,学校的超市还是外面的商家,晚上九点以后基本都关门了。于是当这些学生的各种抱怨进一步升级以后,针对这些抱怨,"59 food"将其"全天候"业务的重心调整为晚上 9:00—11:30 的"夜猫店",经营的时间虽大大缩短效果却很明显,从而成就了今天的"59 store"。该公司定位为高校校园大学生生活服务类 O2O 平台,相继获深创投、君联资本等四家机构 B 轮融资 2 亿。从二期创业班的"宅享购"理念到"59 food",再升级到今天的"59 store",从学生消费群体的抱怨中寻找商机,以此解决学生抱怨背后真实的问题。

　　思考:该案例给出的启示是什么?

1. 变化就是机会

环境的变化，会给各行各业带来良机，人们透过这些变化，就会发现新的前景。变化可以包括：产业结构的变化；科技进步；通信革新；政策变化；经济信息化、服务化；价值观与生活形态变化；人口结构变化。

2. 从"低科技"中把握机会

随着科技的发展，开发高科技领域是时下热门的课题，但公司机会并不只属于高科技领域。在运输、金融、保健、饮食、流通这些低科技领域也有机会，关键在于开发。

3. 集中盯住某些顾客的需要就会有机会

机会不能从全部顾客身上去找，因为共同需要容易认识，基本上已很难再找到突破口。而实际上每个人的需求都是有差异的，如果我们时常关注某些人的日常生活和工作，就会从中发现某些机会。因此，在寻找机会时，应习惯把顾客分类，认真研究各类人员的需求特点，机会自见。

4. 追求"负面"就会找到机会

追求"负面"，就是着眼于那些大家"苦恼的事"和"困扰的事"。因为是苦恼，是困扰，人们总是迫切希望解决，如果能提供解决的办法，实际上就是找到了机会。

◆ **课堂小结**：寻找好的创业机会可以从身边特定人群的问题或需求开始，首先要甄别是否是真实问题，如果是，就是最好的商业机会来源。如果这个商业机会符合大的政策、经济、技术和文化趋势，那么小的商业机会有可能会变成一个大的商业机会。创业者要善于抓住好的机会，把握住每个稍纵即逝的创业机会，就等于成功了一半。发现创业机会的方法具体如下。

5.2　创业机会识别

创业机会的识别是创业领域的关键问题之一，从创业过程的角度来说，它是创业的起点。创业过程就是围绕着机会进行识别、开发、利用的过程，识别正确的创业机会是创业者应当具备的重要技能。创业者通过对创业机会的筛选，在多种可行性创意中不断权衡自身能力与预期价值，选择能力可以把握、利润相对最大的创业机会，并使之成为现实企业的过程，称为机会识别过程。作为创业者，难能可贵的地方就在于他能发现其他人所看不到的机会，并迅速采取行动来把握机会、实现创业机会的价值。

5.2.1　创业机会识别的视角与方法

通常，简单有效的创业机会识别方法包含两个常规视角："由大及小"的视角和"由小及大"的视角。前者从创业机会所处的宏观环境、行业环境和产品等宏观方面进行理性分析，后者从创新机会的核心特征、外围特征和商业模式等微观层面出发探究，创业者依据这两条线索寻找更为有效可行的创业机会，准确定位创业机会的潜在价值，为成功创业保驾护航。

创业机会识别的一般过程，也是创业者与外部环境互动的过程。创业者往往利用现有资源、经验、知识获取外部环境变化的信息,经过缜密思考和分析,发现现有市场、产品、技术和运营模式与市场消费需求存在的差距,指明新产品、新材料、新市场、新技术、新方法的潜在发展趋势和方向,从而指明创业商机所在。

创业机会识别可采用多种方法,其中常用的四种方法如下。

1. "新眼光"调查

阅读某人作品、利用互联网搜索数据,都是二级调查的形式。进行全面的二级调查可以为初级调查做好准备,因为你将知道应该注意哪些问题以及如何更加快速切入问题核心。同时,通过不断获取信息,可以培养自己的直觉,"新眼光"将不断发展。"新眼光"调查可以提供很多看问题的新方法,训练自己的大脑,接受新的想法、信息、统计数据等。观察一切,记录下来各种想法,想法越多越新奇,就越有可能找到最适合的业务和目标市场。

2. 通过系统分析发现机会

现实中,绝大多数的机会都可以通过系统分析得到发现。人们可以从企业的宏观和微观环境中发现机会。日本汽车公司识别和把握 20 世纪 60 年代的美国汽车市场就是一个很好的例子。日本人通过市场调研发现,美国人将汽车作为身份和地位象征的观念逐渐削弱,日本汽车制造商便设计出满足美国顾客需求的美式日制小汽车,以其小巧、经济、耗油量低、驾驶灵活、维修方便等优势敲开了美国市场大门。

3. 通过问题分析和顾客建议发现机会

问题分析从一开始就找出个人或组织的需求以及面临的问题。顾客的多种建议、多样的抱怨,都会成为建立新企业的契机。

4. 通过创造获得机会

新技术行业中最依赖的就是此种方法,它需要先明确拟满足的市场需求,积极探索相应的新技术和新知识,探索新科技的商业价值。需要正视的是,通过创造获得机会的方法,比其他任何方式的难度都大,风险也更高,但是如果取得成功,其回报也更大。索尼公司觉察到人们渴望随身携带一个音乐试听设备,利用公司的微缩技术开发出划时代的产品——"随身听",取得巨大成功。

5.2.2　影响创业机会识别的主要因素

影响创业机会识别的关键因素,包括先前经验、认知因素、社会关系网络、创造性四类主要因素。

1. 先前经验

先前经验有助于创业者在特定产业中识别机会,同时,创业经验也非常重要。根据"走廊原理"的内容,创业者一旦创建企业,在他开始创业旅程之后,通向创业机会的"走廊"变得日渐清晰,投身于某产业创业的个人,将比那些从产业外观察的人,更容易看到产业内的新机会。因此,具有创业经验的创业者更加容易发现新的创业机会。

2. 认知因素

大多数创业者将机会识别看作一项先天技能或一种认知过程,认为自己比其他人拥有更敏锐的洞察力。洞察力很大程度上被视为一种习得性的技能,在某个领域拥有更多知识的人,往往比其他人更易发现该领域的商机。例如,计算机工程师远比一位导游熟知计算机产业内的趋势、机会和消费需求。

3. 社会关系网络

通常,个人社会关系网络的深度和广度影响着机会识别的能力大小。具有良好社会关系的精英,比那些社交面狭小、足不出户的人更容易识别机会和获得创意。在社会关系网络中,按关系的亲疏远近,我们可以大致将各种关系划分为强关系与弱关系。强关系以频繁相互作用为特色,形成于亲戚、密友和配偶之间;弱关系以不频繁相互作用为特色,形成于同事、同学和一般朋友之间。研究显示,创业者通过弱关系比通过强关系更可能获得新的商业创意。例如,一位电工向餐馆老板解释他如何解决了一个商业问题。当听到这种解决办法后,餐馆老板可能会说:"我是绝对不可能从本企业或本产业内的人那里听到这种解决方案的。这种见解对我来说是全新的,有助于我解决自己的问题。"

4. 创造性

创造性是产生新奇或有用创意的过程。从某种程度上讲,机会识别是一个创造过程,是不断反复的创造性思维过程。在听到更多趣闻轶事的基础上,创业者更容易看到创造性蕴含在许多产品、服务和业务的形成过程中,这对创业者挖掘、把握创业机会大有裨益。

5.2.3　清晰地描述你的创业机会

有了好的创业机会,还必须清晰地描述你的创业机会。这主要起到两个作用:一是使自己更好地认识创业机会。在后期的创业机会评价中,会有很多维度或定性或定量地对其进行判别,如果创业者都不能清晰地描述所识别的创业机会,那么其他人是无从评价的;二是使其他人更好地认识创业机会。对于创业者来说,在识别了创业机会之后,要寻找合伙人,要招聘高级员工,以及寻找"天使基金",创业者要让他们非常清晰地看到创业机会,以创业的蓝图来吸引他们。能够有潜力成为合伙人的,必有自身的长处和优势,只有他们认为有价值的机会,才会去投入。

因此,创业者不仅要清晰地描述创业机会,甚至还要善于讲故事,通过讲好故事来更深刻地描述商机,打动合伙人或者吸引"风投"的加入。

案例分享

十几年来,手机产业让很多人都发了大财,但发财的大多是手机生产商和经销商,包括一些修手机的人。谁也没有想到,手机发展到现在,还能让另一种人发财,这种人就是像李俊峰这样的人,基本上属于白手起家的无产者。一想到手机,大家首先就会想到这是个大投入大产出,小投入没产出的行业,一款手机要想在市场上打响,最终收回成本并且赚到钱,不说研发、生产,仅广告费就得投入多少? 在这样一个行业中,像李俊峰这样出身低、无资源、无资本的小人物,是怎样起家发财的呢?

　　李俊峰，农民出身，发财前最大的愿望就是能够拥有一部自己的手机。他26岁的时候，才真正拥有了第一部属于自己的手机。但那个时候，手机已经开始像洪水一样泛滥成灾。走在城市街头，虽不说人手一部，也相差不远了。对于好不容易才奋斗到手的一个宝物，转眼间便泯灭于芸芸众生之中，李俊峰很不甘心。他总想使自己的手机有点特色，与众不同。他没有钱赶潮流经常更换手机。他想的办法就是"换汤不换药"。

　　当时有一种小贴纸，本来是让人家贴在墙上或书包上做装饰用的，他用来贴在手机上，效果不错，还能够产生"区别众生"的效果。后来他将这种贴纸改进，在上面打印上自己喜欢的图案，再压上一层塑料膜。因为不是手机装饰专用贴纸，这些工作做完后还要用刻刀比着手机的大小和形状对贴纸进行"雕刻"和修改，然后才能贴到手机上。经过这样"改装"的手机，不但区别众生，还超越众生，在众多手机中显得是那么的卓尔不群，李俊峰的虚荣心得到了极大的满足。

　　不过，这也给他惹来了麻烦，就是同事们不断地要求他帮忙给自己"改装"手机。李俊峰不能不答应，这使他几乎丧失了所有的休息时间，每天下班后就趴在那里给同事们做手机贴纸，进行手机美容。到后来，一些朋友的朋友为了排在别人前面得到他的手机贴纸，甚至愿意出钱购买他的贴纸，这使李俊峰心眼一动：原来这玩意儿还可以赚钱！随着愿意出钱买他的手机贴纸的人越来越多，李俊峰干脆辞了职，拿出6年打工的全部积蓄，一共1万8千块钱，在北京西单的一家商场租了一小截柜台，正式开始做起了手机贴纸和手机美容的生意。

　　到现在，几年过去了。李俊峰依靠一片小小的手机贴纸，成立了自己的公司——大秦手机化妆公司。他不但自己做，还发展加盟代理，目前旗下已拥有加盟代理商数十家。一片小小的手机贴纸，已为李俊峰带来了超过百万元的利益，以后还会给他带来多少收益，谁也不知道。不但是手机贴纸，李俊峰现在还将业务开拓到手机添香、手机水晶刻印、手机镶钻等三十多种手机美容业务，生意一片红火。如果说金融行业有衍生产品，那么，李俊峰做的可以说是手机行业的衍生产品。

　　像这样依靠手机行业衍生产品发财的并不止李俊峰一个。在广西南宁，有一个叫黎小兰的女孩，也是靠做琥珀昆虫手机链和水晶昆虫手机链，从1000多块钱起家，到成立自己的公司——南宁昆虫之恋工艺品厂，几年间赚了上千万元，还将业务做到了国外。

　　思考：李俊峰和黎小兰为何能在短时间内创业成功？其关键秘诀是什么？

扫码看分析

★ 课后练习

　　以小组为单位，利用头脑风暴法，从自己感兴趣的行业出发，开发创业灵感，分析搜集来的资料，尝试寻找自己的创业机会。

　　1. 观察大学校园的变化，找出可以创业的机会。

　　2. 调查大学生的需求特点。

　　3. 找出大学生在"衣食住行"方面的困扰。

4. 根据一些产品或服务的负面反馈，找出衍生创意。

5. 留意消费趋势，从中寻找创业灵感。

5.3 创业机会评价

尽管发现了创业机会，但这并不意味着要创业，更不代表成功就在眼前。创业活动是创业者与创业机会的结合。创业者需要对机会进行筛选和评估，有效地降低风险和减少失败；只有有价值的创业机会才值得投资。那么如何判断一个商业机会的好坏呢？这就需要创业者在利用创业机会之前对创业机会进行科学的分析与评价，然后作出选择。

5.3.1 有价值的创业机会的特征

有的创业者认为自己的想法和点子非常好，对创业志在必得。好想法和点子是非常关键的，但是，能够真正转化为创业机会的却只是其中的一小部分。创业者在创业之前，还需要谨慎地判断自己的想法是否是一个好的商业机会。杰夫里·蒂蒙斯教授提出了判断商业机会的三个特征。

1. 很能吸引顾客

这是创业机会最基本的一个特点。创业的原动力和最终目标都是商业获益，只有顾客感兴趣并愿意去消费的产品才能够获益。著名广告专家里斯和屈特认为："要找出市场间隙，不能随波逐流，要学会逆向思考，如果大家都朝西，你就试试看朝东是否走得通。"这里说的间隙指的就是消费者心中的间隙，也就是消费者心中尚未被很好满足的需求。创业的关键就在于正确确定目标顾客的需要和欲望，并且能提供比竞争对手更有效、更符合顾客期望的产品或服务。

2. 它能在现存的商业环境中行得通

商业机会与时代是紧密联系在一起的，具有强烈的社会色彩。现行的政治、经济制度既可以为商业的发展创造良好的生存空间，使商业机会呈爆发性增长，也可能对某些产业或行业产生致命的打击，使其偃旗息鼓。因此，必须考察创业机会是否与现存的商业环境相适合。比如，在中国"八项规定"执行之前，礼品市场、奢侈品市场、高档酒店市场、高尔夫运动的创业机会很多，在执行"八项规定"以后，这些产业都渐渐走向萧条，原有的企业很多都已关门大吉，别说新的创业机会了。

3. 它必须在机会之窗存在期间被实施

机会在"变"中产生，那么，机会也会在"变"中消失。任何机会都有其起始点，商业机会也有一定的存在期限，只在窗口期才能称作创业机会。创业机会的盈利潜能，和商家的逐利本能必将加剧行业的竞争。过了窗口期，创业者将与创业机会失之交臂。

5.3.2 创业机会评价方法

创业活动是关于机会发现、评估和资源分配的创造性活动。在市场环境下，创业者投入金钱、时间、汗水到最有可能获得成功的创业项目。评估创业机会的目的是在众多的机会中，通过分析、判断和筛选，发现利己的、可以利用的创业机会。曾有人言："机会之中蕴含着商业利润，发现具有吸引力的商业机会是创业成功的基石。"一些创业者的经验表明，抓不住机会固然无法创业，但抓错了机会则有害于创业。

1. 机会初评估的五步方针

通常，当创业者识别到创业机会时，要对这一机会进行可行性评估，其目的是确定这个机会到底有多少"含金量"，值不值得进行更为详细的市场调查。全面的可行性评估可以帮助创业者更加深入地了解市场，并将他们所掌握的知识和信息转化为系统性较强的创业计划。但是，创业者往往由于缺少充足的时间和资金分析潜在顾客聚集地、潜在竞争替代品和竞争者的结构成本以及选择性项目方案，在市场评估阶段进行机会审查往往存在不足。因此，创业团队常常先采取机会初评估的五步方针。

- 能力：机会是否与创业团队的能力、知识、经验一致。
- 创新：产品或服务是否含有意义重大的创意、专利或与众不同的质量。
- 资源：创业团队能否吸引必不可少的财力、物力和人力资源。
- 回报：能否回收企业的运营成本并且盈利，预期回报是否适合承担风险。
- 承诺：创业团队成员是否对企业作出了承诺，对企业是否有激情。

创业者评价创业机会的原则是最短时间内摒弃缺乏前景的风险活动，节省资源和时间从事真正有望成功的活动。创意者应放弃缺乏经验和认识的相关领域和市场，创业机会如果不在自己的能力、创新、资源、回报、承诺五项评估指标范畴内，则可以迅速放弃，而剩下的机会则成为重点研究对象。

2. 综合性评价方法

创业者对机会的识别如果采用周密的方法进行衡量，所需周期很长，可能还没评价好机会已经溜走。因此，创业者需要选择相对科学且方便的方法来对其进行评价。

杰弗里·蒂蒙斯提出的创业机会评价框架是最有代表性的一种方法。该方法从产业和市场、管理团队、致命缺陷等方面提出了 8 大类、53 个条目的评价指标体系，具体指标见表 5-1。

表 5-1　蒂蒙斯评价因素指标

评估框架	评　估　因　素	评估结果（"是"与"否"）
行业与市场	1. 市场容易识别，可以带来持续收入	
	2. 顾客可以接受产品或服务，愿意为此付费	
	3. 产品的附加价值高	
	4. 产品对市场的影响力高	
	5. 将要开发的产品生命长久	
	6. 项目所在的行业是新兴行业，竞争不完善	

续　表

评估框架	评　估　因　素	评估结果 ("是"与"否")
行业与 市场	7. 市场规模大,销售潜力达到1千万~10亿元	
	8. 市场成长率在30%~50%甚至更高	
	9. 现有厂商的生产能力几乎完全饱和	
	10. 在五年内能占据市场的领导地位,达到20%以上	
	11. 拥有低成本的供货商,具有成本优势	
经济因素	1. 达到盈亏平衡点所需要的时间在1.5~2年以下	
	2. 盈亏平衡点不会逐渐提高	
	3. 投资回报率在25%以上	
	4. 项目对资金的要求不是很大,能够获得融资	
	5. 销售额的年增长率高于15%	
	6. 有良好的现金流量,能占到销售额的20%~30%以上	
	7. 能获得持久的毛利,毛利率要达到40%以上	
	8. 能获得持久的税后利润,税后利润率要超过10%	
	9. 资产集中程度低	
	10. 运营资金不多,需求量是逐渐增加的	
	11. 研究开发工作对资金的要求不高	
收获条件	1. 项目带来的附加价值具有较高的战略意义	
	2. 存在现有的或可预料的退出方式	
	3. 资本市场环境有利,可以实现资本的流动	
竞争优势	1. 固定成本和可变成本低	
	2. 对成本、价格和销售的控制较高	
	3. 已经获得或可以获得对专利所有权的保护	
	4. 竞争对手尚未觉醒,竞争较弱	
	5. 拥有专利或具有某种独占性	
	6. 拥有发展良好的网络关系,容易获得合同	
	7. 拥有杰出的关键人员和管理团队	
管理团队	1. 创业者团队是一个优秀管理者的组合	
	2. 行业和技术经验达到了本行业内的最高水平	
	3. 管理团队的正直廉洁程度能达到最高水平	
	4. 管理团队知道自己缺乏哪方面的知识	

续　表

评估框架	评　估　因　素	评估结果 ("是"与"否")
致命缺陷	是否存在任何致命缺陷	
创业者的 个人标准	1. 个人目标与创业活动相符合	
	2. 创业家可以做到在有限的风险下实现成功	
	3. 创业家能接受薪水减少等损失	
	4. 创业家渴望进行创业这种生活方式，而不只是为了赚大钱	
	5. 创业家可以承受适当的风险	
	6. 创业家在压力下状态依然良好	
理想与现实 的战略性 差异	1. 理想与现实情况相吻合	
	2. 管理团队已经是最好的	
	3. 在客户服务管理方面有很好的服务理念	
	4. 所创办的事业顺应时代潮流	
	5. 所采取的技术具有突破性，不存在许多替代品或竞争对手	
	6. 具备灵活的适应能力，能快速地进行取舍	
	7. 始终在寻找新的机会	
	8. 定价与市场领先者几乎持平	
	9. 能够获得销售渠道，或已经拥有现成的网络	
	10. 能够允许失败	
评估结果 汇总		

对于上述的 53 项问题，做出简单的"是""否"判断，然后将回答为"是"与"否"的问题分别相加，再求得两者的比值，比值越大，则意味着机会价值与可行性较高。

◆ 课堂小结：评估创业机会的目的是在众多的机会中，通过分析、判断和筛选，发现利己的、可以利用的商业机会。曾有人言："机会之中蕴含着商业利润，发现具有吸引力的商业机会是创业成功的基石。"一些创业者的经验表明，抓不住机会固然无法创业，但抓错了机会则有害于创业。

5.3.3　创业机会与个人的匹配

创业者是在一定的资源条件下进行创业的，创业过程是创业者自身资源与创业机会所需资源的一个匹配过程。创业者只有具备或整合所必需的资源和技能才能获得成功，换言之，个人与创业机会只有达到了一定的匹配程度，才可能将创业机会变成现实。创业者在评价创业机会与个人的匹配性时，主要通过以下三个方面进行衡量：创业机会与个人的匹配度判断；启动时机判断；可持续竞争性判断。

1. 创业机会与个人的匹配度判断

创业机会是否与创业者个人的情况相匹配,包括三个层面的含义:第一是资源的匹配。不同的创业机会对资源的需求是不一样的,不同的创业者所拥有的资源也是不一样的,因此会产生一个机会需求资源与创业者拥有资源匹配度的问题,如海事大学的毕业生开货运代理公司的很多,成功率也很高,主要要求是技术资源和人脉社会资源的匹配度很高。如果资源不足的话,创业者是否具有足够的资源整合能力;在一个快速变化的市场中,创业者是否拥有快速学习的能力。第二是个性特质和性别方面的匹配。例如,月子喜喜国际母婴会所总经理徐赟也是一名大学生创业者,她选择创办月子会所,除了看中月子服务的市场潜力外,更重要的一个考量因素是,这是一个服务行业,需要耐心、细致,这和自己的个性特征比较匹配。第三是预期回报与期望回报的匹配。如果创业者是基于生存型动机去创业,其期望的回报是短期内的,如果创业机会预期回报是长期性的,便不相匹配。

2. 启动时机判断

爱拼车公司成立于 2013 年 9 月份,2014 年获得 IBG 领投的 1 000 万美元投资,用户量达到了 2 000 多万,但是,现在大家所熟悉的打车平台是 Uber、滴滴打车,却很少人知道爱拼车公司。Uber 是一家美国公司,2009 年成立,在美国已经形成了较为成熟的市场。爱拼车创始人杨洋认为拼车业务是一个值得向全球推广的创业机会,在中国发展的条件已经具备,但是经过短暂的辉煌之后,爱拼车于 2015 年 3 月向客户推送了停止服务的通知。爱拼车的失败在于启动时机的判断失误。

客户需求得到满足的一些限制条件,包括技术条件限制、法律条件限制、传播渠道限制、客户行为习惯等。这些限制条件需要一些推动因素,推动因素可以有效地克服限制条件。比如技术的进步、法律条件的宽松、经济发展导致客户行为的改变。推动因素主要是技术的开放性,国内外的企业都开放了相关技术,创业者可以去学习相关技术。例如,在山上种橙子的果农收益很低,因为利润总是被批发商截留,那么在网上开店销售橙子就可以大幅提高收益,原因将原来的约束条件克服了,网络的发展是一个很直接的推动因素。

如果说现在一些需求得不到解决,它一定有非常强力的阻碍条件,创业者一定要想办法找到这个非常强烈的阻碍条件。只有明确了阻碍条件,并且找到可以有效地突破阻碍条件的途径方法,才是一个好的创业机会。

综上,只有找到最新的推动限制发生变化的因素,才是好的创业启动时期,否则就不是一个好的启动时期。

3. 可持续竞争性判断

创业者抓住了属于自己的创业机会,也在合适的时机启动了创业项目,仍然要进行第三个判断:面对强大的竞争对手,是否有可持续的竞争优势。实际上这个问题,就是如何构造一个屏障,来屏蔽竞争者的竞争。这个屏障使公司有先进入优势,有着更高的客户黏性,客户即使不认为是最好的公司,也会认为是最适合自己的公司,即使有竞争公司也开展这项服务,也不会轻易更换。这也是说,创业公司要有持续的竞争优势,也叫作"进入门槛"。

一般来说,要构建四个进入门槛:无形资产、成本优势、客户转换成本、网络效应。

无形资产主要是指公司的专利、技术、商标、品牌等。比如宝洁和可口可乐,其良好的产品品质得到了大众的信任和市场的认同,品牌是其最有价值的无形资产。

成本优势是企业有持续降低成本的空间。创业企业有能力在制造、运营、研发等环节以及人力资源、行政等方面去创造更低的成本。成本的持续降低空间可以保持企业的持续盈利。台积电和富士康,生产同样的手机或者生产同样的一些通信设备,它们具备了其他企业没有办法去达成的生产成本和制造成本,因为它有巨大的规模效应,通过规模效应来降低劳动力成本和制造成本,反过来成本优势又进一步促进其扩大生产规模,从而形成良性循环。成本优势就是可持续竞争优势。

客户转换成本是指客户离开时,需要承担经济、便利、时间、信息和情感等多方面的损失。用户人数越多,企业的产品和服务的价值越高,客户转换成本也相应增加。例如,腾讯和 Facebook,这两家公司为何会有很高的客户转换成本呢?因为每一个 QQ 用户都有很多 QQ 好友和 QQ 群。假设有另一个交友平台,如果一个 QQ 用户要换到新的交友平台上,那么其 QQ 上面的很多好友你就要放弃掉,或者转移到另一个平台,如果这个用户想和原 QQ 好友聊天,就产生很多不方便,这种不方便就是客户转移成本。这也是 QQ 增加客户黏性的主要方法。

网络效应是产品的服务价值随着网络用户的增加而提高。例如当在淘宝上买东西的人越来越多的时候,每件商品上面的点评大量增加,使得潜在买家可以获取更加客观的商品评价数据,同时可以更容易地找到足以信赖的店铺。这种客观评判的可获得性和寻找信赖店家的便捷性便是对客户的吸引力。与之相对应,对于淘宝上的店家而言,淘宝上的买家越多,卖家的潜在客户群越多。当然,这种网络平台是一种双边市场,一边量的增加能够增加对另一边的吸引力,以此形成良性循环并构建网络效应,这也是构筑可持续竞争优势的重要方法。

案例分享

【项目评估设计范例】

评估一　创业项目的 SWOT 分析

运用 SWOT 法,评估小琳的创业项目。

只要市场调查认真可靠,依据充分,经过科学分析和精心策划,创业者可以找到切入市场的具体办法,并且经营有望。

上海南浦大桥是公交枢纽地,交通便捷,附近有一条交叉路——薛家浜路。创业者小琳看到有一个商务楼的场地,月租费相对比较便宜。她租了下来,因比较熟悉餐饮行业,便想开一个快餐店,但是场地位置、市口不理想。这里虽傍南浦大桥,离黄浦江也仅一街之隔,但人们仅为乘换车而来,能驻足的机会不多,况且也不是商业区,商铺少,市面又不旺,老街的居民消费水平也不高,这是劣势之一。另外,如果快餐订户用餐临时有变化,已经制作的饭菜就得浪费,成本上不合算。这是劣势之二。她的优势是饭菜制作技术好,善于配菜,以及这个场地租金低,毕竟对餐饮业来说,场地费要占成本的很大一部分。

为进入市场,小琳进行了广泛的市场调查。她调查了200米半径范围内的餐饮同行和企业分布情况,发现餐饮小店不多,饭菜制作一般。但附近的商务楼却不少,如果锁定公司员工为目标客户,还是有市场潜力的。根据上海市南黄浦开发的规划和世博会的筹备情况,这里与南黄浦连成一片,环境会更好,企业会更多。小琳决心在此开始经营。

潜在客户有了,如何吸引顾客?如果同样以上海普遍的三素二荤十五元钱一客盒饭的标准模式,要挤进市场是很难的。一定要设计新产品吸引顾客,做到食物内容多样化。每份餐包括了五大类食物,即谷薯类,蔬菜类,肉蛋类,豆类,油脂类,数量充足,比例适当。供给的一份餐中有1~3种肉类,或鸡或鱼或牛或猪或海产品等,蔬菜占50%比例,其中有叶、根、茎、花、瓜、豆类、菌类、海藻等。主食以米饭为主,配以红豆、绿豆、玉米粒等杂粮,经常更换。每份餐有3~7种食物品种搭配,可称得上花样多、品种全、烹调美味可口。菜肴口味以本帮菜特色为主,清淡、鲜美,注重菜的原汁原味。配料精致、考究,以块、片、丁、丝、条不同形状组合协调,并采用烧、炒、煎、炝、炸、蒸多种烹调方法。出品后色、香、味、形俱全,十分诱人。同时,她拟在三素二荤基础上加一汤菜,质料要好,不能用清汤充数,且价格不变。这是设计之一。

食谱配方是在高级营养师的指导下配制的:在快餐的基础上突出了营养的特点,并且食物的配比合理平衡,所含营养全面,比例适当。每份餐热量900~1 100千卡,占全日总热量的40%。蛋白质35~40克,占总热能10%~15%;脂肪小于30%;碳水化合物占总热量的55%~60%,钙200毫克,铁7~8毫克,锌5~6毫克,视黄醇当量300毫克以上,维生素C 50毫克以上。除钙偏低外,其余营养素均满足一餐的需要量,也能满足人体需要的营养量。这是一般快餐公司没有的。这样产品便有了竞争力。这是设计之二。

虽然门面没有,但多了厨房面积。如何充分利用场地条件为顾客服务呢?她根据顾客的消费特点:商务楼里公司职员,长期在此用餐,希望营养有保证,口味要经常换,有的还有个人嗜好。所以小琳设计专门为公司员工开小灶,大众菜也根据时令变化,设计每周菜单,预告订餐。不仅充分利用了场地,还是新的利润增长点。这就是她的设计之三。

店铺率先使用环保盒,一次到位。总公司设置食品卫生检验中心,对出厂的食品每天进行检测。各分公司设有专职质检员,把关每道菜肴的制作流程,确保食品卫生安全。以上充分显示了营养快餐的五大特点:快捷、卫生、营养、美味、价廉。这就是她的设计之四。

设计之五是她做了相关数据测算,推算经济上、操作上是否可行。

推算客户数如下:

产销平衡时的管理成本为5 460元,毛利率是22%。

产销平衡时月营业额应达到:5 460元÷22%=24 818元。

每天营业额应是:24 818元÷24天/月=1 034元。

每天盒饭数应是：1 034 元÷5＝207 客。

如每单位 10～15 人订饭，则 207÷10(或 15)＝21(或 14)个单位。

因此，只要联系到 14～21 个单位即可。

根据以上推算，创业计划市场潜力很大，盈利空间不小。

上述案例属于生产型的项目，顾客可以直接感知产品，从而较快决定购买与否。但对于服务业来说，由于服务的无形性，顾客不可能在未购买时就能观察体会到。因此，服务业常常需要以建立服务信誉为先导。企业对客户的积累比较慢，必然会导致初期的投资效益低下，造成企业经营困难。如何来缩短这个过程，许多创业者会加大营销投入，这可是事倍功半的"赔本儿买卖"。如果能设法先积累客户量后开张，就更顺理成章了。

扫码看参考　　对上述案例进行 SWOT 分析，以小组为单位进行课堂讨论并分享。

★ 课后练习

1. 头脑风暴：创业机会评估的几种方法中，你认为哪种方法最好，说说你的理由？

2. 评估模拟：(1)以小组为单位，联系上节中你所寻找的创业机会，应用你认为比较好的创业机会评估方法，评估一下你的创业机会吧？

(2)选出小组中创业机会最大的那个，上台分享一下。

3. 时机评测：根据自己发现的商机罗列出以前主要的限制条件，找出来为什么以前这个事情你没有去做，或者说别人没有去做它的主要原因是什么？针对这些主要的限制条件，罗列出当前的变化，找到推动它变化的因素，仔细思考这些因素能不能有效地让限制条件发生改变？

4. 创业模拟：如果你现在准备成立一家公司，或者说你已经有一家公司，那这家公司未来要建立的屏障是什么？

5. 案例研讨：

小王看到报道，随着技术的发展，小型飞机的制造成本大幅下降，因此，市场上的小型飞机售价已经和汽车非常接近，便宜的二十几万就能买到。美国很多大楼楼顶都设置了飞机机坪。那么，中国是否会迎来家用飞机的春天？现在中国交通这么拥挤，家用飞机作为交通工具可以避免地面交通拥挤的问题。小王认为飞机驾驶培训是一个不错的创业机会。

5.4　商业模式的本质和要素

案例分享

苹果公司成功的秘密在哪里？这是每个人都想弄明白的问题。然而，上至乔布斯，下至苹果公司的普通一兵，都没有向外界提供一个明确的答案。有的或许是讳莫如深,无可奉告,而更多的人则是认为,苹果的成功天经地义。终于,苹果一个高管偶然接受采访的一句话泄露了天机:"苹果成功的秘密在于把最好的软件装在最好的硬件里。"最简单的语言往往直指人心,苹果如此诱人的秘密就在于其创造的商业模式。商业模式就是如何创造和传递客户价值和公司价值的系统。

商业模式创新比产品创新和服务创新更为重要,有时其功力丝毫不亚于伟大的技术发明。商业模式创新可以改变整个行业格局。沃尔玛、百思买、西南航空和亚马逊,都是商业模式创新造就成功的典型案例。从1998年到2007年,成功晋级《财富》500强的企业27家中有11家认为他们的成功关键在于商业模式的创新。

一个完整的商业模式由四个密切相关的要素构成:客户价值、赢利模式、关键资源和关键流程。其中,客户价值是指你能为客户带来什么不可替代的价值,赢利模式是指你如何从为客户创造价值的过程中获得利润,关键资源是指企业内部如何汇聚资源来为客户提供价值,关键流程则是指企业如何在内部以制度和文化确保客户价值的实现。客户价值主张和盈利模式分别明确了客户价值和公司价值,关键资源和关键流程则描述了如何实现客户价值和公司价值。

苹果公司称霸世界科技企业的原因,绝不仅仅在于它为评论者所称道的时尚设计,也不仅仅在于表面上的明星产品创新,更关键的是,苹果创造了一个属于新时代的卓越商业模式。正是商业模式的改变让苹果改变了过去传统电脑厂商的暮气,成为移动互联网时代的领航者。

客户价值创造最重要

苹果连出重拳,iPod+iTunes,iPhone+App Store,iPad,先后改变了传统音乐、手机和出版行业,建立了这三行业的新秩序,而苹果自己也因为掌握了硬件、软件和服务的产业关键环节,从而有成为一统江山的新世界轴心之势。

一个成功的商业模式,最根本的就是要提供新的客户价值。对于苹果而言,用户价值以前意味着苹果公司为他们提供超出同业的最新技术,而自从乔布斯归来,苹果开始重新审视客户价值,破除封闭的老思维,兼收并蓄,纵横捭阖,将先进的技术、合适的成本和出众的营销技巧相结合。

苹果的产品并没有什么特别前沿的技术,也往往不是业界第一个吃螃蟹的人,但是能够在合适的时机将合适的技术以最适合消费者体验的方式设计出来,从而取得成功。

例如,最早推出数字音乐播放器的公司并不是苹果,而是一家名为"钻石多媒体"的公司,他们早在1998年就推出了数字音乐播放器,比苹果公司早了整整3年。

赢利模式创新最关键

成功商业模式的第二步就是明确赢利模式。苹果公司主要有两个赢利路径:一是靠卖硬件产品来获得一次性的高额利润,这在目前为苹果提供了绝大部分的利润来源;二是靠卖音乐和应用程序来获得重复性购买的持续利润,以及获得运营平台的报酬。

这两个赢利方式还会互相加强,形成良性循环。由于优秀的设计,以及超过10万个的音乐和应用程序的支持,无论是 iPod、iPhone 还是 iPad,都要比同类竞争产品的利润高很多。同样,由于有卓越硬件和苹果高销量的支持,那些应用程序也更有价值,也就更能促进新程序和软件的开发,拉动更多更好的内容进入苹果的供应链。

更让微软、谷歌等新老对手恼火的是,过去一直小众和封闭的苹果如今不仅完成了大众化的转身,而且仍然自成一体,牢牢掌控核心资源和核心能力后,对内开放,对外封闭,很像是龙卷风。

苹果控制了这个产业中最核心的,也是利润率最高的设计、渠道和销售环节,而且苹果的硬件、操作软件和 iTunes、App Store 等渠道平台只适用于苹果帝国自身,对外界的厂商实行技术封闭。因此,苹果帝国的壮大也意味着苹果的赢利能力越强,从而在业内强者越强。

以 iTunes 为例,2005—2009 年,音乐下载服务的收入一直保持较高增长,即使在 iPod 销售量减缓的 2009 年,音乐下载服务的收入仍然增长 21%,收入总额升至40.36亿美元,在音乐类服务板块中的收入占比也从 2005 年的 16.4% 上升到 33.3%.

再看 App Store,截至 2010 年 6 月,App Store 已经为用户提供了超过 40 亿次的免费下载,付费软件的下载比例约 19%,平均价格为 1.49 美元。苹果从用户的每次下载中可以获得 29 美分的分成。从 2008 年上线以来,App Store 既为第三方软件开发商带来 10 多亿美元收入,也为苹果增收约 4.28 亿美元。

资源、流程最基础

苹果公司如何实现客户价值,获得赢利? 这就要靠关键资源和关键流程。

苹果公司的关键资源就是它拥有一个出类拔萃的 CEO 乔布斯,一个代表电脑产业历史和独立精神的高端品牌,还有一批业界领先、非常有创新能力和完美精神的产品设计和开发人员。

因为在硅谷和好莱坞的丰富创业经历,乔布斯成为游走于 IT 和电影产业之间的几乎独一无二的 CEO,一个集技术、艺术和战略才华三位一体的 CEO。如果电影和音乐界非要在 IT 界选一个代言人的话,那无疑就是乔布斯。只有乔布斯才能意识到内容需要网络,才能在网络需要内容的适当时机将信任自己的电影和音乐界绑到自己的船上来。

尽管苹果公司在 20 世纪 90 年代渐趋衰落,但是其品牌仍然在很多人心中光芒万丈,不可替代。还是以 iPod 为例,iPod 在设计上的唯美,加上完整的价格体系,覆盖高、中、低端的产品线,出色的销售方案,Apple 的品牌形象达到了空前高度。作为时尚新宠,iPod 吸引了各界的关注,在短短不到 6 年的时间,iPod 累计销售量已经接近1.1 亿台,更有超过 1 000 家公司皈依 iPod 门下。到第 6 代 iPod 亮相,iPod 已经稳固地成为全球化商业和群体性流行趋势的头号恒星。

苹果公司的人才资源也很重要。要知道能够适应乔布斯工作风格和严酷要求的研发人员不好找。他必须得忍受乔布斯的吹毛求疵,一遍遍地修改产品,甚至是彻底否定,必须得忍受乔布斯略显粗鲁的语言方式,必须得跟上乔布斯这个半艺术家的跳跃思维。乔布斯曾要求一位设计师在设计新的电脑时,外表不能看到一颗螺丝。

后来,设计出的模型里有一颗螺丝稍微露了出来,结果乔布斯立刻就把那位设计师开除了。乔布斯总是抓住核心人员,而苹果总是拥有或控制着他们所有的核心技术。一名刚进入苹果公司的设计师年薪在 20 万美元左右,比行业平均水平高 50%。十年的人才积累,使得苹果公司的精英们为消费者中的精英设计了傻瓜般的优秀产品。

苹果公司的关键流程包括苹果公司鼓励创新的公司制度、企业文化和研发管理工作,这些流程确保苹果公司的产品创新具有可复制性和扩展性,从而不断开发出类似于 iPhone 和 iPad 这样的产品,也确保苹果能够不断地开辟新的产业领域,并将自己的创新商业模式复制到这些领域。

(资料来自网络,编者再整理)

思考:苹果公司的商业模式是什么? 你怎么看苹果的成功是因为其商业模式的成功? 苹果的商业模式能够复制吗?

商业模式是创业企业成功的利器。一个好的商业模式等于成功了一半。那么,什么是商业模式? 它从何而来? 都有哪些类别?

> **创业者心语**:当今企业之间的竞争,不是产品之间的竞争,而是商业模式之间的竞争。
>
> ——管理大师 彼得·德鲁克

5.4.1　商业模式的概念

商业模式以实现客户价值最大化为指向,通过将企业内外各要素整合成一个系统,来促进业务系统的高效运行,满足客户需求、实现客户价值,形成持续盈利目标的整体解决方案。

商业模式简单明了地说就是企业是如何赚钱的。商业模式创新是企业寻求新的、和别人不一样的、相对难以复制的赚钱模式。

5.4.2　商业模式的来源

商业模式是一个涉及经济收入、营运流程和企业战略等不同管理内容的复杂系统。商业模式源于创业者的商业创意和对商业机会的市场探索验证过程的丰富、逻辑化。

创业者发现没有被满足的市场需求时,创业精神驱动其研究和分析市场机会,随着对客户需求的把握的清晰化,机会将逐渐演变成商业概念。创业者继续对需要的资源以及自己所拥有的资源进行评估,在此基础上,可以对如何满足市场需求或者如何创造性整合资源有更为清晰的想法,商业概念得到进一步提升,演变成商业逻辑;创业者开始创造性地进行商业设计,商业设计进一步复杂化,包括向市场提供什么产品或服务、向谁提供、如何更好地运用价值链和设计渠道将产品和服务推向目标客户群体。同时,商业概念进一步准确化,细分市场概念、运营概念,创意进一步差异化,由此推动了商业概念的成熟,最终演变为初步的商业模式,形成一个将市场需求与资源有机结合的系统。

5.4.3　商业模式的本质

商业模式的本质就是利益相关者的交易结构。创造价值是商业模式的核心逻辑,并表现为价值发现、价值匹配、价值创造三个递进层面。

1. 价值发现

机会识别是创业的起点,而明确价值创造的来源则进一步延伸了机会识别。企业最终盈利与否取决于它是否拥有顾客,而创新性产品和技术的可行性分析仅是手段。创业者在对创新产品和技术识别的基础上,进一步明确和细化顾客价值所在,确定价值命题,是商业模式核心逻辑的起点。

卡地纳是一家美国本土企业,是全球药品百强企业、全球性研发与销售的跨国集团。卡地纳一直专注于新产品的研发,在产品管控方面,卡地纳有独特的思路及想法,用于确保产品的质量。美国管理药品非常严格,一旦使用过期药品,就会遭到重罚。一个医院每年都会有很多过期的药,按照美国的法律绝对不允许直接排放至下水道。原来医院处理这些过期液态药的常用方法是从卡地纳公司购买一种比较厚的塑料袋,把过期药灌到塑料袋后密封,再埋入事先挖好的一个深坑里以防泄漏。所以,处理过期药品是医院每年很头痛的事。

卡地纳没有满足于仅向顾客售卖药品、药品附属品和药品管理服务,还致力于帮助医院客户解决处理过期药品这个问题。公司的研发人员经过研究以后,尝试用一种近似于污水处理的设施,专门针对医院液态药处理改造的液态药处理水泵,可将过期药倒入处理泵,将有害物质隔离后,得到达到国家排放标准的清洁水,再直接排放至地下管道。围绕客户需求,卡地纳公司开发了这种过期药处理系统,完成了它的"价值创新"。

卡地纳从 1980 年转型,1995 年的时候进入了世界财富 500 强,2000 年世界排名第150 名左右,2002 年进入世界前 50 名,美国排名第 17 位。这就是商业模式创新的力量。

2. 价值匹配

价值匹配就是资源整合的过程,创业者通过自身的资源来撬动合作伙伴的资源,找到和自己有共同利益点并且资源互补的合作伙伴,通过设计利益机制,来促进双方的合作,达到整合资源以及实现价值创造的目的。创业者在发现新的商业机会之后,新创企业总会面临资源不足的瓶颈。当今技术和产品日新月异,即使移动互联带来的"风口"也仅仅是 18 个月,如果依靠自己步步为营的方式来打造和构建需要的所有功能,创业者面临的是错失"风口"的成本和风险。因此,为了在机会窗口内取得先发优势,并最大限度地控制机会开发的风险,几乎所有的新企业都要与其他企业形成合作关系,整合价值网络资源,以使其商业模式有效运行。

江西赛维 LDK 太阳能高科技有限公司董事长兼 CEO 彭小峰白手起家,30 岁之前他已身家过亿。30 岁这一年,他发现了太阳能产业的巨大商机,凭借企业家特有的创新精神和资源整合能力,成为业界翘楚。首先,他搭建起一个阵容豪华的高层技术和财务团队,将佟兴雪、朱良保、邵永刚等一批当时各自行业里的顶尖人物先后挖来;其次,他通过多渠道融资,一步一步成就创业梦想。2004 年,新余市从财政总收入中借了一些钱给彭小峰的赛维。2006 年 7 月,NBP 亚洲投资等基金对赛维进行首轮 1 500 万美元的投资;9 月,NBP 又作为主要投资人,联合十几家私募基金进行了第二轮投资,金额达 4 800 万美元;12 月,NBP 再次作为主要投资商,联合鼎晖注资 2 250 万美元。正是通过有效的价值匹配,彭小峰迅速成为公司在美国纳斯达克公开上市的新能源富豪。

（资料来源：国际能源网 http：//www.in-en.com/article/html/energy-2243492.shtml）

3. 价值创造

制定竞争策略,享有创新价值,这是价值创造的目标,是新企业能够生存下来并获取竞争优势的关键,也是有效商业模式的核心逻辑之一。许多创业企业是新技术或新产品的开拓者,但不是创新利益的占有者。这种现象发生的根本原因在于这些企业忽视了对创新价值的获取。

价值获取的途径有两个:一是为新企业选择价值链中的核心角色;二是对自己的商业模式细节最大可能地保密。对第一方面来说,价值链中每项活动的增值空间是不同的,哪一个企业处在增值空间较大的环节,就能获取整个价值链的较大部分的价值,从而能够取得较高的收益。在第二方面,有效商业模式的模仿在一定程度上将会侵蚀企业已有的利润,因此创业企业越能保护自己的创意不泄露,越能较长时间地占有创新效益。

出生于 1980 年的美国小伙罗布·卡林,在 2005 年创办 Etsy 并发起众多纽约手工艺者在上面开设第一批网店。公司成立后一个月,他向当时颇具名气的 Flickr 的两位创始人巴特菲尔德夫妇发出邮件,请教网络技术问题。结果他们被 Etsy 的创意吸引了,遂投资逾 60 万美元。现在 Etsy 已经是全球最大的手工爱好者网站,几十万名设计师在这里聚集,手工制品销往世界 150 个国家和地区的超过 1 100 万名顾客。Etsy 给设计师以定价权并直接与全球客户对接(D2C)的电子商务模式风靡全球,并受到了风险投资者的青睐。Etsy 至今已经获得 5 轮风投资金,其中包括同时掌握 Facebook、沃尔玛、新闻集团、戴尔公司等股份的吉姆·布雷,他掷下 2 700 万美元入股了 Etsy。Etsy 在 2011 年前 10 个月的在线成交额近 4 亿美元(约 26 亿元人民币)。在 2008 年全球金融危机期间,Etsy 的交易额飙升 3.6 倍。2009 年和 2010 年均以 200% 的速度增长。Etsy 的员工已经超过 250 人。

（资料来源：https：//www.etsy.com/）

◆ **课堂小结**：价值发现、价值匹配和价值创造是有效商业模式的三个逻辑性原则,在其开发过程中,每一项思维过程都不能忽略。新企业只有认真遵循这些原则,才能真正开发出同时为顾客、企业以及合作伙伴创造经济价值的商业模式。商业模式就是如何创造和传递客户价值和公司价值的系统。

5.4.4 商业模式的要素

哈佛商学院的克莱顿·克里斯坦森教授的商业模式包括四个要素:客户价值主张、

盈利模式、关键资源和关键流程。

通俗一点来说就是以下四点：

第一，你能给客户创造什么价值？

第二，给客户创造价值之后你怎么赚钱？

第三，你有什么资源和能力同时能创造客户价值和公司盈利？

第四，你如何同时能创造客户价值和公司盈利？

商业模式本质是企业为客户创造价值、获取利润以支撑生存发展的核心商业逻辑。

★ **课后练习**

你知道哪些商业模式？在身边找一找，并以小组为单位，进行讨论。

扫码看分析

5.5　商业模式设计

思路决定出路，布局决定格局，商业模式决定企业成败。一个好的商业模式等于成功了一半，所以，创业者花在商业模式（图 5-1）上的时间再多也不为过。

图 5-1　商业模式构造图

亚历山大·奥斯特瓦德发明了商业模式画布，它说明了公司或产品面向哪些用户、提供什么、如何盈利等重要问题，给我们一个简洁直接的思路去思考企业的商业模式，堪称创业公司进行头脑风暴和可行性测试的一大利器。它可由一面大黑板或一面墙来呈现，按照一定的顺序将其分成九个方格。

商业模式画布包含两个部分、四个层面、九大构造单元。两个部分是指图中价值主张的左边是效率，右边是价值；四个层面指价值主张，顾客界面（包括客户细分、渠道通路、客户关系）、基础管理（包括关键活动，核心资源、重要伙伴）、财务（包括收入来源，成本结构）；九大构造单元指图中所标明的九个部分。图 5-2 为商业模式画布的展示。

商业模式画布将商业模式中的诸多商业概念演绎、标准化为九个关键版块，每个版块用一个方格来表示，如图 5-3 所示。

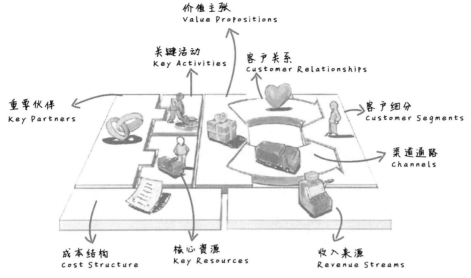

图 5 - 2 商业模式画布展示

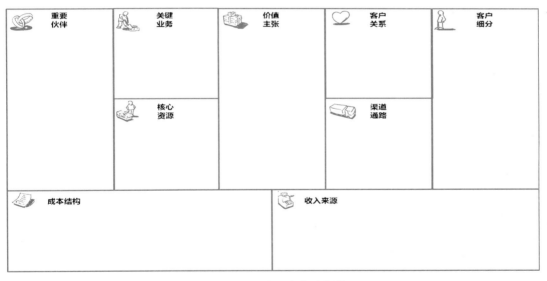

图 5 - 3 画布九大构造版块

从图 5-3 可以看出,整个画布可以划分为九个构造版块,分别是价值主张、客户关系、渠道通路、客户细分、重要伙伴、关键业务、核心资源、成本结构和收入来源。

整张画布的中心点是价值主张,以这个中心点来观察,可以把整张图划分为左右两个部分。右半部属于跟客户直接相关的事项,从目标客户、客户关系角度归纳出公司提供给客户的价值,渠道通路包括如何传递价值,并由这几项得出可以获得多少收益,即收入来源。左半部的关键字眼就是"关键"这两个字:关键业务即你要采取什么样的生产活动;重要伙伴即什么样的伙伴能够合作;核心资源即你掌握以及开发利用了哪些重要资源。

根据这些可以计算出运营的成本结构。当右半边的营收扣除左半边的成本,还有余下的获利时,就表示这个商业模式图是成立的。换句话说,这个价值主张才有商业效益,才可持续。

这九个商业模式构造块组成了构建商业模式便捷工具的基础,称为商业模式画布。这个工具类似于画家的画布预设了九个空格,你可以在上面填上构造块,来描绘现有公司运作的商业模式。这是一种可以讨论、产生创意和分析的实操工具。

1. 客户细分

客户细分用来描绘一个企业想要接触和服务的不同人群或组织。客户构成了商业模式的核心。创业的第一步是要决定服务对象或者目标客户。创业者首先要对自己的目标客户有清晰了解:是做什么行业的,习惯在什么时候消费,喜欢在哪里购买你的产品或服务,是独自购物还是结伴购物,是为自己买还是为他人购买。如果对此都不清楚就盲目地去创业,无异于盲人摸象。

没有(可获益的)客户,就没有企业可以长久存活的空间。为了更好地满足客户,创业者可以把客户细分成不同的群体,每个细分群体中的用户具有共同的需求、共同的行为和其他共同的属性。商业模式最终要锁定多大的客户细分群体,创业者必须作出合理决策。一旦确定了客户细分群体,创业者就要寻求对特定客户群体的深刻理解,并凭借对特定客户群体需求的深刻理解,仔细设计相应的商业模式。

2. 价值主张

价值主张处于商业模式画布的中心点,是企业生存的一个核心。创业者必须要不断地去尝试、调整、摸索、了解客户的需求,不仅要满足客户的现实需求,更要实时跟踪客户变化的需求,随时不断地提供满足消费者变动后的需求产品或服务。

价值主张通过迎合细分群体的独特组合来创造价值。价值可以是定量的(如价格、服务速度)或定性的(如设计、客户体验)。有些价值主张可能是创新的,并表现为一个全新的或破坏性的产品或服务,而另一些可能与产品或服务类似,只是增加了功能和特性。从量化方面来说,价值主张可以分三个层次:更好、更快、更便宜,这是价值主张的三个基本方向,是对价值主张的量化。量化价值主张有助于更加清楚扼要地说明产品或服务的益处,获得产品或服务改进的基本方向,而非深入技术细节。比如,出租超级跑车的服务,可能大多数人买不起跑车,但有一部分人希望过过开跑车的瘾。如果去购买一辆跑车来满足开跑车的瘾,就超过了购买能力,而出租跑车只需要付租赁费,从而以一个更低的价格满足了客户的需求,这就是更便宜。再比如说,苹果公司推出的 Apple Watch,是一个完全突破传统手表的东西,满足客户全新的需求,这就是更好的方向。再比如一些定制化的产品和服务,也是一种更好地满足客户需求的商业模式。

3. 渠道通路

渠道通路构造块用来描绘公司是如何沟通、接触其客户细分而传递其价值主张的,分销和销售这些渠道构成了公司相对客户的接口界面。渠道通路包括但不限于销售渠道,开连锁店、开专卖店等都属于渠道通路,它包括传递价值主张的整个接触点。它还可以让目标客户在认识和了解产品以后,形成购买的行为。否则,没有购买的行为,这个价值主张就没有办法传递给消费者。从这层意义上说,渠道通路在客户体验中扮演着重要角色。

创业者在进行商业模式设计时,要思考在哪里跟客户接触,还要考虑如何接触顾客,是派人解说,还是自行选购,还是自助服务;自己开店,还是通过销售网络批发给零售商。一个完善的渠道通路能够比较完整地将价值主张传递给目标客户。

渠道通路包含以下功能:提升公司产品和服务在客户中的认知;帮助客户评估公司价值主张;协助客户购买特定产品和服务;向客户传递价值主张;提供售后客户支持。

4. 客户关系

客户关系构造块用来描绘公司与特定客户细分群体建立的关系类型。企业应该清楚和每个客户细分群体建立的关系类型。客户关系范围可以从个人到自动化。客户关系有三个动机:客户获取、客户维系、提升销售额。例如,早期移动网络运营商的客户关系就由积极的客户获取策略所驱动,包括免费移动电话。当市场饱和后,运营商转而聚焦维护客户关系以及提升单客户的平均收入。

商业模式所要求的客户关系深刻地影响着全面的客户体验。目标客户、通路跟价值主张奠定了产品销售获利的基础,但是企业要持续经营,客户关系是关键要素。客户关系指跟客户维持紧密关系的距离、频率以及以什么方式来维护关系。客户关系既与可以负担的成本有关,也与目标客户有关系,如果目标客户是不怕麻烦、喜欢省钱的类型,就可以采取自助式服务以降低成本,以低价回馈消费者,如自助洗衣店,自助加油站。如果客户倾向贴心的服务,就有必要一对一或者是一对少数而不是一对多数地服务,就好像是精品饭店的私人订制。

5. 收入来源

收入来源构造块用来描绘公司从每个客户群体中获取的现金收入(需要从创收中扣除成本)。如果客户是商业模式的心脏,那么收入来源就是动脉。创业者必须问自己,什么样的价值能够让客户细分群体真正愿意买单付款。只有回答了这个问题,企业才能在各客户群、客户细分群体发掘一个或多个收入来源。每个收入来源的定价机制可能不同,例如固定标价、谈判议价、拍卖定价、市场定价、数量定价或收益管理定价。

一个商业模式可以包含两种不同类型的收入来源:① 通过客户一次性支付获得的交易收入;② 经常性收入来自客户为获得价值主张与售后服务而持续支付的费用。

6. 核心资源

核心资源用来描绘让商业模式有效运转所必需的最重要因素。每个商业模式都需要核心资源,这些资源使得企业组织能够创造和提供价值主张、接触市场、与客户细分群体建立关系并赚取收入。不同的商业模式所需要的核心资源也有所不同。微芯片制造商需要资本集约型的生产设施,而芯片设计商则需要更加关注人力资源。核心资源可以是实体资产、金融资产、知识资产或人力资源。核心资源既可以是自有的,也可以是公司租借的或从重要伙伴那里获得的。

7. 关键业务

关键业务构造块用来描绘为了确保其商业模式可行,企业必须做的最重要的事情。任何商业模式都需要多种关键业务活动,这些业务是企业得以成功运营并实施的最重要的动作。正如核心资源一样,关键业务也是创造和提供价值主张、接触市场、维系客户关系并获取收入的基础。而关键业务也会因商业模式的不同而有所区别。例如对微软等软件制造商而言,其关键业务包括软件开发;对于戴尔等电脑制造商来说,其关键业务包括供应链管理;对于麦肯锡咨询企业而言,其关键业务包含问题求解,要做的事情是帮客户解决问题。

8.重要伙伴

重要伙伴构造块用来描述让商业模式有效运作所需的供应商与合作伙伴的网络。企业会基于多种原因打造合作关系,合作关系正日益成为许多商业模式的基石。很多公司创建联盟来优化其商业模式、降低风险或获取商业模式的基石。

重要伙伴是和核心资源、关键业务相联系的概念。换而言之,重要伙伴就是可以提供支持,帮助执行所有的关键活动的合作伙伴。创业者在创业之初,不可能拥有全部能力和全部资源,寻求重要合作伙伴是一个弥补短板的有效方法。寻找重要的合作伙伴就是寻找那些可以给你提供资源、帮助执行关键点或者是能比你更高效率执行业务关键点的公司。

9.成本结构

成本结构构造块用来描绘运营一个商业模式所引发的所有成本。创建价值和提供价值、维系客户关系以及产生收入都需要成本。这些成本在确定关键资源、关键业务与重要合作后可以相对容易地计算出来。

一般说来,成本可以分为固定成本与变动成本。固定成本是指不论商品或服务的多少一定会出现的成本。比如房租或购房费用、机器设备投资,都属于固定成本的范畴。变动成本是随着生产的量而变动,包括材料费、员工的薪资等。

对创业者而言,在了解成本结构后,还必须思考的一个问题是,是采取降低成本还是提高产品或服务的价值?归根到底,是创业者对创业项目的进一步定位,是成本导向还是价值导向。比如西南航空、香草航空、台湾国航(音)等航空公司,就是典型靠低成本运作的商业模式,通常座位都很小,飞机都是停在比较外围,不提供托送,甚至没有餐点服务,这都属于成本导向的做法。再比如星级酒店,就是价值导向,焦点放在价值,创造一个高度个人化的服务,带给顾客最好的体验,甚至连香皂盒、毛巾都是品牌的。企业考虑的不是成本问题,而是全力来提高服务价值。

案例分享

奇虎360是第一家通过免费式商业模式提供杀毒产品的企业,并且非常成功,在网络安全产品市场形成了"鲶鱼效应",其他商家纷纷效仿,激活了原来固化的传统杀毒市场。360杀毒彻底改写了我国杀毒传统行业的固有格局,免费模式变成了网络安全市场的主流商业模式。

奇虎360的五次转型

根据奇虎360的发展简史,可以总结出其经历了5次转型,构筑其竞争优势,进而商业模式清晰化:

(1)捆绑第三方杀毒软件,内嵌软件专家——卡巴斯基和软件供应商都会支付佣金。

（2）内嵌网址导航的安全浏览器，凭借安全卫士庞大的用户群体，安全浏览器的装机量增长迅猛。

（3）发布 360 杀毒正式版和游戏浏览器，实现了完全免费的杀毒模式。

（4）发布了安全桌面及开发平台，可以将用户原先杂乱的电脑桌面进行自动分类整理，通过免费式商业模式增强了用户的黏性。

（5）借助移动互联网发展热潮，发布了 360 手机卫士、360 手机助手等，在移动端占领高地。

发展至今，奇虎 360 的产品生态圈已建立得相当完善，其产品构架是以 360 的网络安全产品为核心发布其他分类产品。在 PC 端，其产品主要涉及电脑安全、上网安全、系统工具、生活休闲及系统急救产品；在手机端，主要是手机安全、上网安全、系统工具、性能优化及生活休闲方面的产品。

利用商业模式画布对奇虎 360 商业模式进行分析，根据商业模式画布九大关键构造版块概念梳理归纳其内容，如图 5－4 所示。

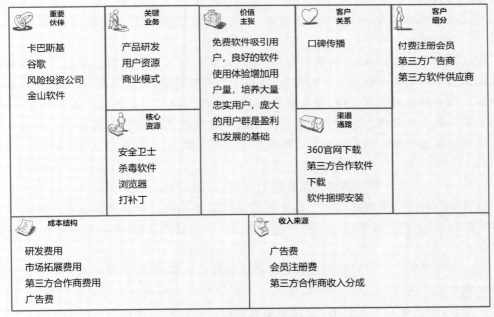

图 5－4　奇虎 360 商业模式画布

奇虎 360 的成功解析

奇虎 360 之所以取得成功，可以从以下几点进行分析：

（1）"免费＋增值"模式是互联网常见的一种商业模式，却从来没有人把这种模式用于杀毒软件行业。杀毒软件行业在 360 安全卫士出现之前看似很成熟，行业的几大巨头，如瑞星和金山，都是基于软件销售赚钱，只是在价格的高低上进行博弈，但行业的本质没变，商业模式没有创新。杀毒行业看似是一个饱和的、稳固的、让后来者很难进入的领域，几大巨头之间的竞争陷入僵局，无法拉开距离，后来的小公司几乎没有立足之地。2008 年 7 月,360 安全卫士正式发布杀毒软件,并且宣布永远免费,遭到了传统杀毒厂商的质疑。传统的商业模式认为:"如果完全免费,那么公司靠什么来生存?如果公司自己都无法生存,怎么保护用户的权益?"周鸿祎则认为,当 360 拥有庞大的忠诚用户群后,可以利用用户资源发掘很多新的商机。

（2）360 杀毒的产品性能指标高于国内收费杀毒软件。只依靠免费方式是不够的,更重要的是用户体验。根据国际权威评测,360 杀毒位于国产杀毒软件的第一位,且各项功能指标都远超国产其他收费的杀毒软件,在国际上也处于领先水平。国际品质加上永久免费的保证,使 360 迅速崛起并取得成功。

（3）跟紧潮流,多次转型。周鸿祎将其产品定位从单纯的杀毒演进为电脑的安全卫士,赢得了没有时间打理电脑的非专业用户的喜爱。然后,借助整个平台来拓展业务线,发布正式版杀毒软件,建立安全浏览器,跨入软件下载、手机安全等众多领域,同时为网络游戏公司、电子商务网站、软件及应用等合作者提供服务并获得收益。

◆ **课堂小结**：商业模式描述了企业如何创造价值、传递价值和获取价值的基本原理。商业模式画布提供了商业模式的四个视角：为谁提供、提供什么、如何提供、成本收益。

（1）为谁提供。

仅仅选择了一个行业、一群客户还不够,还需要对目标客户进行持续的分类和观察,对他们的细节和消费习惯都要了如指掌,才便于后面针对他们的"痛点"设计产品和服务。客户群体细分的方式有很多种,最有效的方式是按照兴趣和需求划分。服务的客户群体等于兴趣与能力的交集。这群客户才是一个创业最熟悉、最了解的目标客户。并且,要尽可能具体地描述出来。创业者对自己的客户细分越了解,越容易获得这些客户的认可。

（2）提供什么。

奇虎 360 的 CEO 周鸿祎说："商业模型的核心,永远是产品。"在设计产品和服务时,就应该直接以客户需求为导向。什么样的产品或服务才能最有效地解决客户的痛点,满足客户的需求,是创业者必须回答的问题。产品设计的是否得当,决定着一家创业公司的生死存亡。

卖点不等于需求。有时候创业者会将需求和卖点混淆,其实是两回事。更多时候,需求和兴趣导致购买,而卖点是一个企业区别于竞争对手的特点。企业必须以解决用户的需求为基础,用它来攻克目标客户;而不是先主打卖点。因为卖点可以吸引客户,却不能决定他们购买。

创业者在设计自己的产品时,必须在满足目标客户的需求的同时,还需要注重客户产品体验。否则,即使短时间获取了用户,也无法战胜竞争者的挑战。

（3）如何提供。

如何提供就是管理者的管理框架问题,具体包括价值配置、核心能力和合作伙伴网络。价值配置就是企业的运营流程;核心竞争力包括创新能力、突出的设计能力、高超的跨地域管理能力的竞争力;创业者在创业之初,不可能拥有全部能力和全部资源,寻求重要合作伙伴是一个弥补短板的有效方法。

（4）成本收益。

企业为客户创造的价值产生收入，而创造价值多需要基础设施、人员投入等成本，两者之差为企业带来净收入，也就是商业模式的最终目的。

★ 课后练习

1. 制作自己的商业模式画布

基于小组选择的创业项目，根据本模块的理论方法，设计一个符合逻辑的商业模式，简要总结并制作自己的商业模式画布，填写在图5-5中。

图5-5　制作自己项目的商业模式画布

2. 案例分析：解读亿佰购物的失败

亿佰购物是一家与银行合作运营的网上分期商城的电子商务企业，拥有丰富的一站式电子商务服务平台运营和承建能力，为品牌商提供精准的品牌定向推广解决方案。

亿佰购物年发行信用卡分期邮购目录3亿张，与超过1亿信用卡持卡人保持接触，600家供应商，产品涉及数码3C、生活品、化妆品、奢侈品等9类2 000多个品牌10 000多种商品。

亿佰通过与银行合作，用DM单（邮寄商品广告）、电话等形式开展商品的营销，利用银行丰富的信用卡用户数据从事产品分期付款销售。

2013年6月14日，亿佰购物突然召开内部员工大会，宣布破产。这家颇被业内看好的企业突然倒闭，让近20家银行掉入违约支付的维权漩涡之中，留下近3 000万元的负债。

对于亿佰购物经营失败的原因，通常会从一般管理的方面予以解读。比如，没有自己的品牌，产品是各个银行的网上商城买来的，客户不知道是亿佰商城提供具体产品和服务；不够专注，在银行外包业务之外上线了自己的独立商城，分散了其很大的精力；在京东和天猫推出类似服务、银行自建商城冲击之下，这个服务对于客户的价值急剧变小；用户体验做得很不好，随便在网上一搜就是大量迟到货、丢货、延迟、客服不反馈等问题，以及还有对大客户依赖、寄居在银行之下等其他原因。其实，亿佰购物失败的关键原因是商业模式不当，这是一个从创业一开始就存在的问题。

解读亿佰购物的商业模式

商业模式是企业商业资源的组合和交易结构，目标是保持和最大化企业价值。企业商业资源类型很多,一般是由企业的利益相关方提供的。

　　下面对亿佰购物的五个利益相关方提供的商业资源的组合做一个解读。

　　第一个利益相关方:亿佰购物及创始人。

　　起初,有银行打算为信用卡客户通过精准营销,用网络商城销售商品。限于技术与运营不熟悉,这个业务以与神州数码外包的形式展开合作。2007 年,神州数码成立仅仅一年的 PPT 事业部就实现了 7 亿元的销售收入。戈壁投资找到神州数码,想要投资并将该业务独立出来,但最终因为股权分割的问题,合作没能继续。这让事业部业务总监韩吉韬和他的伙伴们有了创业的想法,2007 年底,在获得戈壁投资 1 000 万美元的注资后,他们创办了亿佰购物。很快地与二十多家银行建立起业务合作关系。

　　随银行信用卡记账单的加寄 DM 单的推广手法是一种成本比较高的做法,因为每次推广的产品一般是不同的,每次获得客户订单都要通过 DM 单,造成客户开发成本居高不下。不同于传统电商,客户二次购买通过网络进行,就将营销成本降低了。加上DM 单对产品的展示力有限,只能体现价格和配置信息,展示形式太简单,反馈率不高。

　　第二个利益相关方:银行。

　　银行按照亿佰购物的客户选择数据模型在客户数据库中筛选客户,然后通过 DM 单介绍产品信息,并在 DM 单上注释上产品由亿佰购物提供。客户在银行的网上商城上下单购买商品,或按照 DM 单上提供的呼入电话订购商品。银行不将客户数据直接交给亿佰使用,并且,如果客户购买后,银行也不允许亿佰购物使用客户的信息进行二次营销,如果违反,会有严格的扣除保证金等处罚措施。因此,亿佰购物不能拥有客户数据,也不能直接使用这些客户数据。

　　银行为客户提供免手续费和分期付款免息的优惠支持,银行对销售商品的回款收取价格 3%～8%的费用,作为银行的收入。

　　对于客户的投诉,银行会以客户方意见为主,要求亿佰购物予以认真处理。亿佰在这个方面的售后处理成本不低。

　　第三个利益相关方:投资机构。

　　投资机构认可该业务的原因,很大程度上是看到了国内这个业务的空白,以及神州数码公司开始业务时的巨大收入规模。

　　投资机构了解这样的服务形式在国外是成功的,但没有很好地理解国外的商业环境与国内并不相同,银行的信用卡分期免息服务在欧美等地区的银行的客户服务内容,诸如提供酒店、订票服务等非常成熟,客户愿意为服务付费,买商品愿意付相对高的价格,不同于国内电商间以比价竞争手段为主的市场环境。

　　第四个利益相关方:供应商。

　　亿佰购物为了提高产品价格的竞争力,会找供应商争取特价供货,以此保证一定的销售毛利。亿佰更愿意采购不知名的品牌,如此可以定较高的价格,有更大的毛利空间,但是,这样的商品销售量往往又比较小,客户购买率较低,就形成恶性循环。

　　第五个利益相关方:消费者。

　　有分期付款需求的基本都是低端客户,又为了保证足够的毛利,产品价格必然高于传统电商的市场价格。为了竞争,亿佰购物比京东等电商的价格又不能高太多。这种客户群和价格的不匹配,让亿佰处在一个两难的境地。

思考:1. 分析亿佰购物商业模式失败的原因。

2. 什么样的商业模式才能盈利?

3. 为亿佰购物设计一种新的商业模式。

课下 3 - 2 - 1 行动

《大学生创新创业基础》——所学知识点内化和能力点强化

——每课 3 - 2 - 1 练习

3 项收获 从本课程中找出 3 个 对你最有启发的具体知识点	2 项计划 请从 3 项收获中找出 2 项你认为将来可以执行的内容	1 项行动 请从 2 项计划中找出 1 项 你最想执行的行动
1. 2.	1.	行动内容:(阐述请符合 5W2H 的原则)
3.	2.	截止时间:

请写出你(们)的行动学习心得体会(300 字以内),提交:

_____

_____

_____

_____

_____

_____

_____

_____

第6模块　创业资源与创业融资

> 创业者在新创企业需要的是控制资源,而非占有资源。创业成功不一定要拥有资源的所有权,关键是对资源的控制和利用。
>
> ——哈佛大学　霍华德·斯蒂芬森

◇ **学习目标与要求**

1. 了解创业资源的类型;
2. 学会获取创业资源;
3. 学会高效利用创业资源;
4. 掌握确定融资额度的方法;
5. 了解创业融资过程中的策略及技巧;
6. 学会规避创业融资的雷区。

◆ **课前导读:借力造天桥**

在天津生活的人都知道国际商城。国际商城毗邻的南京路是一条十分繁忙的主干道,道路对面就是滨江道繁华的商业街。在国际商城刚开业时,门口并没有过街天桥,行人穿越南京路很不方便也不安全。有人想到应该由政府修建一座天桥。但是一般人也就想想、发发牢骚罢了。有一位年轻人同样也产生了这个想法,他做了调研,了解到此处街道区政府没资金,便提出由他负责出资修建天桥,希望政府给批文,前提是允许他在天桥上立广告牌。政府不用花钱还做了民生工程,于是同意给批文。年轻人立马找到可口可乐、电信、移动等大公司,洽谈在这么繁华的天桥上立广告牌业务,也拿到了广告牌定金;年轻人再拿着批文和广告代理合同去银行贷款,用这笔钱找到建筑公司修建了天桥。行人方便了,政府的民生问题解决了,大公司的产品广告也做了,银行贷款也还了,年轻人还从这些大公司拿到了余款,他获得了创业的第一桶金。

(资料来源:作者自编案例)

6.1　创业资源及其分类

6.1.1　创业资源的内涵

1. 资源的定义

（1）《辞海》上关于"资源"的定义是：生产资料和生活资料的天然来源。

（2）经济学意义上的"资源"：以创造物质财富为目的而投入生产活动中的一切要素，包括人力资源、物力资源、信息资源、时间资源等。其中，人力资源是一切资源中最宝贵的资源，是第一资源。

2. 创业资源的内涵

资源基础理论是研究新创企业资源问题的重要依据之一。英国管理学家彭罗斯1959年出版的名著《企业成长理论》中提出：企业是由一系列具有不同用途的资源相联结的集合体。企业的竞争优势来源于企业拥有并控制的资源的价值性、稀缺性、难以模仿性、不可替代的异质性。

企业资源基础理论的主要代表人物巴尼指出：创业资源是指企业在创业的整个过程中先后投入和使用的资源总和，这些资源包括企业内部的和外部的、有形的和无形的。

综上所述，创业资源是指创业者在创业过程中所投入和运用的各种生产要素和支撑条件的总和，包括有形与无形的资产，诸如创业人才、创业资本、创业机会、创业技术和创业管理等。

6.1.2　创业资源的类型

创业资源存在于整个生产经营过程，是新创企业必不可少的基础。开始创业之时，创业者需要考虑自身或创业团队能否拥有足够的资源来充分挖掘创业机会，同时由于初创企业具有高成长性，因此要求更广泛的资源来保障。面对各种各样的资源，创业者需要进行充分的整合，以保障创业企业战略的执行。创业企业从种子期到成熟期，需经历"识别和获取所需创业资源—利用已整合好的资源撬动新资源—新的创业资源整合"的过程。创业企业维持正常的生产经营需要创业资源量的积累，而创业企业获得竞争优势则依赖于资源的整合。

1. 根据资源的性质分类

在国内外专家学者关于资源分类的基础上，根据资源的性质将创业资源分为八种类型，即人力资源、社会资源、信息资源、财务资源、物质资源、技术资源、组织资源和政策资源。

（1）人力资源。人力资源具体指创业者与创业团队的知识、训练、经验，也包含组织及其成员的专业智慧、判断力、视野、愿景，甚至是创业者本身的人际关系网络。创业者的价值观和信念是新创企业的基石，新创企业之间的竞争实际上是创业者个人之间的竞争。

（2）社会资源。社会资源又称人脉资源，创业企业拼的不仅仅是智力、体力、专业、勇气，更是人脉资源。社会资源可以是人力资源的一部分，或者说是特殊的人力资源。对新创企业而言，社会关系网络非常重要。因为社会资源能使创业者有机会接触到大量的外部资源，有助于通过网络关系降低潜在的风险，加强合作者之间的信任和声誉。扩展社会资源是创业者的重要使命。

（3）信息资源。信息资源包括依靠什么来进行决策，从哪里获得决策所需的信息，从哪里获得有关创业资源的信息；主要考虑新企业凭什么在市场上竞争，要为社会提供什么样的产品和服务。当下创业环境复杂多变，创业企业必须有准确、真实、便利的信息为其成长和发展保驾护航。尤其在创业的早期阶段，信息对创业者来说更为重要。对于计算机、通信和网络等高科技企业来说，良好的信息资源能为新企业提供快捷、便利、全面的技术信息、创新信息、市场信息等，使新企业在激烈的市场竞争中得到快速的发展。

（4）财务资源。财务资源是根本资源，包括资金、资产、股票等。对创业者来说。财务资源主要来自个人、家庭成员和朋友。财务资源对企业的重要性不言而喻，新企业的经营活动，从原材料采购、运输、组织生产加工到成品销售等各项活动能否顺利进行，取决于各个环节的资金保证。受新创企业高成长性的要求，创业者需要整合企业内外部资本以保障企业的发展。

（5）物质资源。物质资源是指创业和经营活动所需要的有形和无形资产，如厂房、土地、设备、技术专利。其中技术专利可以通过申请国家相关的法律保护形成企业的无形资产。物质资源有时也包括一些自然资源，如矿山、森林。

（6）技术资源。技术资源包括核心技术、制造流程、作业系统、专用生产设备等。技术资源与智慧等人力资源的区别在于，人力资源主要存在于个人身上，随着人员的流动会流失；技术资源一般附着在物质资源上，可以通过法律手段予以保护，形成企业的无形资产等资源。

（7）组织资源。组织资源具体指组织结构、作业流程、工作规范、质量系统。组织资源通常指组织内部的正式管理系统，包括信息沟通、决策系统以及组织内正式和非正式的计划活动等。一般来说，人力资源需要在组织资源的支持下才能更好地发挥作用，企业文化也需要在良好的组织环境中培养。

（8）政策资源。从我国的创业环境看，创业需要相应的政策扶持，只有在政策允许和鼓励的条件下，新创企业才能获得更多的国内外人才、贷款和投资、各种服务与优惠等。

2. 根据资源的存在形态分类

按照资源的存在形态分类，可分为有形资源（实体资源）、无形资源（虚拟资源）和人力资源。

（1）有形资源（实体资源）。有形资源是指可见的、能量化的资产，主要包括创业者的固定资产和金融资产。固定资产主要包括房屋、土地、机器设备、原材料、运输工具等资产；金融资产主要指创业者的存款、筹资和借贷。

（2）无形资产（虚拟资源）。无形资产是指能创造价值，但不具有独立实物形态的资源。无形资源可归为两类：技术资源和商誉资源，包括技巧、知识、信息、关系、文化、品牌、管理、声誉及能力等。有形资源与无形资源相比，有形资源具有边际效用递减规律，且会越用越少；无形资源不会越用越少，且边际效用递增。无形资源更具价值创造的潜力，无形资源往往是撬动有形资源的重要杠杆，可以给创业者带来无可比拟的竞争优势。

（3）人力资源。现在社会普遍认为人力资源是企业的第一资源，它体现出人在工作中的不可替代性。创业者及其创业团队的知识能力、经验以及个人社会关系网络都是企业人力资源的一部分。

6.1.3 创业资源的开发

1. 社会网络与资源获取

社会网络是指社会单位之间及人与人之间比较持久的、稳定的多种关系结合而成的网络关系，包括强度和密度两个维度。强度是指网络内部成员间联系的稳定程度，密度指的是网络内部成员间联系的密切程度。

社会网络作为一种重要的社会资本，同经济资本一样属于有用的创业资源，它对创业机会的开发和利用过程有积极的影响。个体之间的联系为个人提供了便于评估、采购和使用资源的网络，这对机会的开发十分重要。例如，朋友可以带来某些资源，包括传统的生产要素（资本），与天使投资人或风险投资家的关系，通过适当有效的网络发布关键的生产或营销信息。因此，如果能妥善利用社会资本，就可以在信息不完全、市场不完善的环境（如新生行业、产品、市场和技术）里获得资源。

新创企业通常面临较大的资源缺口，需要通过外部获取或内部积累的方式得到资源，最终要注意的是所取得的资源在数量和质量上是否满足需求。一般情况下，网络强度和网络密度都会影响新企业的资源获取。

2. 环境动态性与资源获取

环境动态性是指产业中变化的不可预测性和变化率，源于竞争者的进入和退出。消费者需求和技术条件的变化也会影响管理者对未来的预测。通常动态性环境会影响创业机会的产生，进而影响企业的建立。环境动态性越强，创业机会越多，就会有更多的创业者选择创业。创业者过去应对环境动荡的经验无疑会提高新企业应对外部环境的能力，能够分析环境的变化并抓住适宜的机会。同时，环境动态性越强，产生的创业机会越多，企业的资源需求越大，企业之间资源获取的竞争越激烈。

3. 信息获取与资源获取

识别资源的来源是新企业资源获取的前提，企业需要收集和掌握大量的资源所有者的信息，既包括显性信息，也包括隐性信息，即信息获取。信息来源主要有两个方面，一是获取隐性信息的来源，具体指的是创业者与资源所有者如家庭、亲戚朋友、各类企业和机构的直接接触，这一来源最直接地反映了创业者所处的运营环境；二是获取各类显性信息的来源，主要指的是书面信息、报纸、商业出版物上为创业者提供的竞争者的市场信息。其实，雇员的流动、非正式交流、企业的衍生、合作创新、专利或技术转让及专业杂志、专利出版物、报纸、电视等都是企业获取信息的重要途径。

社会网络对资源外部获取的影响通过显性信息和隐性信息的获取发生作用，搜集资源来源等信息是新企业的关键任务之一，企业掌握资源所有者的信息越多，通过网络获得资源的效率就越高。社会网络对资源内部积累的影响也通过显性信息和隐性信息的获取发挥作用,特别是隐性信息的获取。

6.1.4 创业资源的创造性利用

1. 利用商机是整合创业资源的最佳途径

创业者不是在拥有资源之后才去创业的,而是在没有资源的情况下获取资源来创业的,创业者的资源开发和整合能力决定了他的竞争力。中国人对此有句形象的比喻——"空手套白狼",这靠的其实就是一个人的资源整合能力。这也是创业者最重要的必备能力之一。

初创企业资源极其有限,要极尽所能,充分创造资源的最大使用价值,产生最佳效率和效益,要对有限资源进行创造性地使用、有策略地推进,使其被综合、集成与激活,能被企业充分利用。

案例分享

委内瑞拉有一位工程师名叫图拉德,他的梦想是有一天能成为一名石油大亨。但是图拉德只是一名典型的"三无"人员:无资金、无关系、无名气。但是,他最后居然取得了成功,成为当地著名的石油大王。

他是怎么做到的?

首先,图拉德了解到距离委内瑞拉不远处的牛肉大国——阿根廷牛肉丰收,但是石油制品比较紧张,于是,他来到阿根廷,同当地的一家贸易公司洽谈业务。

"我打算购买你们 2 000 万美元的牛肉。"这家公司见图拉德是一位大客户,当然非常欢迎,此时图拉德话锋一转说道:"我是有条件的,就是你们要买我的 2 000 万美元的丁烷(丁烷为石油当中的一种成分)。"图拉德知道阿根廷正缺石油资源,他这么说也是投其所好,所以对方很爽快地答应了图拉德的条件。

接下来,图拉德又带着他与阿根廷方面签订的进口牛肉贸易单来到西班牙,对西班牙一家油轮公司提出条件说:"我愿意订购贵厂一艘2000万美元的油轮,但前提是你们能够购买我2000万美元的阿根廷牛肉。"西班牙常年是牛肉的进口国,国内对牛肉的需求量很大,阿根廷的牛肉质量闻名全球,他们知道2000万美元的阿根廷牛肉一定不愁销路。而这家公司正为油轮滞销而发愁,所以他们也很爽快地答应了这个条件。

最后,图拉德又到中东的一家石油公司洽谈,他提出的条件是:"我愿意购买2000万美元的丁烷,但是你们的石油必须让我在西班牙建造的超级油轮运输。"

中东地区历来就是石油生产基地,当地的石油价格非常低廉,而运费却是最贵的。图拉德的这个附加条件其实还是帮了他们一把。所以,石油公司也满口答应下来,彼此又签订了一份意向书。

最终,在图拉德的精心设计和运筹帷幄下,阿根廷的外贸公司、西班牙的油轮公司、中东地区的石油公司在这一系列交易中获利,都得到了自己需要的产品,并且也出售了自己的产品,他们的产品都由图拉德在西班牙订购的那艘邮轮运输。而图拉德从这笔生意中赚取了六笔运输费,这六笔运输费刚好抵消这艘船的订购费用。三方生意完成后,图拉德拥有了这艘油轮,有了油轮,图拉德就可以做石油生意了。

(案例资料来自网络,经编者整理)

这个巧妙的故事其实蕴藏着一个道理,我们能够借用暂时不属于自己的资源为自己创造另外一项资源。试想,如果图拉德想靠自己手中的资源完成贸易,那么他必须要先攒够2000万美元,这对他来说,当然是非常困难的。由于图拉德懂得资源整合,借力用力,别人手中的资源都是他完成整合所需要的,但是他不一定要将别人的资源据为己有,他只需要灵活地运用别人的资源,为自己创造资源,而在做这笔生意之前,图拉德拥有的只不过是一点贸易信息资源而已。

世界上的巨大财富大多是建立在整合的基础之上的。事实证明,聪明的人能了解并巧妙地整合资源,而不是占有资源,因为资源一旦停止了整合,那么价值也会大打折扣,这其实就是一个"借船出海"的过程,借力使力,自己才能不费力,而这"借"字,正是整合资源的核心技巧。

● **重要观点**:没有不能整合的资源,只有未被合作的机会

在人们的认知当中通常有个误区,认为自己缺少什么,就代表着什么更珍贵一些。所以在整合资源中经常会出现的一个现象是:往往是那些缺少资源的人意识到自己需要资源整合,而整合资源概念中的"资源"要远远高于"整合"的地位。

不是说资源不重要,而是对当今社会而言,绝大多数资源处于一个绝对开放的状态之中,即便是拥有了专利等知识产权,市场上也会出现竞品以及替代品,这就意味着我们不应当太过看重资源所属权以及对资源的掌控。用最通俗的话来解释:那些所谓能够被掌控的资源都是逐利的,即便你可以暂时地使用这些资源,它们最终也将逐利而去,至少,这些资源不会满足于为你所独享。

另一方面,我们所说的整合资源,也不都是去整合我们已经掌控或者是能够掌控的资源,相对于我们需要整合的资源来说,我们能够掌控的资源一定是少数的。并且,在我们无法完成资源独占的同时,我们的竞争者或者市场其他的资源整合方对资源也不是独占的,我们必须有能力整合到更多的资源,才能保证我们所做的事情可以更顺利地推进下去。

如何保证我们有足够的能力整合到更多的并不为我们所掌控的资源呢? 资源整合能力起到决定性作用的三点保证如下:

第一,联合主体的获利保证。我们说资源整合而不是资源买卖,理由就是资源整合是一种"1+1＞2"的正和游戏,在一个正确、完整的资源整合案例之中,每一个被整合的资源都应当获得效率最高的利益回报。因此,当我们谈及自身的资源整合能力时,最关键的一点就是要能够保证每一个整合来的资源都因为它们自身的价值获利。记得不是买卖,而是资源整合后的共同体联合获利,而且回报都要大于他们自身付出的回报期望值。

第二,保证联合主体的开放性。既然我们要整合资源,我们的项目或者平台必须是愿意接纳各种资源的。在这样的前提下,我们才能够保证资源进来不会受到任何不必要的阻力。同时,保证足够的开放性还可以提升资源被整合的"主动性",会有资源主动要求加入平台项目中来。

第三,保证接触资源的能力。整合资源并不需要绝对掌控资源,但是我们必须保证我们的项目、平台可以让资源方知道。无论是通过媒体、口碑等何种方式,只有让更多的资源方知道,我们的机会才会更多。如果考虑一个绝对大的数字的话,当我们的告知可以达到足够数量的资源方时,那么我们甚至有可能拥有绝对的主动权,可以在同类型资源之间进行比较、筛选,找到不但可以完成资源整合,同时可以保证自己的利益最大化。

2. 步步为营地利用资源

这种方式在所拥有的资源不足的情况下,创业者会分多个批次投入资源,并且每次都投入最少的资源。步步为营活动包括:

第一,当创业资本受限时,创业者要寻找实现企业理想的目的和目标的途径;

第二,最大限度地降低对外部融资的需要(债务和股权);

第三,最大限度地发挥创业者投在企业内部资金的作用;

第四,实现现金流的最佳使用方法。

通过有效的步步为营,尽快达到收支平衡的好处包括:减少外部资金的投入;缩短创业者获得第一桶金的时间;为创业者和公司赢得更多可利用的现金流,以及由此所带来的更高的公司估价。

对多数新企业来说,通过步步为营,创业者能在资源有限的情况下创造性地找到建立和发展企业的方法。其建立和发展创业企业的基本逻辑如图 6-1 所示。

在资金资源受限的情况下,创业者经常运用多种工具和技术,放大其有限、可用资金的作用和效果去获得成功,这些统称为步步为营的策略。

步步为营的策略首先表现为节俭,设法降低资源的使用量,降低管理成本。创业者在

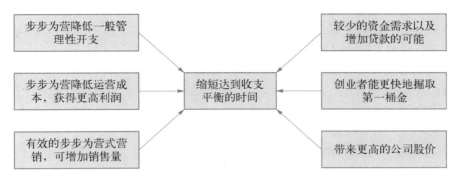

图 6-1 步步为营与收支平衡

实施步步为营策略时所采取的措施多种多样。为了降低运营成本,创业者可以采取外包的策略,让其他人承担运营和库存的开支,减少固定成本投资,防止沉没成本过高,降低自身的灵活性,利用外包伙伴已形成的规模效益和剩余能力为自己降低成本,有时甚至可以利用外国的低成本优势。

为了降低管理费用,创业者可以去孵化器或创业服务中心享受那里提供的廉价办公场所,和其他创业者共享传真和复印设备,同时结交更多的创业者。创业者们可以雇用临时工甚至租借员工,使用实习生。创业者可以通过有效地使用电子通信设备来虚拟办公。绝大多数网络企业是在家办公的。当有业务必须面谈时,公共场所如咖啡店提供了与合伙人、雇员、顾客当面商谈沟通的场地。但有些企业,如零售商和生产运营商,是不能够简单地在卧室、地下室或车库中办公的,他们需要实际的场地来开展业务。不过,这些企业仍然有许多方法通过降低成本或优化现金流支出来降低空间成本。

◆ **课堂小结**:创业机会稍纵即逝,创业者必须在机会出现的时候迅速采取行动、开发所拥有的资源,创造性地利用现有的资源,以最大程度来弥补资源缺口,抓住创业机会。其实,创业者在创业初期并非一无所有,只是忽视了对自己所拥有资源的创造性使用。

资源整合是一种"通过连接而被动掌控世界的方法",这同掌控甚至是垄断某个资源有很大的差别。我们可以接受自己的资源被其他人共享的先决条件必须是我们也可以分享他人的资源,而这并不是资源间的置换,而是由我们的资源整合能力决定的。整合资源的境界并不在于你对资源的掌控,而在于你的资源整合能力。

★ **课后练习**

体验活动一　创业资源自我分析评估

创业资源包括的范围极其广泛,如:创业者拥有的有形资产、无形资产、性别、年龄、民族、长相、体力、智力、经验、经历、技能、知识、社会关系,还包括对这些有形和无形资源的整合。创业者可以从以下方面对创业资源重新认识、分析和整合。

1. 我的有形资产资源是:现金、房屋、设备、材料、运输工具

其他:

我的有形资产的优势是：

我的有形资产的劣势是：

针对创业我拟采取的对策是：

2. 我的无形资产资源是：特殊技能、经营权、秘方、口碑、声誉

其他：

我的无形资产的优势是：

我的无形资产的劣势是：

针对创业我拟采取的对策是：

3. 我的社会关系资源是：亲属、朋友、同学

其他：

我的社会关系的优势是：

我的社会关系的劣势是：

针对创业我拟采取的对策是：

4. 我的人际交往资源是：人缘、交际能力

其他：

我的人际交往的优势是：

我的人际交往的劣势是：

针对创业我拟采取的对策是：

5. 我的体力资源是：力量、速度、耐力、灵活

其他：

我的体力资源优势是：

我的体力资源劣势是：

针对创业我拟采取的对策是：

6. 我的脑力资源是：算术、语言、悟性、记忆

其他：

我的脑力资源优势是：

我的脑力资源劣势是：

针对创业我拟采取的对策是：

7. 我的技术资源是：经营管理、销售、烹饪、修车、养鱼、品茶

其他：

我的技术资源优势是：

我的技术资源劣势是：

针对创业我拟采取的对策是：

8. 我的知识资源是：学历、阅历、社会知识

其他：

我的知识资源优势是：

我的知识资源劣势是：

针对创业我拟采取的对策是：

9. 我的学习资源是(能学什么)：手艺、语言

其他：

我的学习资源优势是：

我的学习资源劣势是：

针对创业我拟采取的对策是：

10. 我的兴趣资源是：花卉、汽车

其他：

我的兴趣资源优势是：

我的兴趣资源劣势是：

针对创业我拟采取的对策是：

11. 我的经历资源是：读书、务农、做工、参军

其他：

我的经历资源优势是：

我的经历资源劣势是：

针对创业我拟采取的对策是：

12. 我的经验资源是：销售经验、经商经验、管理经验

其他：

我的经验资源优势是：

我的经验资源劣势是：

针对创业我拟采取的对策是：

13. 我的民族资源是：少数民族、特殊风俗

其他：

我的民族资源优势是：

我的民族资源劣势是：

针对创业我拟采取的对策是：

14. 我的其他资源是：

我的优势是：

我的劣势是：

15. 按重要性排序,我的优势资源是：

1   2   3

4   5   6

按重要性排序,我的劣势资源是：

1   2   3

4   5   6

16. 扬长避短,整合自己的创业资源,并转化为创业核心竞争力的战略：

体验活动二　资源的选择与整合

如果你要成立一家培训公司,现有以下 12 种资源可供选择(表 6-1),请选出四种并排序,说出你选择的理由。

表 6 - 1 资源选择排序表

资 源 名 称	排 序 序 号
投资 50 万,需占 50％股份	
资深运营总监	
与教育主管部门合作的机会	
获得一套完善的网络培训平台	
与知名师范大学合作的机会	
较偏远、租金低、面积大的场地	
获得一套专业的培训课程	
资深培训专家	
银行有息(7％)贷款 10 万	
资深培训顾问	
与某知名培训集团合作的机会	
市中心租金高面积小的场地	

体验活动三 创业资源整合计划

根据团队的创业项目,寻找并整合创业资源,团队讨论,共同完成表 6 - 2。

首先列出需要具备的所有创业资源,其中哪些是必需的,在第二列相应位置写明原因;再分析哪些资源已经拥有,在第三列相应位置写明获取途径;仍未具备的资源有哪些,在第四列相应位置写明计划获取该资源的办法;最后总结上述内容,设计整合资源的策略,完成创业资源整合计划。

表 6 - 2 创业资源整合计划

团 队		项 目	
需要具备的 创业资源	必需资源 及必需原因	已有资源 及获取途径	待寻资源 及获取计划

团　　队		项　　目	

6.2　创　业　融　资

案例分享

　　2014 年 6 月,高端时尚电商走秀网因发展速度没有令投资人满意,第三轮融资失败,可能面临战略收缩。

　　走秀网成立于 2008 年,2011 年获得 2 000 万美元投资;8 月再获 1 亿美元投资。但一切准备就绪的走秀网却没有迎来快速发展,反而被不断涌现的后来者紧逼:先是唯品会顺利上市,后是京东商城和当当网等大平台抢入高端品牌市场。高层定位摇摆不定,既不想舍弃为高端人士提供大品牌服务的初衷,又想转型为大众时尚网站。现实是,中国网购奢侈品市场热潮还未到来,投资者不想过于乐观地预估市场增量。在 2011 年引进了多位副总裁级别的亚马逊高管,但走秀网的订单量仍一度下降了一半,造成了上亿的库存。过于依靠团购渠道,毛利非常低,现在唯品会能做到 30 个点的毛利,但走秀却只有 20 个点的毛利,造血能力太差。销售额甚至只是唯品会的十分之一。前两轮融资数量太大,在电商环境遇冷的状况下,令后面投资者不敢接盘。

　　思考:初创企业很难获得资金,你知道这是为什么吗?

扫码看参考

　　初入职场的年轻人和应届毕业生想要创业,最常见的问题是:没有资金怎么创业? 创业资金来源可以通过哪些渠道获得? 解决上述问题需要了解创业融资知识及策略。

6.2.1　创业融资的概念及分类

1. 创业融资的概念

　　创业融资指的是创业企业采用一定的融资渠道筹集资金的行为与过程。创业融资不是一次就全部融资到位,而是包含创业者在整个创业过程中所有的融资活动。创业企业融资的目的视创业企业所在的发展阶段而定,不同阶段的融资目的不相同,但大多数创业融资都有一个共同点——为公司的发展提供资金支持,保证公司能够正常地运营。

2．创业融资的分类

创业融资的分类多种多样：① 按所融资金的用途可分为固定资产融资和流动资产融资；② 按融资对象不同，可分为自我融资、向亲朋好友融资、向政府融资、向银行或保险公司及有关金融机构融资等；③ 按资金来源不同，可分为企业内部资金特定的个人资金和非特定的个人资金、国内资金和国外资金；④ 按融资的期限不同，可分为长期资金融资、中期资金融资和短期资金融资，一般占用 5～10 年以上的资金为长期资金，主要用于企业固定资产的购建；占用 1～5 年的资金为中期资金；短期资金指占用 1 年以下的资金；⑤ 按照资金来源的性质不同，可分为债券融资和权益融资，债券融资资金包括商业银行贷款、信用担保体系融资、发行债券融资等，权益融资包括创业投资基金、首次公开募股（IPO）、天使投资等。

6.2.2　创业融资的特征

创业企业与一般企业相比，存在不成熟性、不稳定性和发展的不确定性等特征，而且外部环境和内部条件决定了创业企业的风险要远大于一般企业，无论是选择权益融资还是债务融资，信用的缺失与规模地位的弱小，都会导致创业企业在融资市场的资本与信贷的"双缺口"。尤其是处于吸引力不强的行业或刚刚起步的新创企业，寻找外部资金支持的确比较困难。首先，创业企业缺少可以抵押的资产，银行不愿意冒更多风险贷款给创业企业。其次，创业企业缺乏可参考的经营数据信息，创业企业所能提供的不过是一份商业计划书，未来的经营情况具有更大的不确定性。最后，创业企业的融资规模相对较小，创业企业的融资成本平均为大型企业的 5 倍，银行更愿意向大型企业而不是创业企业贷款，这提高了创业企业融资的难度。

由于企业成长的周期性，创业企业的发展同样具有阶段性，因此，创业融资就带有鲜明的阶段性特点。创业者需要了解创业企业不同阶段的特点，然后根据企业所处发展阶段的特点来确定所需融资金额并选择融资方式，做到融资阶段、融资金额与融资方式的合理匹配，化解融资难题。

创业企业的发展分为种子期、初创期、成长期、成熟期四个阶段。在不同的阶段，资金的需求和风险程度有所不同。为了完善创业企业的融资体系，需要根据创业企业的不同发展阶段，发展多种融资形式。

在种子期，创业企业尚处于酝酿阶段，需要投入资金进行研究开发及市场测试，以验证创业项目的可行性。在这一阶段，资金的需求量不大，但是由于企业还没有营业收入，资金来源有限，面临技术、市场、财务以及创业团队的风险。创业企业种子期融资资金主要流向企业的开办、可行性研究、部分技术研发等方面。

在初创期，创业企业的产品研发和生产需要资金，由于技术、市场等不确定性较高，融资的风险很大、成功率较低，但如若成功，则获利最高，呈现出"高风险、高收益"的特征。一般创业企业在该阶段没有产品，企业正处于组建中，导致投资风险太高，风险投资家对该阶段的投资都非常谨慎，因此，该阶段所融资金应是非营利性的。初创期生存是创业企业的唯一目的，而生存的关键因素是创业者的意志和融资能力。

进入成长期后，创业企业的生产规模逐渐扩大，需要投入更多的资金，但企业的可确定性程度逐渐有所上升,风险也逐渐减少。在这一阶段,创业企业发展面临的最大问题就是如何留住顾客,争取到更多的资金,发展的关键因素仍是资金和企业家的领导才能。

进入成熟期,创业企业运营业绩较稳定,风险也降到最小,此时,资金需求稳定,融资较容易。

6.2.3 创业融资财务战略框架

制订与实施创业计划要求提前制定创业融资策略。融资策略涉及新创企业财务管理与企业战略两方面。杰弗里·蒂蒙斯对编制财务战略和融资策略,给出了一个参考流程,其基本逻辑关系为:创业商机决定了企业战略的制定,企业战略具体涉及财务需求、财务战略、融资资源和交易结构,见图6-2财务战略框架。该流程既为创业企业制定财务战略、确定融资需求奠定基础,同时也为企业融资方式的选择、融资策略的制定提供了有益的指导。

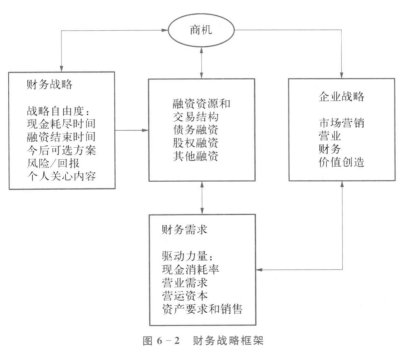

图6-2 财务战略框架

(资料来源:杰弗里·蒂蒙斯《创业学》)

1. 创业企业启动资金的测算

企业财务需求的确定是在企业战略和财务战略的基础上的。鉴于不同行业的不同企业现况不同,下面是大概的测算思路以作参考。

(1) 预编财务报表。

(2) 预编现金流表。

(3) 盈亏平衡分析。

(4) 预测资本需求量。

　　针对一般性企业,为保证企业在启动阶段业务运转顺利,在业务经营达到收支平衡前,创业者需要准备足够的资金以备支付各种费用,此类费用称启动资金。业内经验表明,新企业启动阶段应备足 6 个月以上的各种预期费用,创业者应对所有可能发生的意外情况有所准备,以解公司运营之初收入为零的窘境。

　　启动资金通常包含固定资产、流动资产和开办费三大类型(表 6 - 3)。

表 6 - 3　创业企业启动资金表

启动资金	包 含 内 容	明 　 细
固定资产	企业用地和建筑	
	设备	机器、工具、车辆、办公家具等
流动资产	购买并储存原材料和成品	购买原材料和商品存货
	促销	广告、有奖销售、上门推销、活动表演等
	工资	自己家庭的生活费用、员工的工资
	租金	办公场所、仓库等租赁费用
	保险费用和其他费用	保险费、水电费、交通费、办公用品费
开办费	办公费、验资费、装潢费、注册费、培训费、技术转让费(买专利)、营业执照费、加盟费等	

　　2. 确定创业融资额度

　　(1)设置公司不同发展阶段的里程碑。里程碑是指在公司发展过程中具有标志性的事件,具体表现在市场的占有率、客户的数目、营销的额度等方面。根据每个阶段具体的里程碑来确定所需的时间和费用。把里程碑下的市场营销成本、资金运营成本、团队建设成本等所有因素叠加之后,基本就确定了所需的融资额度。最后,还要把预估企业所需创业资金总额乘以一个系数作为不确定费用,这个不确定费用是为了应对意料之外的支出。这里建议乘以 1.5 倍左右的保险系数。

　　(2)项目本身的费用。项目本身的费用是指付给所选定项目的直接费用。如场地费、广告宣传费用、购买某种机器设备的费用、某一个项目的加盟费用,如果还需要进行项目考察,则需要算上差旅费用。

　　(3)经营设备、工具等的购置费用。经营设备、工具等的购置费用主要是指购买经营过程中所需要的辅助设备和工具。例如想开餐馆,就需要添置冰柜、锅、燃气等辅助工具。

　　(4)经营周转所需要的资金。运行一个项目,首先要估计该项目第一阶段花费的资金总额,如员工工资、房租、场地费、水电费、材料费、维修费。通常一个项目运行的市场培育期为三个月,在市场培育期内盈利很少甚至没有盈利,所以,创业者至少要预备能支付三四个月的经营周转资金。

6.2.4　创业融资的渠道与技巧

　　新创企业遵循正确的融资理念,按照缜密的操作流程实现融资行为,但更为重要的是选择正确的融资渠道。融资渠道是指创业者筹集资金的来源,体现资本的来源和流向。融资渠道的差异性决定了融资活动具备不同的特征和关注点。

21世纪,新创企业融资渠道有众多的资本来源,融资者面临资金提供者众多、数量分布广泛的机遇。了解融资渠道的类型、特点以及适用性,有利于创业者充分开发和利用融资渠道,是实现资金合理组合,有效筹集资金的基础。所以,必须客观了解下述几种常见融资渠道的概念特征、操作方式及注意事项。

创业者获取融资的来源主要有:自我融资、亲朋好友融资、天使投资、众筹、政府融资、风险投资、商业银行贷款、担保机构融资、创业政策扶持基金等。

企业由于不同的发展战略和发展阶段,可根据实际情况,选择不同的融资渠道和策略。

1. 私人融资

创业企业具有融资劣势,较难通过传统的融资方式(如银行借款、发行证券)获得资金。所以,私人融资无可争议地成为创业企业融资的主要组成部分。世界银行一项对私营企业的调查指出,我国私营中小企业在初始创业阶段所需的资金完全是创业者和创业团队个人及家庭投入的,而银行、其他金融机构贷款所占的比重很小。私人融资大体包括以下几种:

(1)自我融资。存款是创业者自有资本融资的主要来源,民间俗称"创业者的存粮"。数据表明,70%的创业者新创企业的资金来源都是个人存款,例如,阿里巴巴的启动资金以马云自身的存款为主,蒙牛的创业资金也是创始人变卖股票所得的。

通常,自有资金能向企业灌输节俭意识和财务纪律。衡量新建创业型企业融资计划质量的一个很有用的价值指标是,主要创业者的个人资金投入占创业型企业资金需求的实际比例。自我融资的新企业能够自我满足第一轮投资(种子期)的资金需求。当企业开始成长时,企业就需要来自专业投资者的投资。自我融资的优缺点见表6-4。

表 6-4   自我融资的优缺点

优　　　点	缺　　　点
对企业估值的压力小	不能满足增长阶段的资金需求
所有权条款很容易制定	没有未来资金保障
创始人掌握控制权	不能得到专业投资者的建议
几乎不花费寻找投资人的时间	

任何创业者在决定创业之初都应该意识到创业是有风险的。当开始实干时,必须放弃现有的待遇,将自身所有的时间、智慧及精力都投入新创企业中。在创业初期投入尽可能多的资金,可以获得更多的股份。创业成功后,将获得较大的创业回报。这样,个人才能和资产在创业活动中共同创造较大的价值。另一方面,自我融资是一种有效的承诺。如果在投身创业的过程中投入自己的资金,这本身就是一种信号,它告诉其他投资者,创业者对自己认定的商业机会十分有信心,对自己的新创企业充满信心,是全心全意、踏踏实实地干事业的。创业者会谨慎地使用新企业的每一分钱,因为那是自己的钱。这种信

号会给其他资金所有者投资新企业一种积极的暗示,适度缓解信息不对称的负面作用,增加投资者对新创企业投资的可能性。

自我融资的策略及注意事项:对创业者而言,自我筹资虽然是新企业融资的一种途径,但它不是根本性的解决方案。在自我融资的时候要注意和家人进行充分沟通。首先,向家人阐述清楚创业的风险;其次,向家人完整准确地介绍创业过程中的步骤、每个步骤预期实现的目标;最后,要和家人沟通好自己基于创业风险和前景所作的保障。在与家人沟通的时候,要选择恰当的时间与地点,最好是选择在一个比较正式的场合把自己的计划清清楚楚地告诉家人。

(2)向亲戚朋友融资。亲朋好友这些潜在"天使投资人",是创业者最可靠的靠山,也是常见的启动资金的源泉,俗称"创业者的人情美味"。相对于天使投资,亲友融资是最简单便捷的资金来源,同时也是融资成本最低、最安全的有效融资渠道,但是,激情、沟通、信任、共同分享利润是其最愿意从创业者身上看到的特点,拥有这些特点,将极大地增加融资的成功概率。

向亲戚朋友融资的策略及注意事项:在挑选身边的亲戚朋友作为融资对象时,需要考虑风险承受能力、投资价值观及关系。风险承受能力主要看融资对象钱的用途,以此来判断融资成功的可能性。需要考虑融资对象的投资价值观,是否赞同创业活动。在关系方面,不仅仅局限于自己的亲戚、朋友和同学,可以扩展人脉圈去找到合适的融资对象。

在和朋友融资沟通时需要把握以下要点:① 需要明确创业的自有资产;② 要向朋友详细、层次分明地阐明创业计划,使对方明白创业的核心资源和自己创业的决心和毅力。

(3)天使投资。天使投资是自由投资者或非正式机构对有发展的创业项目或小型初创企业进行的一次性前期投资,是一种非组织化的创业投资形式。有人戏称天使投资为创业者的"婴儿奶粉",强调了天使投资对尚处在襁褓中的新创企业的呵护和促进发展的作用。

天使投资人对于他们所投资的企业来说,既是投资者,又是顾问、指导者。天使投资人除了为新创企业提供资金支持以外,他们还帮助新企业建立和改造商业模式,协助其识别顶尖关键人才、消费者和供应商,并帮助其制定、完善和实施运营政策和流程,在市场中检验他们的想法,帮助企业吸引额外的投资。但是,天使投资人也是较为苛刻的投资者,他们喜欢投资离自己相对较近的公司,便于监管;投资一般仅限于处在初期发展阶段的公司,投资之前,会对融资方做较为详尽的审查,这是为其在高风险前提下获得高收益的商业投资行为的保证。同时,他们投资的大多数创业型企业都是由商业伙伴或天使投资团推荐的。

下面是天使投资人 6 条投资准则:
- 属于天使投资人有经验的行业。
- 距离天使投资人的家几个小时车程之内。
- 经由信得过的商业伙伴介绍。
- 创业企业家有吸引人的个性,如正直和可教导性。

- 好的市场和增长潜力。
- 投资需求在 5 万～100 万美元,并能提供 10％～50％的少数所有权。

天使投资可以看作风险投资的一种,但两者有很大差异:天使投资是一种非组织化的创业投资形式,其资金来源大多是民间资本,而非专业风险投资商;天使投资的门槛较低,有时即便是一个创业构思,只要投资人认为有发展潜力,就能获得资金,风险投资者通常对创业企业一些尚未成熟的项目不太感兴趣。

天使投资有以下三方面的特征:① 直接向企业进行权益投资。② 天使投资不仅提供现金,还提供专业知识和社会资源方面的支持。③ 投资程序相对简单,短期内资金就可到位。

通常情况下,"天使"分为三类。最理想型的"天使"是既有资源又有经验,对创业者的项目给支持且不干预的;第二类是"纯钱"的"天使",对创业项目更多的是融资;第三类是"纯资源"的"天使",这类"天使"在行业中有一定的背景、有雄厚的行业经验和资源,他们不一定参与管理。最不理想的"天使"是控制欲强、资源也不多的类型。如果遇到这种类型的"天使",创业者一定要慎重考虑要不要这笔资金。

寻找天使投资,可以通过以下三个渠道:① 从人脉资源出发。其实,我们每一个人背后都有很多的人脉资源。② 行业活动的信息,创业者应多多关注行业内的最新动态。③ 参加创业大赛,在这些创业大赛中很多评委就是"天使"。

天使融资的策略及注意事项:首先明确融的是资源而不仅仅是资金;其次明白股权融资的成本和债权融资的成本;最后在融资前要对企业进行合理估值,预先规划。

一般说来,初创公司的估值离不开四个方面:① 行业前景。行业前景乐观,公司的估值可能就会比较高;相反,若行业前景不被看好,则公司的估值就会比较低,甚至会导致创业项目的失败。② 要考虑竞争对手及行业进入壁垒的情况。③ 用户与市场潜力。如果做一个测试,用户是爆发式的增长,未来市场潜力非常乐观,则公司的估值会上升;反之,估值将会降低。④ 创业个人及团队实力也会影响到初创公司的估值。

总而言之,合理对创业项目估值、寻找懂行的"天使",关注项目本身的潜力,学习与"天使"沟通谈判的艺术是获得"天使"青睐的关键。

(4) 众筹创业。① 众筹的定义。美国学者迈克尔·萨利文首创"众筹"一词。目前,众筹使用最广的定义是指项目发起者利用互联网和社交网络传播项目,发动众人力量,为项目发展筹集资金的一种方式。众筹由平台、项目方及支持者或投资者三大要素共同组成,如图 6 - 3 所示。

图 6 - 3　众筹模式的三方

众筹通过搭建一个开放的平台,汇聚众多创业项目及支持者或投资者,并提供两者自由匹配的通道,使得资源需求方与供给方实现高效匹配,有效地降低了双方信息的不透明性,使资源利用的成本更加低廉。同时,众筹不仅能解决项目方的资金需求,还能解决产品体验反馈、传播和粉丝培养等问题,正逐步成为众多创业者融资的重要途径。

② 众筹的类型。结合目前国内外众筹的发展情况,众筹主要分为奖励式众筹、捐赠式众筹、股权式众筹和债权式众筹四种类型。属于投资模式的是股权式众筹和债权式众

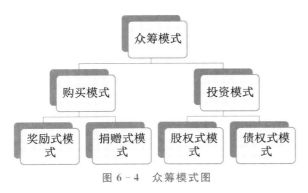

图 6 - 4　众筹模式图

筹,属于购买模式的则是奖励式众筹和捐赠式众筹。如图 6 - 4 所示。

奖励式众筹：这是最古老也是最简单的一种众筹模式,又称产品众筹、回报众筹,是指支持者为项目方提供资金及其他资源,项目方给予支持者以产品实物或服务等类型的回报。奖励式众筹可以为项目发起人减少消费者需求不足的风险,可以在产品还未上市前就积累起第一批影响用户,而且可以通过预先下单的方式,来确认大家的真正需求。通过奖励式众筹,如果最后成功融资,那说明所融资产品符合当下的流行需求,对未来的融资也能起到很好的帮助。如果没有完成融资,项目发起人则需要反思自己的创意是否需要换一种思路,在持续改进中发起新一轮的众筹,直至众筹成功。目前,我国国内著名的奖励式众筹网站包括追梦网、众筹网等。

捐赠式众筹：捐赠式众筹也称公益众筹,指支持者因公益目的对项目进行无偿捐赠,如腾讯公益、创意鼓。捐赠式众筹与奖励式众筹都是主要基于支持者对项目的个人喜好、对发起者的信念和追求完美的热情或是对某项活动的认同、支持。目前,我国著名的捐赠众筹平台有"微公益"等。

股权式众筹：股权式众筹是指项目方通过互联网平台进行的股权融资活动。股权众筹类似于风险投资和天使投资,投资者在项目筹资成功后获得项目产生的财务回报或者获得创业企业的股权。股权式众筹需要发起人进行一定的信息披露,同时还要对认筹人进行筛选。如果让不能承受风险的人进入股权式众筹中,那对项目发起人来说也是一种风险。目前,国内知名的股权式众筹网站有"天使汇""大家投""原始会"等。"大家投"作为我国的第一家股权式众筹网站,其本身也是一种股权式众筹的产物。

债权式众筹：债权式众筹的模式是投资人对项目发起的公司或项目投资,获得一定比例的债权,未来投资人可以收回本金并获取利息。很多人认为,债权众筹就是 P2P(个人对个人),实际上,债权众筹与 P2P 并不是一回事。中国人民银行对 P2P 的定义是,个体与个体之间通过互联网平台实现的直接借贷。从定义来看,债权众筹实际上是一种广义的 P2P,除了 P2P,还包含 P2B;除了包含直接借贷,还包含购买 P2P 公司发行的证券,如 Lending Club(国外债权众筹的一种)模式。

四种众筹模式的理解见表 6 - 5。

表 6 - 5　四种众筹模式速解

类　　型	模　　式
股权式众筹	你投 100 元,得到 1% 股权
奖励式众筹	你投 100 元,得到一个智能手表
债权式众筹	你投 100 元,得到 105 元
捐赠式众筹	你投 100 元,得到别人的感谢

● **重要观点：** 众筹表面上看是融资，实质上却是通过融资去融人、融智、融资源。过去通常是缺什么找什么，现在通过众筹可以变成缺什么找有什么的人，让有能力、有财力、有资源、有智慧的人成为股东，让身边的人成为股东，把个人事变成大家事，共创、共享、共担。

扫码看案例

2. 政府融资

（1）政府的创业融资政策。① 资金。各级政府都有相应的贷款担保政策。如个人小额担保贷款、小企业法人担保贷款、创业前小额担保贷款、自主创业微量贷款。② 场地。入住创业孵化器的种子期企业会有免费的办公场地。③ 工商注册登记和社保补贴。零注册成本的工商注册登记，符合条件的每个创业组织一次性有 2 000 元的开办费补贴，政府提供符合社保缴纳条件员工的社保补贴。④ 政府政策性融资产品。如 EFG 雏鹰计划、EFG 雄鹰计划、YBC。由于经济实力、产业基础、区域文化等有很大差异，各地政府推出的创业支持政策也不尽相同。具体政策需要创业者结合自己的项目、行业去了解和申请。

（2）向政府融资的策略及注意事项。① 找对融资谈判的对象。向政府融资找对了人就会事半功倍。例如，科委偏重于科技类、创新类和技术类的创业项目；农委偏重于农业类的，包括农产品；人保局偏重于基础性、大众和初期的政策扶持。发改委、经信委、团市委都会提供相应的创业政策支持。② 融资谈判中的技巧。首先，重视形象、自信积极。这里的形象不仅包括穿着、言谈举止，还包括商业计划书的呈现。其次，在政府融资项目评审的时候，表达要言简意赅，在很短的时间内把项目呈现给评委、导师，并且在整个交谈过程中要充分展现出团队的凝聚力。最后，也是最重要的，要重视诚信。③ 向政府融资的步骤。第一步，准备基本的文件材料，包括申请对象的基本信息、证书和商业计划书。实际经营的企业向政府融资时要附上企业的财务报表。第二步，进入谈判评审阶段，此阶段要注意表达清晰、思路逻辑严密，抓住政府考虑的要素。政府融资扶持创业是希望创业企业能够创造更多的社会价值，能创造更多的就业岗位。第三步，注意实时反馈。创业企业融资之后，资金要按时还款，并做好各项数据反馈，以此建立自己的信用体系，为下一次融资打好基础。

政府融资和商业融资都会有一些融资风险，相比较而言，小微企业向政府融资的风险压力会更大，因为初创型的企业失败率非常高。

3. 风险投资

风险投资又称创业风险投资。风险投资一般是将风险资本投向新兴、迅速成长的有巨大竞争潜力的未上市公司，在承担风险的基础上为融资人提供长期股权资本和增值服务，培育企业快速成长，数年后通过上市、并购或其他股权转让方式撤出投资并取得高额投资回报的一种投资方式。

风险投资对项目的选择有严格的程序与较高的标准，创业者要想在众多项目中脱颖而出并获得风险资本的偏爱，只有从自身做起。其中，有三个关键点需要关注：① 有足够吸引人的故事。要了解风险投资者的产业投资爱好，特别是要了解他们对投资项目的评审程序。要学会站在对方的角度客观地分析自己的企业。风险投资者看中的不仅仅是技术，而是由技术、市场和管理团队等资源整合起来产生的盈利模式。即风险投资者要的是投资回报，而不是技术或企业本身。② 商业模式。商业模式是项目的立足之本，拥有令行业内其他竞争者无法超越的商业模式是最关键的因素。风险投资者偏爱那些商业模式无法被复制的创业项目,只有这样,才能保证在市场上的绝对优势。如360的创始人周鸿祎最开始用免费使用这样一个前无古人的商业模式进入网络安全领域,给瑞星、卡巴斯基等一系列收费的竞争对手一个非常致命的打击,令他们毫无招架之力。现在在安全领域,360的地位已经是牢牢不可撼动的了。③ 尽职调查。在正式确定投资之前,投资人通常会对企业的背景情况和财务稳健程度、管理队伍和行业进行细致的尽职调查。风险投资人会侧重以下几个方面:道德品质、经营一个处于成长阶段公司方面的经验、在所从事行业中的技术水平、在管理工作中是否有过成功的记录、在所从事的行业里是否有敏锐的洞察力、能否掌握市场全貌并懂得如何去开拓市场来考察企业创始人及创业团队。

投资人在和创业企业沟通接触后,为了保证双方合作能够顺利进行,投资人首先会给出一份投资协议条款,俗称"Term Sheet"。接下来投资人会请第三方的律师和会计师介入,进行尽职调查,对创业企业进行更为深入和具体的调查了解。在尽职调查期间,创业者和投资人的接触会非常频繁,投资人会对日常的公司运营、管理、团队获益甚至市场调查等方面有所介入,以验证投资人的判断是否正确,如对之前双方沟通的结果、对未来前景预期增长的判断。尽职调查的内容非常多,投资者最为关注的是团队成员的背景,如毕业院校、工作经历、取得的成就。除此之外,关于项目的真实市场占有率、销售额、采购记录、人员调动等都会一一进行调查。

企业在应对尽职调查时需注意:① 细节层面上,日常的记录要留稿。曾经有一批来自欧洲的投资人要对中国的一个公司进行尽职调查,投资人要求看日常工作管理的记录,于是,公司给出一大堆日常留档文件供他们审阅,因为都是中文的,投资人基本没看懂,但是其中一个人就注意到,这家公司的每一份周会记录的日期都是阿拉伯数字,他核算发现这家公司从来没有漏掉过一次周会。因此,虽然投资人没怎么看懂记录的内容,但这样一次不漏的周会记录,足以说明这家公司严格的管理,于是投资人纷纷点头,表示一致认可。② 准备一个全方位的 Data Room。在开始尽职调查的时候,创业企业应设法专门安排一个房间,让投资人坐在创业者办公室里的做法是非常不妥的,再把所有尽职调查清单上的材料一份不少地收集完整,并且有条不紊地进行排列,在门上贴个提示"Data Room 闲人莫入",以一个非常严谨的态度去面对。如果等投资人要求某份材料再去通知相关人员准备,既会使公司上下陷入忙乱而导致各种差乱,更会给投资人留下公司管理不善等不良印象。③ 态度要坦率,忌浮夸和自吹自擂。客观地去评价项目、市场上是否有竞争对手、潜在客户数量等。

案例分享

创业一年中,李南有大半年时间都在和各种投资人接触,现在,他决定放弃。投资人觉得公司还是种子期,还是不成熟,这让他感觉有些悲凉。不过,他也更加清楚地认识了自己在别人眼中的价值和项目存在的瑕疵。融资,就像101次求婚一样,可能要身经百战、反复磨砺才能促成。

融资是创业者的必修课。李南从名牌大学毕业后就开始了打工兼创业之旅,原本他从不屑于"忽悠投资人的钱",但是,慢慢地他发现单打独斗的确不是一件容易的事情,而且能够得到融资也不再是他所认为的"忽悠",而是一种生存技能。

毕竟是初出茅庐,李南的融资经验不足。第一次谈判,就被投资人批驳而彻底丧失信心:商业模式并非别具一格,目前运作的项目不稳定,未来计划不太现实……如果再加上一般电商的运作模式,投资人就直接给判了死刑,完全不容他再赘述发展目标。一直自信满满的李南,头一次觉得自己的项目竟然有这么多瑕疵,自己竟然这么多缺点,这让他一度迷失了方向。

以前,李南总爱说自己做项目不是纯粹为赚钱,却不知道盈利是投资人最关心的问题,李南的回答并不能触动投资人。有了这样的失败经历后,他开始改变自己的说法,并把自己的宏伟蓝图描述得非常动人。但这种缺乏数据支撑的虚化说辞似乎也不受欢迎,尤其在面对资深金融背景及有丰富经验的投资人时。

李南发现,投资人对创业者的信任超过一切,如创业者的学历、自身修养、谈吐和社交能力。有的投资人比较感性,见过创业者后,就能迅速判断"此人是否是做这件事的料子",至于团队能力如何,很多投资人对此并不是太关注,甚至有的投资人都不会问团队的具体情况,这让李南很诧异。

最让李南无语的是,有的投资人告诉他,"你现在的模式国外刚兴起,而且已经开始有成功融资案例了",当他在心里窃喜不已时,投资人却说,"不过,我们暂时还不打算投资这样的项目,因为国内环境与国外很不一样。"

有时,李南跟投资人相谈甚欢,对方非常认真地倾听、做笔记,时不时向他提出细节的问题,可是到最后他才发现,其实对方认真倾听主要是因为从没有接触过这个投资领域,不了解才做笔记。至于能否投资一个完全陌生的领域,那就更没谱了。

还有的投资人,给李南项目的每一项都打了满分,投资人最后让李南等决策,并承诺很快就有结果。但是,哪怕几十万元人民币的投资金额,从口头承诺到现金到账,都足足要耗费6个月至9个月的时间,可李南的项目马上就要上线,根本没有时间等待。在他的催促下,对方答应提前放款,但是投资额度会压缩得非常有限,跟李南想象中的相去甚远,最后,李南没有办法,只好暂时放弃融资。

李南总结,一个好的项目必须能确实解决一个关键问题,而且这个关键问题能够迅速积累用户或者挣到钱;同时要让投资人相信自己能做好,并且比别人做得更好。至于壁垒、商业模式都是后话。

思考:你认为李南融资失败的主要原因是什么?

课堂学习

1. "征婚"——使对方看到你

资本是有性格的,征婚成功的关键在于吸引志趣相投的风投,并让风投指导你。

比如,IDG 最大的优势便是对早期项目和早期创业团队的判断。大多数质量好的案子都是以前投资的初创企业推荐过来的。用分散的小资金投分散的小企业并在一个行业内普遍投资的策略,使其投资的企业之间形成了天然的关联,并建立了强势的项目来源渠道。这种产业资源,自然促使更多相关领域的初创企业希望能够与 IDG 合作。

要想让风投看到你,则需要采取有针对性的措施。有些风投会通过参加各种类型的风投研讨会,面对面地与创业者交流。但对于 IDG,则可以通过他们原来投资的企业推荐,这样能产生事半功倍的效果。然后,将可能接触的风险投资归类,调查其投资的对象,比如通过网站或者媒体报道,大家应该很容易地找到风险投资的关注点,找到结合点,就更容易拿到风险投资。

2.“相亲”——让风投爱上你

已经有风投“上钩”了,标志着关键的时刻就要到了。此时,如何恰到好处地展示“内涵”就比修饰外貌更重要了。

(1)突出价值点。要积极地对待风投的尽职调查。因为,任何风险投资机构在这方面都比较有经验,所以,对自身良好的价值把握,不仅有助于保护自身的利益,还可以切实地得到投资人的尊重。特别要注重企业无形资产的价值评估,核心技术在得到权威部门的鉴定后,要请专业评估机构进行评估,实事求是地把企业的价值挖掘出来。在此基础上,要客观、直接地提出你所需要的融资金额,在谈判前确定欲吸纳资金的比例与可出让股份的比例,以及希望的境外或境内来源的架构等。

(2)强调团队特色。创始人的履历对引进风险资本是很重要的。创始人如果是一个非常成功的经理,同时试图创立各种不同的生意,就证明他不仅具有管理企业的经验,还有企业家的精神。他既能够有所创新,同时又有破产的心理承受力,因此他无疑能够集中精力去做成一件事,这恰好与风险投资家们投“人”的理念相吻合。奇虎网能在创业后短短 200 天融得 2 000 万美元巨资与其创始人齐向东曾是 3721 总经理,以及他原来的老板是天使投资人有着莫大的关系。

(3)展现未来前景。在市场与产品方面,风险投资公司通常要求企业能在世界范围内或者较大的区域内拥有足够大的市场,这样才会认真考虑其投资的可能性。中星微能取得风投的青睐,就在于它研发的多媒体芯片早期还是一个大企业不愿意去、小企业没技术的空白市场,而它的技术如果发展顺利就能迅速占领世界市场。如今它已经占领了 PC 多媒体芯片市场 60% 以上份额。

6.3　创业融资的风险把控

1. 创业融资的风险

创业资金的注入能够帮助创业企业渡过创业的艰难时期、进入新的发展阶段。不论是以股权的形式还是以债权的形式,也无论资金是来自个人投资者还是机构投资者,没有哪种融资渠道是十全十美的,任何融资方式都是要付出成本代价的,只是不同的融资方式融资成本不同。因此,为了提高融资活动的效率,使之对创业企业的发展起到积极的推动作用,创业者还必须对融资活动中的成本和风险有比较全面的了解。

(1) 融资战略不当引发的融资风险。创业企业融资战略制定不合理的表现主要有:融资规模不合理、融资时机把握不当。

① 融资规模不合理引发的融资风险。制定融资战略时,应紧密结合创业企业的情况确定融资规模,既不能太少,也不能太多,否则,都会给创业企业的发展带来不确定性,甚至会使企业濒临破产。

第一,融资规模太小。与成熟公司相比,创业企业的财务状况具有其独特性。成熟企业无论大小,都已经有了稳固的顾客基础和收入流,与它们相比,创业企业要经过的是财务"地狱之门"。在创业企业成立的早期,它们是资本的"吞噬者"。更糟糕的是,它们成长得越快,对现金的胃口越大。所以,创业企业特别是处在初创期的创业企业更需要有充足的资金,以保证企业顺利渡过成长的关键期。在筹集到所需资金的同时,创业者通常会被股权投资者要求放弃对创业企业的控制权,投资者能够按照投资的数额和在总投资额中的比重获得创业企业相应比例的控制权。为了避免可能存在的控制权转移,创业者在融资规模小且让渡较少控制权的策略和融资规模大但要让渡较多控制权的策略间可能会选择前者。这种融资策略会在很大程度上制约着企业未来的发展。

第二,融资规模过大。融资规模也不是越大越好,融资过多也会造成许多问题。超出企业需要的且没有适当财务约束的融资反而会使创业企业在"温水煮青蛙"的宽松环境中放松对财务预算的约束,最终在不知不觉中陷入融资困境,进而走向破产。正如一位创业者所说的那样:"通常融资 500 万美元比 100 万美元要容易,因为风险投资家不愿将心思放在无数小规模的投资上。这样的话,企业就会多出 400 万美元并不需要却可以随意使用的资金。"制造数据通信设备的 Symplex Communications 的创始人之一乔治·市罗斯托夫也同意这一观点,他说:"我们这个行业中的一些人从一开始就认为他们应该可以做这个,也可以做那个。钱很快就烧完了,但公司却既没有收益也没有销售额。之后,他们指出症结所在——'我们还需要更多的资金'——而不是去关注企业存在的问题。"

② 融资时机把握不当引起的融资风险。创业企业要把握好融资时机,既不能过早,也不能过晚,切合实际地融资能够帮助企业解决资金难题。但如果没有掌握好时机,无论过早还是过晚,都会导致成本增加与控制权让渡等问题,从而给企业的发展带来不确定性。

第一,融资过晚带来的融资风险。创业企业初期是资金需求量非常巨大的阶段,资金供给量不仅要充足,而且必须及时,所以,创业企业应该未雨绸缪,及早考虑融资问题,不要等到出现严重的现金短缺时才寻找资金。对一家新成立的公司而言,尤其是在筹资方面没有经验或成就的,拖延寻找资金的时间是不明智的,因为筹集资金一般要花

8 个月或更多时间。除了现金流方面的问题外，等到出现资金短缺才筹集资金，这种行为所隐含的缺乏规划性会破坏企业管理团队的可信度，并对公司与投资者谈判的能力产生负面影响。

第二，融资过早带来的融资风险。要避免另一种极端的出现，即过早融资。如果某企业过早地获得股权资本，创始人的股权就可能被不必要地削弱，并且也会漫不经心地逐渐抛弃财务上保持节俭这条财务纪律。过早融资造成的主要后果就是企业灵活性的下降。初创企业极少能在第一次就走对路，在一个新的成长性的行业里，往往伴随着曲折和不可预见的挫折。随着各种事件的发生，企业的战略不得不发生根本性调整。然而，外部投资者会妨碍创业者在不确定的环境中采取"尝试之后调整"的发展方式，而这种方式往往是创业企业走向兴旺之路所必需的。企业发展过程中出现的根本性变动会令外部投资者感到困惑："是最初的构想错了还是没有很好地执行？"创业者确信新的战略将会成功，但这种自信和当初设计第一个方案时没有什么区别。投资者想知道"我是否会第二次上当？"对投资者来说，支持企业所提出的新战略而不是更换管理者是一种显示信任的做法，但这需要创业者避免诸如错误的判断、对不好的计划的盲目自信以及过分吹嘘等问题。对创业者来说，一旦企业具备了一定的规模，他们就能够建立足够的信心摆脱投资者的束缚，按自己的想法去做了。但是，在开始的几年，还是要尽量避免直接的冲突。相反，即使他们自己已经开始失去信心了，也仍然会坚持最初的计划，因为根本性的变革会带来对他们不利的重新审核。

（2）创业融资不计成本引发的融资风险。对于绝大多数创业者来说，最兴奋的事情之一是听到有投资者对自己的项目有投资意向。但是在感受了获得资金的兴奋之后，创业企业又会发现他们为此可能付出了太多，出现了得不偿失的结果。实际上，创业者的乐观精神往往使他们得出这样的结论：只要有好的人和好的产品（或服务），就一定会吸引足够多的投资者，并获得丰厚的利润。但是，筹集资金所需的努力程度可能是获取资金中最容易被忽视的一个方面。在所有这些情况中，随着时间的流逝，把资源耗费于某一特定领域的机会成本也就越积越多。为了获得资金，企业可能还不得不冒着商业秘密被曝光的风险。

① 为融资而付出的时间和精力。融资过程充满压力，意向投资者对创业公司的"审慎调查"也会使创业项目拖延几个月、半年甚至一年的时间。同时，由于体力与脑力的大量消耗，公司管理者已经没有太多的精力开展业务，这期间的现金流也会大大高于日常现金流。因此，在创业者为下一阶段的迅速发展努力筹集资金时，一些新建的企业很可能会因不堪重负而倒闭。

此外，公司业绩也会不可避免地受到影响。例如，顾客会被忽略，尽管是微小且无意识的；员工和公司管理者得不到足够的重视；公司一些小问题得不到注意、无法被及时解决。最终导致销售额直线下降，现金积累缓慢，利润额也开始下滑。如果融资的努力最终失败，员工士气会大大受挫，甚至一些公司的核心人物也会离开，这将极大地削弱一个朝气蓬勃、年轻企业的战斗力。

② 因融资而被公开的商业秘密。另一项极容易被忽视的成本是信息披露。在筹资

过程中,有些创业公司甚至向 5 个、10 个甚至 50 个不同的投资人提供公司运营的各种信息,包括公司是否依靠一个专业的技术人员或工程师、管理层的能力以及缺陷、你所拥有的股份是多少、你是如何获得收益的、公司的竞争及市场战略等。此外,你还必须公开个人及公司的财务状况。这样,公司的弱点、所有权和报酬安排、个人和公司财务报表、营销计划和竞争战略等都必须透露给创业者根本不了解、不信任的人和那些他们可能从始至终都不会打交道的陌生人。一旦将信息提供给投资人,创业者就无法控制信息的再次扩散。

案例分享

　　英国一个初创企业为银行和大零售商研制了一种新型的自动点钞机。这一产品比以往产品有很大的改进,商业计划书也相当出色。但是,在主投资商寻找合作伙伴时,将商业计划书透露给了一家可能的投资者,而最终该投资者拒绝投资这一项目。尽管这一项目得以实施,但是几个月之后该公司发现,当初拒绝加入的投资者已将商业计划书交给了自己的竞争对手。

　　尽管潜在的投资者一般都会注意保守公司机密,但有时信息也会在无意中泄漏,并带来毁灭性的灾难。所以,在做出融资决定时,一定要有商业秘密被泄漏的思想准备。

　　由于筹资过程中信息泄漏风险的存在,创业者必须确认筹资的必要性,并尽量选择信誉良好的投资者。虽然这种风险不能完全消除,却可以通过与主投资商讨论该问题、避免接触与竞争对手关系密切的投资者及只与信誉好的投资者合作等方式将风险最小化。创业者还必须与那些同投资者有过业务往来的公司以及资深顾问进行交流,努力对可能的资金来源进行审慎调查。

　　此外,创业企业为了获得资金,在创业初期会付出较高的成本。有数据显示,资金进来得越早,不管来源是什么,该资金成本就越高。所以,考虑到融资成本,创业企业应该把握好融资时机。

　　2. 规避融资雷区

　　人们常说,创业有"三高":高难度、高风险、高不确定性。这"三高"合为"一高",就是高失败率。大学生创业群体应正确认识创业融资方面要面临的风险。创业面临复杂的社会关系,大学生创业群体往往在融资需求上更为急功近利,其在融资过程中对融资对象选择毫无目的性,思想较为单纯。对于大学生创业者来说,如何规避融资风险的雷区显得尤为重要。

　　(1)学会分析风险。创业者在融资过程中要学会分析风险,做什么都要留有余地,对可能出现的风险要有明确的认识和克服的预案。要认识和分析融资过程中的风险,又快又好地收集相关信息是首要任务,对自己将要采取的方案或计划有一定的认识。

（2）运用收付实现制的财会制度控制现金流。权责发生制是在费用和销售发生时入账，收付实现制是在付出和收到现金时入账。前者不能真实地反映现金的流入和流出，报表上的业务收入和净利润值并不是企业实际交易发生的现金情况；后者与现金流量更一致，更利于现金流管理。一般而言，权责发生制适用于短期现金流充足的大企业，收付实现制更适用于新创企业。采用收付实现制的会计原则意味着新创企业必须时刻关注现金流量表，仔细分析预算的现金流量与现实的现金流量表的差距，采取有针对性的措施改善现金流状况。

（3）健全新创企业管理机制。由于创业者对管理知识的缺乏，其管理机制的建设并不完善，使得融资风险也有所增加。这就要求创业者在发展初期应该建立行之有效的股权结构，同时，对股权结构的管理进行完善，防止少数股东通过资金或者收购行为进行股权控制。与此同时，在与融资对象或者服务群体进行交流的过程中，要注意树立企业的良好形象，从根本上保证大学生创业群体拥有良好的企业信誉。在大学生创业的过程中，各种意想不到的困难和障碍必有不少，创业者需要做到不逃避、不躲避，积极应对这些困难和障碍。融资风险是大学生创业过程中必须面临的一种风险，因此，大学生创业个体对融资风险要有正确的认识。面对融资需求，要认真分析各种融资渠道及每个融资渠道的成本和风险，选择融资风险最小的渠道进行融资。

★ 课后练习

1. 一位创业者的创业项目非常成功，半年前进行了天使融资。项目是"互联网＋实体店"，就是对传统实体店进行"互联网＋"的改造，半年的时间内，他在上海市进行了十个成功的试点运营。不管是团队还是投资人都非常满意。所以，下一步打算融资进行业务扩张，但是具体需要融资多少金额团队都很为难，请讨论一下他们该怎么确定融资额度？

2. 一位创业者用多年积蓄开了一家西餐厅，已经运营了两年，生意非常不错，现在计划在上海市区开一家分店，想找投资人，苦苦找了几个月却始终没有任何结果，为此他特别郁闷。请帮这位创业小伙伴想想他的创业项目如何才能让投资者感兴趣。

3. 美国花旗银行原亚太地区 CEO 夏保罗认为融资的次序很重要：

第一阶段一定是利用自有资金；

第二阶段找战略合作伙伴，打造一个赢的团队；

第三阶段才去找风险投资者，这个时候要讲一个有吸引力的故事让风险投资者兴奋；

第四阶段才到相对保守的商业银行去；

第五个阶段是到货币市场去发行债券。

夏保罗强调："对照这五个阶段，不同阶段找不同的融资者，次序不要搞错。"你认为他说的话有道理吗？请举个创业成功的例子支持或反对他的观点。

课下 3-2-1 行动

《大学生创新创业基础》——所学知识点内化和能力点强化

——每课 3-2-1 练习

3 项收获 从本课程中找出 3 个 对你最有启发的具体知识点	2 项计划 请从 3 项收获中找出 2 项你认为将来可以执行的内容	1 项行动 请从 2 项计划中找出 1 项 你最想执行的行动
1. 2.	1. 2.	行动内容:(阐述请符合 5W2H 的原则)
3.		截止时间:

请写出你(们)的行动学习心得体会(300 字以内),提交:

_____

_____

_____

_____

_____

_____

_____

_____

_____

第7模块 创业计划书

一份优质的商业计划书是成功融资的敲门砖。

——投资业内普遍的共识

◇ 学习目标与要求

1. 了解撰写创业计划书的重要意义；
2. 掌握创业计划书的作用及要点；
3. 掌握创业计划书的结构框架；
4. 能够把握创业计划书的关键环节；
5. 掌握创业计划书各模块的撰写内容及撰写技巧；
6. 了解创业计划书的误区；
7. 了解创业大赛答辩时的常见错误；
8. 掌握创业计划书的推介技巧。

◆ 课前导读：用创业计划书获风投，铸就创业成功

案例一：张华毕业于某名牌大学，经过多年的业余研究，他在室内环境污染治理技术方面取得了一项重要突破。这项技术如果在实际中得到应用，前景非常广阔。张华便辞去了原来的工作，准备创业。但由于多年的积蓄都用在了室内环境污染治理的研究上，在七拼八凑注册了一家公司后，他已经无力再招聘员工、购买试验材料了。无奈之下，张华想到了风险投资基金，希望通过引入合作伙伴的方式解决困境。为此，他多次与一些风险投资机构或个人投资者接洽商谈，虽然张华反复强调他的技术多么先进，前景多好，并拍着胸脯保证投资他的公司回报绝对不低，但总是难以令对方相信，而且他对投资人问的多个数据也没有办法提供，如市场需求量具体有多少，一年可以有多大的销量，投资后年回报率有多高。此外，张华的公司在招聘一些技术骨干时也比较困难，因为应聘者对公司的前景缺乏信心。

这时，曾经在张华注册公司时帮助过他的一位做管理咨询的朋友一句话点醒了他,"你的那些技术有几个投资者搞得懂? 你连一份像样的创业计划书都没有,怎么让别人相信你? 投资者凭什么相信你?"于是,在向相关专家请教咨询后,张华查阅了大量的资料,然后静下心来,从公司的经营宗旨、战略目标出发,对公司的技术、产品、市场销售、资金需求、财务指标、投资收益、投资者的退出等方面进行了分析和论证,他还进行了市场方面的调查。一个月后他拿出一份创业计划书的初稿,不久就与一家投资公司达成了投资协议,有了风险投资的支持,员工招聘问题也迎刃而解。

现在,张华的公司经营得红红火火,年销售利润已达到 500 万元。回想往事,张华感慨地说:"创业计划书的编制与环境污染治理材料要求差不多,绝不是随便写一篇文章的事。编制计划书的过程就是我不断理清自己思路的过程。只有企业家自己思路清楚了,才有可能让投资人、员工相信你。"

（资料来源:董青春,董志霞《创业基础》教师用书）

案例二:在 2011 年中国第一届移动云计算专业硕士研究生的开学典礼后,北京航空航天大学软件学院刚刚入学的穆德国同学向软件学院创业中心的评判专家们陈述了自己的商业创意:在中国有 4 亿人在学英语,这是一个很了不起的市场。随着移动技术的发展和人们的时间碎片化,移动学习将会极大满足人们对学英语的需求。专家们在赞同这个观点的同时,决定成立软件学院"爱语吧"创业实验室,聘请穆德国担任"爱语吧"实验室执行主任,带领移动云计算和交互式设计硕士研究生,打造最好的外语学习应用平台。

穆德国及其同伴具有技术天赋,在成立"爱语吧"实验室之前,他们开发了几款英语学习试用品,发布到人人网和 QQ 空间并获得了初步成功。其中基于 Flash 开发的四六级听力应用拥有 50 万用户,深受大学生的欢迎。当他们继续工作并获得其他人的反馈后,就开始将群组平台当成一个商业创意。

"爱语吧"经过一年多的成长,已经成功研发出数十款外语学习应用产品,包括VOA 慢速英语和常速英语、BBC 六分钟英语、英语四六级听力、爱语背单词、美语怎么说,还有日语听力、网页应用、Android 应用、苹果平台的 iPhone 和 iPad 应用等,在国内拥有 400 多万用户。其中在 2012 年年底推出的六款 VOA 系列应用,全部进入苹果商店新品推荐,占据了新品推荐中前 10 名的 6 个名额,确立了"爱语吧"在外语学习应用方面的领先地位。2012 年 9 月 27 日 CCTV《共同关注》栏目报道了这一创新的校园孵化器模式,得到了社会各界的赞同。如今"爱语吧"已经同培生、北语社等国内外知名的出版机构建立了良好的合作关系,并成为北京开放大学官方英语学习平台。

"爱语吧"正逐渐发展起来,穆德国等人打算继续完善他们的商业计划,参加其他商业融资计划。

（资料来源:牛翔宇《大学生体验式创业教育教师教学手册》）

思考:1. 通过案例,谈谈创业计划对创业的重要性。

2. 什么样的创业计划可行性高?

3. 大学生参加创业大赛有哪些意义?

4. 搜集创业大赛的相关信息,列表统计其名称,报名方式等。

7.1 认知创业计划书

7.1.1 创业计划书的定义与定位

1. 创业计划书的定义

创业计划书又称商业计划书,创业计划书是按国际通用的标准文本格式形成的项目建议书。它是一份全面介绍公司和项目运作情况,阐述产品市场及竞争、风险、未来发展前景和融资要求的书面材料。创业计划书的本质就是企业的一个蓝图,一份概述业务设想、商业机会和竞争前景、成功关键要素以及涉及其人员的行动指南。

通常,创业计划书是公司企业或者项目团队,为了获得招商融资或者其他的发展,根据一定的格式和内容要求来编撰整理的,全面展示公司或项目目前状况和未来发展方向的一个书面材料。

创业计划书的起草撰写与创业本身一样是一个复杂的系统工程,不但要对行业、市场进行充分的研究,它几乎包括投资商所有感兴趣的内容,从企业成长经历、产品服务、市场营销、管理团队、股权结构、组织人事、财务、运营到融资方案,而且要有很好的文字功底。对于一个发展中的企业,专业的创业计划书既是寻找投资的必备材料,也是企业对自身的现状及未来发展战略全面思索和重新定位的过程。

只有内容翔实、数据丰富、体系完整、装订精致的创业计划书才能吸引投资商,才能使自己的融资需求成为现实。

2. 创业计划书的定位

创业计划书的受众不同,创业计划书的侧重点也不尽相同。

对于一个初创的创业公司,创业计划书发挥的最大作用是寻找投资人,即创业计划书的受众是风投企业、投资个体或政府。创业团队可靠度、项目发展前景和创业融资用途及股权回报等是投资方更为关注的内容。

创业计划书的另一个目的是寻找商业合作伙伴,创业计划书作为一种沟通的方式,要让有意向合作的潜在合伙人对项目有一个深入的了解。一般商业合作伙伴对项目资源需求、项目运营现状、发展前景以及商业利益分配等感兴趣。

针对公司内部的一个新增业务的创业计划书,其受众是董事会或者项目负责人,他们更多地关注业务的成长空间和未来的收益状况。对于新产品的开发,公司高层关注点包括新产品的市场容量、市场定位、消费者的认知度,还有新产品在现有业务中的地位等。

7.1.2 创业计划书的作用及功能

创业计划书是引领创业项目的纲领性文件,也是创业团队具体行动的指南,具有正视自我、决策指导作用,团队凝聚、有效执行的纽带作用,对外资源整合作用,规避创业风险危机的作用。

创业计划书是一种工具,工具会发挥一定的功能,帮助人们达成一定的目标。下面是创业计划书的四种功能。

1. 融资功能

创业计划书通常被喻为融资"敲门砖"或者"简历",也有比喻为写给投资人的"情书"。对一个企业或者创业者来说,只要想拿到钱,就必须有创业计划书。因为几乎所有的专业投资者与融资机构都必须看到一份具有吸引力的经营计划,并通过投资评估之后,才会将钱放心地交付出去。他们在意的是投资回报率,所以在创业计划书中应有所体现。

2. 沟通功能

创业计划书具有一种简明、充分而有效的沟通功能,不仅可以传达公司的经营计划、战略、目标愿景,还可以作为与投资人、合伙人及公司内部员工的沟通工具。通过创业计划书,投资者可以了解公司的业务及竞争状况,并可以评估未来收益。合伙人可以通过创业计划书明确行动目标。公司内部人员通过创业计划书明确公司愿景,统一行动目标。创业计划书涵盖内容较广,可以让人很快地了解业务及项目前景,是一个很好的沟通工具。

3. 管理功能

创业计划书一般都很详细,包括业务描述、组织架构、经营计划、人员规划财务计划等,在团队开始运作时,可以按照创业计划书进行实施操作,逐步推进公司发展。

4. 承诺功能

创业计划书不仅是为了拿到融资,它还可以体现为一种商业承诺。投资者或投资企业通过创业计划书进行投资评估,创业者或创业团队就要按照创业计划书上的指令行动。当然市场总会有变动,有时候不能照搬创业计划书上的方案,可以适当调整方案。总的来讲,创业计划书可以视为创业团队对外的一份承诺书,决策大方向不能随意变动。

撰写创业计划书的主要目的,是以清晰的方式解答创业项目涉及的新技术或新产品开发相关问题,要让阅读的人清晰迅速地识别创业计划书的核心问题。同时,创业计划书要展示企业的价值和优势。

7.1.3 创业计划书的内容框架

1. 创业计划书的一般格式

创业计划书应按照如下顺序及格式来编排:

(1) 封面页(包括公司名称、地址以及主要联系人名字、联系方式等)。

(2) 目录表(概括了创业计划书的各主要部分)。

(3) 概要及计划书的主体内容(每个部分都应该清楚地列出标题并要易于识别)。

(4) 附录(如详细的财务计划、公司创建人和核心团队人员的完整简历,附在正文后面,经常是分开单独装订)。

2. 创业计划书的内容

虽然面对不同的对象,创业计划书的内容有所差异,但是一份完整的创业计划书应该涵盖以下几个方面的基本内容。

(1) 公司业务描述:用简短的话将公司业务阐述清楚,让别人对公司有初步的了解。

(2) 产品与服务:解释新产品提供了什么,即它为什么是独特和有价值的,将来是否具有产生利润的潜力。

（3）行业背景：通过行业调研，以真实客观的数据为基础，对当前的行业进行分析，说明进入该行业的可行性。

（4）市场分析：主要描述市场细分和目标市场选择、购买者行为分析、竞争者分析、年销售额和市场份额预测等内容。

（5）营销计划：详细介绍公司的营销方案，并且表明方案一定是可行的。

（6）运营计划：描述运营目标及公司战略、商业模式、核心技术和产品运营、获得客户和合作伙伴的渠道。

（7）管理者及创业团队：介绍人员结构，并将详细的人员简历以附件形式添加在创业计划书的后面。识别管理团队能力的不足，也展现目前创业团队的优势。

（8）财务分析：为潜在投资者提供一份清晰的财务规划，即企业将如何运用资金资源以完成什么样的财务目标、融资方式、投资回报。

（9）运营目标：分时间阶段来制定运营目标，并阐述可执行的计划方案证明运营目标是可以实现。

3. 创业计划书的撰写框架

一份好的创业计划书的撰写框架不仅是写创业计划书的提纲，更为重要的是一套有效的进行商业化思维训练的工具。创业计划书的撰写框架具体如图 7-1 所示。

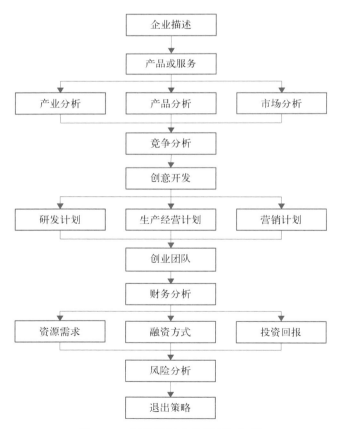

图 7-1　创业计划书的撰写框架图

7.2　撰写创业计划书

　　不用戴眼镜也可看 3D 视频。今年 29 岁的小伙孙德才,在重庆打拼 9 年,创业几经挫折。在进入裸眼 3D 领域后,凭着一份成功的创业计划书吸引了一笔 500 万元的风投资金。

曾创业失败血本无归

　　"我在 2005 年市长峰会时来到重庆创业。"孙德才说。他的老家在山东,从海口经济学院摄影专业毕业以后,也有过不错的工作和收入。"我在新闻上看到重庆要举办市长峰会,当时就觉得重庆的发展前景非常好,肯定有许多创业的机会,于是毫不犹豫地来到这里。"

　　孙德才来到重庆后,做过推销员,当过电视编导。在上海举办世博会前,他到上海帮朋友负责一个世博会项目,偶然发现布放在街头的打折机很有商机,于是在 2010 年在重庆做打折机项目。2010 年年底这种打折机正式在主城商圈内亮相,市民可在自助打折机上打印出自己需要的商家优惠券。"我们在 2011 年最多时拥有 200 多台打折机,常常给消费者带来 20%～40% 的优惠。"

　　但打折机项目没运作多久即举步维艰,终端机器租金每月达数十万元,再加上员工的开销,从项目面世就没有盈利。这个项目最终失败,孙德才和伙伴们所有投入血本无归。

　　对于这次创业失败,孙德才总结了两大原因:一是合作伙伴的信任问题,当时一个团队负责场地开发,另一个团队负责商户拓展,结果双方互相指责;第二个是合作伙伴的信心问题,看到不能赚钱,大家逐渐失去了信心,导致内部不断地出现问题。

一本计划书成功引资

　　从打折机项目退出后,孙德才并没有气馁。"我在重新考虑了 20 个创业项目以后,发现 3D 行业充满了不少商机。"孙德才和朋友到电影院看 3D 电影,感觉戴着眼镜看始终不方便,"我当时就想,能不能不戴眼镜看裸眼 3D? 能不能把裸眼 3D 屏幕安装在主城区商圈内做户外节目呢?"

　　有了这个创业的想法以后,他立即着手技术方面的调研,发现完全可以实现,于是写出了 5 份详细的计划书。"缺资金怎么办呢?"孙德才说,"我当时就想通过引进风险投资来实现再次创业。"

　　"后来我找到了天使投资。"孙德才与天使投资的董事长见面后,向对方详细介绍了自己的创业计划,"我当时告诉他最终完成投资,需要 300 万元资金,前期需要 100 万元资金。"

　　这个创业项目引起了天使投资的兴趣。虽然当时项目还停留在创业计划书上,完全没有实际运作,但天使投资方面看中了项目前景,很快便决定注入资金帮助项目启动,第一期100万元资金很快到位。

"天使投资现在已经累计对这个项目投资500万元,超过了当初我们想要的投资额。天使投资不但给我带来了资金上的帮助,还给我带来了资源上的帮助,比如,介绍成熟的业态帮助我迅速增强实力。现在我对项目前景更加充满信心。"

不戴眼镜可看 3D 节目

"我们已经成功推出两个项目,均布放在观音桥商圈内。"孙德才称,这两块屏幕一个在观音桥雕塑,另一个在阳光城靠茂业百货一侧的外墙,"我们采用了高科技含量的3D投影设备,打造了全新的、具有视觉震撼的裸眼3D夜景效果,市民不用戴眼镜就可以在这两个地方看到3D节目。"

现在每晚8时至11时,裸眼3D灯光秀会在观音桥播出。"在这个时段,屏幕中,重庆火锅、脸谱、大剧院等,全都立体从画面跑出来,直奔市民眼前,与在电影院看3D电影几乎一样。"

记者8月14日晚上便体验到了"裸眼3D"。由灯光合成的屏幕里,一会儿是火锅、脸谱等具有重庆元素的画面;一会儿是大剧院、大礼堂等重庆地标建筑。人站在大屏幕前,不用戴3D眼镜,火锅仿佛会立即"端"到面前。

孙德才称,与传统的LED屏幕相比,现在的耗电量只有LED的十二分之一,还不用破坏楼面、地面,更不会影响场地环境及总体规划。

"眼下在两个地方播放的所有3D节目,都是由我们自己制作完成的。"孙德才称,现在播放的3D节目,除了观音桥的传说、重庆的历史变迁、重庆的发展建设外,还有一些小品类的节目。

孙德才透露,在繁华商业地段设置裸眼3D视屏,已引起了国内多个地区的关注,"我们接下来将在西部地区部分城市布放。我们希望立足重庆,放眼全国。"

创业能否成功,取决于纠错的能力

对于自己的创业心得,他说:"失败并不可怕。"经历过失败以后他的感悟是,在创业过程中,最可怕的是还没做出尝试就自我否定,"做一个静下心来深度思考的思想者,对创业者来说很有必要。"

孙德才认为,在创业过程中可能会遇到非专业人士提出看似无厘头的问题,甚至于挑战到创业者的权威,这时也不能急于自我放弃或否定他人,"此时其实是改进内部体制或产品系统的很好机会。"

谈到怎样打动投资方或客户时,孙德才称,投资者在向他人阐述自己产品的新颖以及个人想法时,即使再深奥的东西,也要用最简练、通俗的语言去阐述,"没有人会喜欢拖沓冗长的详尽描述,精准而高效的展现才是最制胜最靠谱的法宝"。

孙德才还认为,创业也不能沉浸在作出一个错误决定之后带来的损失,而是应该总结之前的得失,这样才会收获经验。

思考:1.孙德才融资成功,仅仅是因为创业计划书做得好吗?

2.创业计划书需要包括哪些内容?

3.向投资方展示创业计划时需要注意哪些问题?

本书提供的参考模板,具体可根据项目情况对本创业计划书内容进行适当增减,但不能影响对项目的技术、市场、商业模式和财务等内容的阐述。

【备注:创业计划书是全面介绍初创公司或创业项目运作情况,阐述产品市场及竞争、风险等未来发展前景和融资要求的正式书面材料。本页是创业团队的创业计划书封面,有必要将创业团队的有关信息在此标明。团队可以自行调整封面形式,但必须包括此封面模板中所提到的基本信息。不提倡对创业计划书进行过度包装,但要注意创业计划书内容的专业性与形式的美观。】

创 业 计 划 书

[初创公司或创业项目名称]:

[撰写时间]: 　　年　　月　　日

[团队负责人姓名]:

[团队负责人学号]:

[团队负责人电话]:

[团队负责人 E-mail]:

创业项目团队信息

全体成员姓名	学　　号	专　　业	手　　机

注意:本商业计划书属商业机密,所有权属于初创公司或项目名称,其所涉及的内容和资料只限于已签署投资意向的投资者使用。在没有取得初创公司或项目名称的书面同意前,收件人不得将本计划书全部或部分地予以复制、传递给他人、影印、泄漏或散布给他人。

目　　录

目录应列出创业计划书的主要章节、附录和对应页码,目的是便于查找创业计划书的内容,应列出二级目录。

第一章　执行概要

第二章　项目综述

第三章　产品与服务(解决问题的手段、工具)解决方案、思路(想做什么)

第四章　行业与市场分析(当前市场存在痛点、需求)

第五章　企业战略与策略的制定

一、执行概要

执行概要相当于一份创业计划书的点睛之笔。如果没有好的执行概要,你的计划书也不会引起投资者的注意。执行概要不需要过长,提取精华即可(不超过两页),要能够体现你认真做了市场调查。创业者在寻找资金时,执行概要应注明所需资金数额、投资额与可占有企业股份的比例等相关信息,言简意赅、简要明了。

请简要叙述以下几点内容:

1. 初创企业概况(初创企业是一家什么样的公司?将为怎样的顾客提供怎样的产品或服务?)

2. 行业及市场(行业前景、市场规模及增长趋势、行业竞争对手及本公司竞争优势、未来三年市场销售预测)

3. 商业模式(简述初创企业的盈利模式以及该模式的独特性和在一定时期的不可复制性)

4. 企业战略及营销策略(要着重介绍初创时期的企业战略及营销战略,以及在价格、促销、建立销售网络、对销售人员的激励机制等方面拟采取的策略)

5. 财务及融资计划(资金需求量、用途、使用计划,拟出让股份,投资者权利,退出方式,未来 3 年或 5 年的销售收入、利润、资产回报率等)

6. 风险控制(经营过程中可能出现的风险及拟采取的控制措施)

二、项目综述

看过执行概述部分,意向投资方已经对你的计划有了大概的了解。接下来就要通过项目综述展现给你的意向投资方一个鲜活的创业项目策划方案,进一步从框架理念看到有充分依据的市场反馈、需求饱满的可行性计划书。这样,你的计划书就有了坚实的基础,有了足够说服对方的分量。切记不要过于繁杂,条理清晰,强而有力即可。

1. 创业背景(解释商业创意的来源和创业动机)

2. 初创企业简介及业务描述

企业基本信息表

公司名称	地域+字号+行业+法律形态 (例:上海 中济 网络 有限公司)
公司类型	□有限责任公司 □个体工商户 □个人独资企业 □合伙企业 □其他_____(打√选择)
注册地址	
主要经营范围	经营范围是指国家允许企业法人生产和经营的商品类别、品种及服务项目,反映企业法人业务活动的内容和生产经营方向,是企业法人业务活动范围的法律界限,体现企业法人民事权利能力和行为能力的核心内容。需核实经营项目符合工商部门规范。 (与营业执照一致)

业务描述在商业计划中起着至关重要的作用。业务描述不仅要介绍公司的经营范围、采购渠道,还要说明公司的竞争地位和技术水平。一份优秀的创业计划书,可以让人在较短的时间内了解公司的运营模式。在撰写业务描述之前,首先要明确业务描述的目标,只有明确了目标,才好"对症下药"。业务模式是企业所采取的独特的、行之有效的产品或者服务提供方式,这种方式有效地满足了特定顾客的需求,构成企业竞争优势的核心。在衡量企业生存和发展的指标中,收益是必不可少的重要指标。怎样获取收益的思路和方法就是企业的商业模式。业务是公司的核心,公司收益来源于业务活动,收益体现的是业务的价值,因此,业务又和商业模式相关联。在商业计划中,业务描述的目的就是要让人了解企业的业务模式,包括产品和服务以及整个盈利模式。

3. 企业使命陈述(说明企业存在的理由以及立志成为怎样的企业)

创业计划书中的业务描述不仅要对企业的业务作详尽的阐述,还要描绘企业使命和愿景。业务描述面向的不仅是企业内部员工,还面向投资人、合伙人、客户等和企业生存和发展息息相关的主体。一个具有伟大使命和美好愿景的企业会吸引更多的人参与,从而促进企业的发展。同时,业务描述要有切实可行的行动计划,没有实现伟大使命和美好愿景的途径,再好的愿景使命也只能算是空想。美好的愿景加上切实可行的计划才是一份完整的方案。

使命陈述的思想最早由管理大师德鲁克提出,他认为企业必须有本企业的宗旨和使命的明确界定,而企业的三个经典问题是:我们是什么,应该是什么,将来应该是什么。企业使命是企业存在的最重要的理由,它提供了一个企业存在的目的及其活动范围等方面的信息。它界定了一个组织与另外一些类似组织的差别,一个好的企业使命陈述向公司全体员工解释我们到底干什么这个问题。

企业在制定战略之前,必须先确定企业使命。简单地理解,企业使命应该包含以下的含义:

(1) 企业使命实际上就是企业存在的原因或者理由,也就是说,是企业生存的目的定位。不论这种原因或者理由是"提供某种产品或者服务",还是"满足某种需要"或者"承担某个不可或缺的责任",如果一个企业找不到合理的原因或者存在的原因连自己都不明确,或者连自己都不能有效说服,企业的经营问题就大了,也许可以说这个企业"已经没有存在的必要了"。就像人一样,经常问问自己"我为什么活着"的道理一样,企业的经营者们更应该了然于胸。

(2) 企业使命是企业生产经营的哲学定位,也就是经营观念。企业确定的使命为企业确立了一个经营的基本指导思想、原则、方向、经营哲学等,它不是企业具体的战略目标,或者是抽象地存在,不一定表述为文字,但影响经营者的决策和思维。这中间包含了企业经营的哲学定位、价值观以及企业的形象定位:我们经营的指导思想是什么,我们如何认识我们的事业,我们如何看待和评价市场、顾客、员工、伙伴和对手……

(3) 企业使命是企业生产经营的形象定位。它反映了企业试图为自己树立的形象,诸如"我们是一个愿意承担责任的企业""我们是一个健康成长的企业""我们是一个在技术上卓有成就的企业"。在明确的形象定位指导下,企业的经营活动就会始终向公众昭示这一点,而不会"朝三暮四"。

20 世纪 20 年代,AT&T 的创始人提出"要让美国的每个家庭和每间办公室都安上电话"。20世纪80年代,比尔·盖茨如法炮制:"让美国的每个家庭和每间办公室桌上都有一台PC。"今天,AT&T和微软都基本实现了他们的使命。企业的使命不仅回答企业是做什么的,更重要的是为什么做,是企业终极意义的目标。崇高、明确、富有感召力的使命不仅为企业指明了方向,而且使企业的每一位成员明确了工作的真正意义,激发出内心深处的动机。试想"让世界更加欢乐"的使命令多少迪士尼的员工对企业、对顾客、对社会倾注更多的热情和心血。

三、产品与服务

1. 准确定义初创企业所提供的产品或服务

2. 该产品或服务如何满足市场需求

3. 确定该产品或服务在市场中的位置

4. 产品或服务具有怎样的独特性与领先性(实物图形、工作原理、使用方法等要用图直观表示)

准确定义初创企业所提供的产品或服务时,首先要理清主营业务是产品还是服务,明确主营产品在整个公司中的角色和地位。如果一家母婴用品店所有产品赚的毛利润都相差无几,这就是典型的没有把它的主营产品聚焦,没有明确主营产品在公司中的角色和地位。任何一家店铺,不管是电商还是线下的传统店,它的产品一定要有吸引客户的"爆款"。推出"爆款"的目的不是赚钱而是赚眼球。通过吸引客户的眼球,建立客户与企业间的信任关系,从而增加其他产品的销量,这才是爆款存在的最大价值。

在描述产品时,要尽可能地突出产品的服务特色,可以从产品的低价性、便利性、节能性、环保性、低碳性、安全性、舒适性、美观性、时尚性、功能性、科技性、高附加值性、服务模式等多方面去描述。服务模式是最应引起重视的关键内容,能否具有创新的特色服务模式,是项目盈利的关键,也是衡量创业项目质量好坏的一个重要评价指标。

最好是:产品或服务的具体形态(图片)结构、工作原理、技术来源、使用流程、相关功能、研发成本、价格优势、知识产权(商标、专利)、行业壁垒、用户反馈、荣誉证书和媒体报道等。或者是软件用产品截图;硬件用实物图片;最佳展示是用30秒以内的产品演示短视频。又或者是图文解说、视频展示,做到可视化,类似简版的产品说明书;突出创新点、专业性、性价比等。

5. 产品或服务的研发情况(目前产品所使用的技术包括哪些,该技术如何取得,该技术是否已在行业中广泛应用,要清楚解释该技术的专利性质以及知识产权的保护情况)

如果创业项目中有大学生自主发明的专利和著作权等知识产权,则会对创业项目的技术含金量提升有所帮助。自主知识产权是创业项目的优势元素,也是为项目的跟进者和模仿者设置的门槛。如果创业项目拥有自主知识产权,则一定要在创业计划书中加以介绍和描述。知识产权可以包括发明专利、实用新型、外观设计三种专利权,还可以包括软件著作权、公司商标权、商业秘密等。

6. 未来产品或服务规划(目前该产品或服务处于何种阶段,是起步、发展,还是成熟阶段,未来计划如何发展该产品或服务)

四、行业与市场分析

本小节需要进行市场调查,这是撰写创业计划书最重要也是最困难的一小节,如果不重视对这一小节的编写,那么你的计划将成为最糟糕的计划。在这一小节中,你要指出你在哪个行业领域、市场领域展开竞争,市场特点与性质怎样,你是如何划分市场格局的。

1. 宏观环境分析

各类宏观环境对初创企业的影响:政治法律环境(所在行业的发展是否符合政府倡导的发展趋势,当地政府对创业项目的支持政策程度等)、经济环境、社会文化环境、技术环境。

2. 所在行业背景分析

所在行业首先要界定清楚!该行业的发展历史与现状、现有的市场容量和需求统计、市场容量的增长速度和增长空间等。要分析目标行业是起步期、快速成长期、逐渐饱和期、没落(衰退)期。

3. 顾客购买行为分析

消费者的需求特点、数量、种类;消费者的购买动机和购买习惯;消费者的购买能力和购买行为等。

4. 竞争对手分析

识别主要的竞争对手、竞争对手的营销资源和实力分析、竞争对手的目标市场分析等。

5. 初创企业的年销售额和市场份额的预测以及依据

行业背景分析、顾客购买行为以及竞争对手和企业的销售额、市场份额分析是需要真实的数据作支撑的。一般的数据来源包括知名的期刊和杂志、业内人员的沟通交流、实地调研和网络搜索。由于资源是有限的,在获取数据的途径上,要考虑到成本问题。实地调研具有真实性,但是需要花费大量的时间和精力;网络搜索获得数据的方式简单、操作方便,但是可靠性相对较差。采取哪种途径进行数据分析,为行业背景提供有力的数据支持,需要视具体情况而定,原则是在控制成本的情况下,保证数据的真实性。

(1)客观务实。投资人接触过很多行业,对有些行业背景可能比创业者更加熟悉,所以,在撰写行业背景时一定要客观务实,不能偏离实际,否则,很难得到投资人的认可,拿到融资。

(2)用数据说话。数据比较有说服力,会给人留下真实可靠的印象,所以,在行业背景分析时,可以用数据的一定要用数据说话,能量化的一定要量化。

(3)有据可查。在创业计划书中,要将数据材料添加在附件部分,作为数据可靠的依据。

6. SWOT分析(表7-1)

表7-1　SWOT分析表

优 势 (Strengths)	针对本公司创业项目,从产品或服务的特色、技术、价格、销售渠道、营销手段、资金、团队、无形资产等方面阐述,列举条目
劣 势 (Weaknesses)	针对本公司创业项目,从产品或服务的特色、技术、价格、销售渠道、营销手段、资金、团队、无形资产等方面阐述,列举条目
机 会 (Opportunities)	针对本公司创业项目,从政策、市场竞争、行业、潜在竞争、经济环境等方面阐述,列举条目
威 胁 (Threats)	针对本公司创业项目,从政策、市场竞争、行业、潜在竞争、经济环境等方面阐述,列举条目

五、企业战略与策略的制定

1. 初创企业各时期的发展战略(初期、中期、长期)

2. 初创企业的营销战略(从市场细分——目标市场的选择——市场定位三个方面展开分析)与营销策略(图7-2)

【备注：营销概念解释】

图7-2　初创企业的营销战略示意图

　　市场细分是指营销者通过市场调研,依据消费者的需要和欲望、购买行为和购买习惯等方面的差异,把某一产品的市场整体划分为若干消费者群的市场分类过程。每一个消费者群就是一个细分市场,每一个细分市场都是具有类似需求倾向的消费者构成的群体。细分消费者市场的基础包括:

　　地理细分：按照消费者所处的地理位置、自然环境来划分。

　　人口细分：年龄、性别、职业、收入、教育、家庭人口、家庭类型、家庭生命周期、国籍、民族、宗教、社会阶层。

　　心理细分：按照消费者的心理特征来细分市场,包括生活方式、个性、购买动机、价值取向等。

　　行为细分：消费者进入市场的程度、购买或使用产品的时机、消费者的数量规模、品牌的忠诚度等。

　　受益细分：产品能够提供什么特殊效用、给购买者带来何种特定利益等。

　　所谓目标市场的选择,就是指企业在市场细分之后的若干"子市场"中,所运用的企业营销活动之"矢"而瞄准的市场方向之"的"的优选过程。选择目标市场的标准包括：① 市场规模与增长率——量化你的市场。② 市场竞争状态与特性——寻找有利机会。③ 与企业目标与资源的相容性——把握自身优势。

　　市场定位指企业根据竞争者现有产品在市场上所处的位置,针对顾客对该类产品某些特征或属性的重视程度,为本企业产品塑造与众不同的,印象鲜明的形象,并将这种形象生动地传递给顾客,从而使该产品在市场上确定适当的位置。市场定位塑造的不是产品在市场中的物理位置,而是心理位置,即要使公司的产品在目标顾客群体心目中占有一个独特、有价值的位置。

　　营销策略与数据：过去、现在、未来各阶段的目标客户→营销策略→执行情况→营销成本→营销效果(营业收入或用户数据)→经济效益;直接列举部分目标客户的名称和各阶段的营销进展情况及营销效果来论证项目的投入产出比、核心竞争力和经济效益。

　　用营业收入、市场占有率、线上会员数、线下体验数、用户购买率、留存率、复购率等数据来呈现产品在目标市场上的认可度和竞争力;通过当前的营销数据及条件来规划未来的营销计划和相应的产出效果,可分成未融资和融资后两种预测。

3. 产品策略

针对不同产品功能可进行特色分析,如表7-2。

表7-2 产品服务功能特色分析表

产品或服务种类	功　能	特　色
例如: 管家婆软件	进货管理;销售管理;存货管理;商品账;资金账;往来账;收入账;查询与分析等功能	实用——将钱流账与物流账结合,即时反映企业财务状况和进销存状况; 易用——简单的操作更符合企业日常业务处理习惯,实现全面查询和分析库存、资金、往来、费用、收入、成本等。每笔业务后,能自动生成当前盈亏表、资产负债表

4. 产品定价(表7-3)

表7-3 产品定价分析表

产品或服务	单位	单位成本	同类产品市场零售单价	产　品　单　价
产品一				如果一年当中产品售价有变化或者多种产品属于同类产品,可按照产品均价计算
产品二				
产品三				

5. 销售渠道

销售渠道具体包括:① 营销渠道和营销网络的建设;② 初创企业的销售策略及营销队伍的建立。

6. 推广宣传(表7-4)

表7-4 项目推广宣传方式表

推广方式	主　　要　　内　　容	推广费用
广告媒体	选择媒体:报纸、杂志、电台、电视、直邮、网络等	
会展推广	选择适合推广产品服务的会议和展览会	
公关活动	引起客户注意的文章、被电台电视台采访的机会、研讨会、媒体新闻稿	
网络推广	指网站推广、网络品牌、信息发布、在线调研、顾客关系、顾客服务、销售渠道、销售促进	
促销活动	指降价、打折、试用、赠送、展销等活动方式	
数据库营销	企业通过收集和积累会员(用户或消费者)信息,经过分析筛选后针对性的使用电子邮件、短信、电话、信件等方式进行客户深度挖掘与关系维护	

续　表

推广方式	主　要　内　容	推广费用
新媒体营销	利用数字技术、网络技术、移动技术,通过互联网、无线通信网、卫星等渠道以及电脑、手机、数字电视机等终端,向用户提供产品信息和娱乐服务的传播形态和媒体形态。新媒体营销以微博、微信、网络视频、移动终端等为载体;以碎片化、精准性、互动性等特点和优势与消费者的沟通更加便捷并达到深入的传播效果	

六、创业团队(运营管理与组织结构)

1. 创业团队介绍(介绍初创企业的组织架构和高层管理团队成员的背景、阅历、成员分工及互补情况、他们在公司中所承担的责任、创业顾问以及主要的投资人和持股情况。另外,要介绍团队成员如何展开合作,并说明管理团队现存的缺陷以及你们打算如何弥补。)

2. 初创企业的组织结构

3. 团队成员岗位描述和要求

创始人及创业团队是投资人关注的关键点之一,如果没有一个强有力的创业团队去实施,再好的项目最终也会失败。创业计划书中运营管理与组织结构的撰写主要包括创始人分析、团队成员岗位描述和要求分析、团队组织架构与分工三部分。

(1) 创始人分析

创始人分析一般包括以下五大方面的内容:

一是基本信息。基本信息包括个人基本信息、个人对项目的理解及行业经验等。

二是创业背景。创始人是否有创业经验,对投资人来说也很关键。

三是性格分析。创始人的性格分析和团队成员的性格分析是相辅相成的。

四是能力分析。能力体现在过去的成就上,所以创始人的能力分析可以列举做过的项目和获得的经验。

五是资源与优势。将个人资源与优势列于创业计划书中,让别人相信项目能够进行并取得成功。

(2) 团队成员分析与分工

团队成员分析首先是分析团队成员价值观以及团队成员对项目的理解,价值观一致性是团队组建的核心,决定创业团队的高度和项目未来发展的高度。

团队分工要进行合理的部门与岗位设计;明确团队成员承担的角色,并对团队成员的权利和义务做事先说明。重点体现团队的专业性和完整性:CEO(总经理)、CTO(技术总监)、CMO(营销总监)等,一般三人或以上。可邀请行业专家、导师、投资人等有资源的做专家顾问。

创业团队成员优势互补。列出创业团队人员的基本信息,突出每个人的优势。对创业团队成员的职责进行界定,展现出创业团队成员的优势互补。

股权结构合理。除了这些基本信息外,股权分配也是很重要的一部分,很多团队走不到最后就是股权分配不合理导致的,所以,要对股权分配情况及退出机制进行说明。

（3）团队组织架构

组织结构是组织中的全体成员为实现组织目标,在管理工作中进行分工协作,在职务范围、责任、权力方面所形成的结构体系。

组织架构扁平化是趋势,而且组织架构流程越来越简单,流程复杂会大大降低企业在市场中的竞争力,多采用项目负责制。创业初期,创业团队成员多数都在同一等级。随着企业规模的扩大,需要设置等级结构进行管理。为了方便沟通及时发现问题,越来越多的企业趋向于扁平化组织结构,更有助于团队成员间的沟通交流,有助于企业更快速地对市场风险做出反应。

七、商业模式及阶段目标、实施计划

商业模式包括战略思想(利润来源,各阶段的目标及计划安排)、推广渠道(通过哪些渠道和手段推广产品或服务,让客户知道并了解产品)、合作模式(如何跟合作伙伴合作,让客户买单)

1. 商业模式即企业具体的商业运营是如何支持和实现企业战略的。例如,如果你打算提供高品质的自助洗衣服务,那么你的商业运营方式应该在你做的每一件事情(例如供应商的选择、运营流程、顾客服务、质量控制)中得到体现。此部分也是最为薄弱的小节,创业不能停留在空想阶段,要考虑具体实施,请加强思考!

商业模式与盈利(三选一):

（1）可用商业画布的九宫格(图7-3)来呈现,包括客户细分、价值主张、渠道通路、客户关系、核心资源、重要伙伴、关键活动、成本结构、收入来源九个部分的内容。

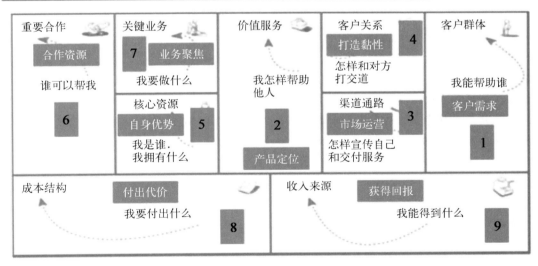

图7-3 商业画布组成图

（2）也可用从产品技术的研发→原材料的采购→生产加工制作→营销推广销售→售后服务等整个项目运营流程的运营图来呈现。

（3）盈利模式:具体怎么赚钱,在哪赚钱,什么时候赚钱,赚谁的钱,当前和未来的主营收入是什么,对应的盈利数据是多少,未来增值收入是什么,如何演变。

① 初创企业的具体运营模式和程序(可绘制"运营流程图")

② 商业区位及布局(可绘制"店铺布置图")

③ 设施与设备(具体设备最好能具体列出)

2. 阶段目标与实施计划

(1) 短期目标与具体实施计划

(2) 中期目标与具体实施计划

(3) 长期目标与具体实施计划

在撰写阶段性(短期、中期、长期)目标的时候,一定要从公司的战略目标出发,明确这个项目的初衷。我们可以将目标分阶段完成,就像把马拉松分成一个一个的标志,对阶段目标逐个进行突破。每达成一个目标,对项目有关人员进行一定的奖励,激励员工更加奋进,使他们看到公司未来的希望,增加创业团队的斗志。

在阶段性目标撰写的时候,还需要注意的是项目要可执行、可实施、可量化,在项目执行的时候,需要的资源都应可找到并可以充分利用。最后,阶段性的目标还要具有适应性和优化性。在项目实施的过程中,如果某一阶段目标所花费的时间大于预期的时间节点,就要找出时间节点延长的原因,在此基础上对后续的阶段目标进行必要优化。当然,阶段目标如果提前完成,公司后面的项目就可以提前完成,甚至可以提前达成目标,此时,员工的奖励制度必须发挥出它应有的作用。

撰写阶段性目标的时候应注意时间节点问题,对于任何项目,创业公司都应有一个时间期限,哪怕这个时间期限是预测的。如果没有时间期限,对项目进展规划便不完整,缺乏把握,甚至有时会造成企业资源的浪费。

阶段性目标计划撰写方法比较典型并且值得推荐的是甘特图法。每个项目都有各自的差异性,例如,有的项目花的时间较长,有的项目则较短,有的项目是持续的,有的项目具有阶段性。总之,甘特图法可以把不同的项目进行区分标记,一目了然。把任务细分开来,把需要去做的事情导入,如前期调研、人才储备、项目开发,通过区分颜色的方式进行标注。尤其是当甘特图制造出来之后,相关人员看到任务甘特图,便清晰地知道某段时间的主要精力和任务,一旦超过时间节点任务还没有完成,就会形成一种潜在压力,可以在很大程度上促使相关人员一鼓作气,共同解决困难。

八、财务预测与融资

撰写财务预测,需要从财务计划与需求分析、盈亏平衡点、融资计划与财务收益预测入手。要说清楚"要多少钱""花在哪儿""花多久"三件事,并结合企业商业的模式做预测。财务预测的重点是损益预估表、现金流预测表、资产负债预估表的制备和盈亏平衡点的测算。

流动资金是企业的生命线,因此企业在初创或扩张时,对流动资金需要预先有周详的计划和进行过程中的严格控制。

损益预估表反映的是企业的盈利状况,它是企业在一段时间运作后的经营结果。

资产负债预估表则反映在某一时刻的企业状况,投资者可以用资产负债预估表中的数据得到的比例指标来衡量企业的经营状况以及可能的投资回报率。

　　盈亏平衡点的计算涉及公司的成本和收入,创业者必须根据自己的项目去把握盈亏平衡点的计算。创业公司除了要承担社会责任外,一定要牢记企业是以实现利润为中心的,做任何事都要考虑能否实现利润,公司只有盈利才能维持生存,才能良性地发展下去,所以,对盈亏平衡点的预测至关重要。

　　1. 资金需求与使用计划(根据初创企业或创业项目实施进度计划,各阶段相应的资金配置以及进度表)

　　资金需求分析:项目的启动资金是多少,运营资金有哪些。启动资金和项目的总投入不同,因为创业公司在启动后的不同阶段也在发生变化,例如,运营包括市场拓展以及长短期的投入。当公司开始一个项目时,需要对大数据进行挖掘,此时,不仅要做一些在线的开发,甚至还要投入一些设施设备,这些财务支出都应体现在财务使用计划中。

　　财务使用计划:公司资金需求直接影响公司的财务计划,对公司需求进行分析,包括公司设备、技术、人员、场地、运营推广等多个方面。每一个项目、每一项工作,都会涉及人工、时间、原辅材料等成本的支出,所以,在开展成本控制时,一定要弄清楚成本支出的元素,并将主要的成本支出项目控制好。

　　公司的财务支出主要包括以下几个方面:

　　(1) 生产成本财务支出。其包括科研有关的原辅材料、生产设备、检测仪器以及设备的维修。

　　(2) 人力成本财务支出。其包括公司聘任的专职和兼职人员的薪酬、保险、顾问费、加班费、餐费等相关费用。

　　(3) 时间成本财务支出。其包括公司开展项目所花费的调研、设计、研究、实施、会议、评估、完善所设计的时间成本。

　　(4) 其他财务成本支出。其包括交通成本、通信成本、水电成本、房租成本等。

　　2. 盈亏平衡点的测算

　　盈亏平衡点也称保本点,当销售收入高于盈亏平衡点时,企业盈利;反之,企业亏损,任何一个创业者都需要有一个警戒线,通过警戒线的设立来清晰把握公司项目运营的盈利时点和亏损时点。

　　盈亏平衡点的计算公式是:$BEP=Cf/(P-Cu-Tu)$

　　其中,BEP——盈亏平衡点时的产销量;

　　Cf——固定成本;P——单位产品的销售价格;Cu——单位产品的变动成本;Tu——单位产品的营业税金及附加。

　　由于单位产品的税金及附加常常是单位产品销售价格与营业税及附加税率的乘积,因此,公式可以表示为:$BEP=Cf/(P(1-r)-Cu)$ 其中,r——营业税金及附加的税率。

　　按实物单位计算:盈亏平衡点=固定成本/(单位产品销售收入-单位产品变动成本)

　　按金额计算:盈亏平衡点=固定成本/(1-变动成本/销售收入)=固定成本/贡献毛利盈亏

3. 融资计划

创业团队的出资情况;为实现初创企业发展计划所需要的资金额;资金需求的时间性;资金用途(详细说明资金用途,并列表说明);公司所希望的投资人及所占股份的说明;资金来源(如银行贷款、创业基金支持)。

创业融资是创业管理的关键内容,在企业成长的不同阶段,融资具有不同的侧重点和要求。创业者在开始融资时,不确定性和信息不对称是创业融资难的影响因素。在融资前,必须对自己的创业项目进行一次投资规划,并根据这个初步规划估算出整个项目启动时需要投入的资金数,根据这个数字,再加上一定比例的不确定因素,最后得出一个准确的数字,进入创业融资阶段。

对融资而言,必须结合具体项目的财务计划、组织愿景、盈利模式,对项目所需资金、主要开支进一步精准化。以常见的一些融资计划为例,它所涉及的费用投入主要包括人才储备,关系到公司的未来发展,必须吸引技术人才,吸引各类人才。再者,产品的研发、设备采购、市场推广等同样需要大量的费用投入。另外,融资计划其实也是分阶段的,所以,要融的资打算花多久这一问题也不可以忽视。只有这样,公司项目的进展就不再为融资问题而发愁。

4. 投资收益评价(参考表 7 - 5~7 - 8)

表 7 - 5　初创企业的计划投资与收益情况表

项目(单位:万元)	第 一 年	第 二 年	第 三 年
年收入			
销售成本			
运营成本			
净收入			
实际投资			
资本支出			
年终现金余额			

表 7 - 6　经营第一年利润计划表　　　　　　　　　(单位:元)

项　　目	1 月	2 月		合　计
一、主营业务收入	A			
加:其他收入	B			
支出	C			
二、利润总额	$D=A+B-C$			
减:所得税费用(按 25% 计算)	$E=D\times 25\%$			
三、净利润	$F=D-E$			

表7-7 第一年度的现金流量计划表 （单位：元）

项 目	1月	2月		总 计
月初现金	L1	L2＝P1		
现金流入小计	M1			
现金流出小计	N1			
净现金流量	O1＝M1－N1			
月底现金余额	P1＝O1＋L1			

备注：净现金流量是指一定时期内，现金及现金等价物的流入（收入）减去流出（支出）的余额（净收入或净支出），反映了企业本期内净增加或净减少的现金。

表7-8 投资收益评价表

总投资额（元）		投资收益率（第一年）		%	
预期净利润 （税后利润）	第一年	第二年		第三年	
		年增长率	%	年增长率	%
备 注	投资收益率＝净利润÷总投资额×100％				
	预期净利润—第一年：见经营第一年利润表；				
	此表中"总投资额"项的金额等于资金需求合计				

结合企业的商业模式，有的项目刚开始是不盈利的。众所周知，一个创业公司刚开始时，需要大量的投入，包括科技研发、人才引进、设备引进等。收益预测只是一个预测，它和真实的财务状况其实是有很大区别的。投资收益预测具体实施的时候会发生变化，公司创业者也应该用一种正常的心态去接受这件事情，根据不同的项目，财务收益的回报、时间都不尽相同。虽然预测数据和真实数据会有出入，但是财务收益预测客观事实，预测数据同样具有客观性和可实现性。

5. 资本结构（参考表7-9、表7-10）

表7-9 投 资 设 想

起步阶段计划需要多少资金投入企业？	
创业团队希望寻求什么样的投资者（包括投资者对行业的了解，资金上、管理上的支持程度等）	
假如筹集成功，初创企业可持续经营多久	
下一轮投资打算筹集多少	
初创企业可以向投资人提供的权益有	□股权 □可转换债 □普通债权 □不确定

表 7 – 10　资金到位后的股本结构表

股　　东	投　入　资　金	股　权　比　例

6. 投资者退出方式的选择

（1）股票上市：依照本创业计划的分析，对公司上市的可能性做出分析，对上市的前提条件做出说明。

（2）股权转让：投资商可以通过股权转让的方式收回投资。

（3）股权回购：依照本创业计划的分析，公司对实施股权回购计划应向投资者说明。

（4）利润分红：投资商可以通过公司利润分红达到收回投资的目的，按照本创业计划的分析，公司对实施股权利润分红计划应向投资者说明。

九、风险控制

本部分需客观阐述初创企业面临的政策、技术、市场、财务等关键问题，提出合理可行的规避计划（表 7 – 11）。

表 7 – 11　创业风险分析

创业风险	分　　　　析	对　　策
行业风险	行业的生命周期、行业的波动性、行业的集中程度	
政策风险	因国家宏观政策（如货币政策、财政政策、行业政策、地区发展政策）发生变化，导致市场价格波动而产生风险	
市场风险	市场风险涉及的因素有：市场需求量、市场接受时间、市场价格、市场战略等	
技术风险	企业产品创新过程中，技术成功的不确定性、技术前景的不确定性、技术效果的不确定性、技术寿命的不确定性	
资金风险	资金风险主要有两类，一是缺少创业资金风险，二是融资成本风险	
管理风险	企业经营过程中的风险，如管理者素质风险、决策风险、组织风险、人才风险	
环境风险	社会、政治、政策、法律环境变化或由于意外灾害发生而造成失败的可能性	

撰写创业计划书前应仔细思考的 10 个问题：

（1）你公司的宗旨或目标是什么？公司存在的理由是什么？你希望在一年内、三年内、五年内分别达到什么样的目标？

（2）你最主要的客户群是谁？他们为什么要从你或你的公司购买服务或产品？

（3）你最主要的竞争对手是谁？你公司的产品和服务怎样与竞争对手相抗衡？

（4）你如何在主要目标市场中实现最初的期望？你在最初的销售定位中对客户的承诺是什么？

（5）你怎样组织和构建公司来实现这样的承诺？

（6）你如何来应付财务上的挑战，比如最初的投资、营运资金、现金流量控制和收益？

（7）你如何来招收、筛选、培训和保留你公司的管理人员和员工？

（8）你如何来设定绩效指标，管理和提高绩效？

（9）你如何确保公司的每个员工都能正确理解你为公司制定的目标？他们会同舟共济，以同样的步伐前进吗？

（10）你如何解决那些不可避免的问题，比如销售、运作、质量、管理？

课堂学习

案例一：在 2018 年 6 月举行的全省挑战杯创业设计大赛中，浙江师范大学计算机专业学生杨博军等人的"网上公墓"项目夺得大赛一等奖。随后，杨博军等人启动了创业，但没想到的是，当初调研充分、设计完善且大家一致看好的创业项目，在正式运作几个月后，就陷入了困境，不少团队成员就此中途放弃。

专家看好，市场遇冷

杨博军的"网上公墓"项目，主要通过创建网站为人们提供网上祭祀服务，除了纪念已逝亲友，还包括情感祭祀服务、宠物祭祀服务和名人祭祀服务等。在去年的大赛中，这个点子让评委眼前一亮。大家认为，随着生活节奏的加快和社会形态的变化，传统的纪念方式将发生改变，"网上公墓"具有很大的市场开发潜力。

2018 年 8 月，拿着向朋友借的 5 万元钱，杨博军等人创建了网站，租了网站服务器。杨博军说，除去做网站和租服务器的费用，5 万元的创业资金已所剩无几。因为没钱做广告，他只好到天涯、新浪等各大网站论坛发帖子，并继续为项目寻求资金支持。

创业项目多数停留在纸上

这些年，"创业"已经成为大学校园里的一个热门词汇，各类创业设计大赛蓬勃开展，参与人数呈现出明显的上升趋势。

以浙江师范大学为例，2018 年共有 9 支队伍共 68 人在全省挑战杯大学生创业大赛上获奖。浙江工业大学去年申报参赛的团队有 400 余支，人数超过 2 000 人。

不过，绝大多数的创业项目仅仅停留于理论阶段，有些大学生只是抱着参赛的心态设计项目，甚至有的就是为了拿奖，以便为将来的就业增加砝码。

浙工大学生朱涛和队员们设计了一个餐饮经营创业项目，去年获得了全省一等奖。但他坦言，团队里除了自己和另一名成员，其他人只是为了比赛而参与其中，并没有做好创业的打算和准备，创业项目在比赛后基本就封存了。

不要轻易浪费好的创意

那么,是什么阻挡了大学生创业的脚步?不少大学生表示,启动资金缺乏是最大的困难。

浙师大生化学院大四学生韩伟琴的奇灵化工项目,利用化学药剂清洁污水,使水资源得到循环利用,这个项目曾获得全国铜奖,并已申请到国家专利,之所以仍是"纸上谈兵",是因为设施投入需要几百万元巨额资金,她根本没有这个能力。除了自主创业,另一种途径是转让自己的成果,或与企业开展合作。遗憾的是,目前企业对大学生的创业项目关注度不高。

今年以来,国家及地方出台了一系列支持大学生创业的政策。以杭州市为例,大学生自主创业最多可获得 20 万元的资助,并在房租、税收方面享受优惠。

浙工大 2008 届毕业生王学锋在大三时就成立了一家文化传播公司,大四时他的创业项目获得了全省三等奖,目前已经成功申请到 2008 年度杭州市 10 万元创业资助,而且公司有了不错的盈利。王学锋说,大学生要珍惜自己的创业项目,寻找能够一起同甘共苦的人创业,执着地走下去。

思考:

1. 杨傅军的项目受到了专家的认可,却在市场中遇冷。你如何看待这种现象?

2. 一份成功的创业计划,是否意味着创业必将成功?

3. 从哪些方面论证创业计划是否可行?

4. 为杨傅军的项目做一份创业计划的评估报告。

案例二:王志和两个合伙人刚刚成立一家车联网公司,车联网在现在的互联网项目当中也非常热门。由于"车联网"三个字的范畴非常大,在融资的过程中,投资人需要他和他的团队撰写创业计划书,在涉及产品和服务的部分,他们非常纠结,难以取舍。

讨论:到底该怎样聚焦产品和服务?

案例三:刘宇和伙伴们一起研发了一款叫"优派"的智能车锁,主要应用在一些比较高端的自行车上。自行车利用智能车锁可以进行跟踪、定位及防偷盗,同时,这个智能车锁还有一个专利,就是配上了一个太阳能充电电池。他们有两种运营模式,第一种运营方案是通过出售产品"优派"智能车锁来获取利润,他们从竞争分析当中发现,国外的这款智能车锁的费用非常昂贵,而国内市场相对来说竞争不是特别激烈。第二种运营方式是作为自行车的配套产品,通过渗透一些骑行俱乐部做社交圈子,通过销售配套的自行车产品作为商业模式。到底该选择哪种运营模式呢?

讨论:1. 结合运营目标和市场竞争情况制定公司战略。

2. 如果"优派"智能车锁选择第二种商业模式,那刘宇和他的创业伙伴应该怎样制定公司战略以达到他们的运营目标?

案例四:小张做了一个净菜配送的 O2O 项目,他带着写好的创业计划书来到政府的创业指导部门,想申请政府贷款。在他的创业计划书竞争分析部分的撰写中,他认为目前的一号店、中粮我买网、顺风优选等是他的主要竞争对手,而这些公司还有诸多不完善的地方,如物流、产品的新鲜度、产品的质量保证。

讨论：1. 在小张撰写创业计划书的竞争分析部分,他的竞争对手的描述准确吗?

2. 小张的项目的核心竞争力体现在哪里?

创业计划书是企业创建的共同纲领和行动指南。通过制订创业计划,创业者能够明确创业方向、理清创业思路。在探讨创业机会细节的过程中,会迫使创业团队一起工作,将其抽象的创业理念转换为产品的功能和质量、销售的策略和方式、资金筹集和盈亏平衡点等具体的现实问题,通过反复论证和调整,使团队成员统一思想,也使得最终形成的创业计划成为创业引领的纲领性文件和具体行动的指南。同时,创业计划的撰写是一个长期的过程,可能需要创业团队根据企业的实际情况进行不断地调整和完善。在这一过程中,创业者或者改变销售策略,或者更新经营思路,或者认识到某一方面的错误与不足,甚至改变了总目标下的某一分支,这都有利于企业良性发展。

撰写创业计划书是使创业团队及雇员团结一心的方式或手段。一份清晰的创业计划书对企业的愿景使命和未来发展均作了详细的陈述,无论对创业核心团队还是普通员工都具有十分重要的意义。尽管市场变化快速,创业计划也会根据变化的情况适当调整,但是撰写创业计划的过程会使得团队成员团结一心,为了共同的创业目标而努力,同时发现团队中可能存在的问题,从而通过对创业计划书这样一个重要方案的论证,使团队成员更加团结,配合更加默契,使普通员工和创业者保持一致的运动过程,保持统一的行动方向。因此,创业计划书的撰写过程和创业计划本身同样有价值,是使创业目标变成现实的重要途径,使普通员工理解企业目标、完成企业计划的重要措施。

创业计划可以作为推销性文本,向潜在投资者、供应商、重要的职位候选者以及其他人介绍拟创办的企业。实际上,向创业者索要创业计划书的组织数量一直在不断上升,越来越多的由大学或社会团体主办的创业园和商业孵化机构会要求获得候选的企业提供创业计划书。有研究表明,拥有创业计划书和新创企业获得资助之间呈正相关关系。作为一种推销性文本资料和路演展示,创业计划书有助于帮助企业建立可信度,尤其是在由大学、教育部、团中央以及一些基金组织举办的创业大赛中获奖的项目,可以使企业更容易获得投资者的关注。即使是一个学生或者团队在创业计划大赛中取得好成绩,最终并没有决定创办新企业,但参赛历练的体验也可能对学生的成长、成才产生积极效果。

★ 课后练习

头脑风暴：以小组为单位讨论后提交结果。

1. 李茜茜研发了一款卡车的智能系统,通过 GPS、路况拥堵监控系统,以及车身上下多个立体摄像头及短波雷达探头,能对车辆进行自动驾驶控制。李茜茜在商业计划书中重点突出了车联网应用最新成果并开始拜访投资人。你觉得他会成功吗?

A. 一定成功,该技术遥遥领先。

B. 不好说,计划书太简单,没有市场调研和竞争分析以及财务计划,投资人未必感兴趣。

C. 不好说,商业计划书仅仅是融资的敲门砖,具体实施时还要考察。

D. 一定成功,该业务的长期潜力值得期待。

你(们)的选择是:＿＿＿＿＿,理由是:＿＿＿＿＿＿＿＿＿＿＿＿＿＿

2. 沈佳佳研发了一款女性运动 APP,该 APP 根据女性的生理周期为女性配制科学的运动方案以及饮食方案。她下一步拟开发穿戴设备,但是需要更多的资金。她想寻找天使投资人,其商业计划书应该介绍 APP 的那些方面?

A. 着重把 APP 产品介绍、研发团队、市场定位写进去。

B. 直接去找投资人,当面跟她解释,我的产品好不需要写策划书。

C. 完整介绍项目,重点突出 APP 未来的发展规划,包括市场研判、盈利预测及还款能力。

D. 写一下 APP 的日活用户量、盈利模式。

你(们)的选择是:＿＿＿＿＿,理由是:＿＿＿＿＿＿＿＿＿＿＿＿＿＿

3. Anthony 的公司产品主要是进口欧洲天然植物解酒饮品,他月底将参加一个由创业基金会举办的创新创业大赛。大赛要求提交商业计划书,Anthony 担心他刚刚发现的商业模式将会被泄漏出去。那么他撰写商业计划书时有哪些注意事项?

A. 介绍企业的基本信息、团队人数、公司网站以及主要业务描述。

B. 在商业策划书中主要介绍自己的行业类别以及目标客户,展现商业机会,对公司的核心专利、配方等加以保密。

C. 通过对公司独特竞争力的优势介绍,让读者对计划做出迅速的了解。

D. 重点放在参展的需求,介绍自己的运营计划,市场分析,以及财务计划和阶段目标。

你(们)的选择是:＿＿＿＿＿,理由是:＿＿＿＿＿＿＿＿＿＿＿＿＿＿

4. 戴宁所在公司研发了一款车联网的 Sim 系统。该系统能够提供车主测速预警,帮助车主进行路况播报、导航地图等服务,并可以通过手机的设置与定位,确认自己爱车的电子围栏、轨迹记录以及查询汽车位置等。戴宁打算在公司内的所有车系中都搭载这一套系统,他的商业计划书该如何写产品与服务介绍呢?

A. 强调线上"互联网＋汽车制造"的优势,展现 Sim 系统的基本功能与附加功能,重点描述产品和服务特色。

B. 结合目前交通事故频发的现状,突出 Sim 系统对车主的安全、车辆维护的必要性。

C. 介绍 Sim 系统所提供的娱乐、网络以及在线信息服务,突出市场需求与前景。

D. 将市场定位与市场研判放入产品介绍中,展望 Sim 系统版汽车的市场需求。

你(们)的选择是:＿＿＿＿＿,理由是:＿＿＿＿＿＿＿＿＿＿＿＿＿＿

5. Jean 开发了一款女性孕期娱乐健身的管理平台。平台根据女性在备孕、孕期中可穿戴设备上的身体数据,定制完成健身管理计划的指导。平台的备孕论坛里也拥有巨多的日活用户。Jean 该如何在商业策划书中进行项目的竞争分析?

A. 理清平台的潜在竞争对手,设置技术壁垒。

B. 介绍独特的目标用户、交互设计出领先于线下机构的孕期教育服务平台。

C. 突出产品定位优势、梳理现有的孕期应用的缺点,并描述平台的特色和竞争优势。

D. 突出数据采集的技术优势,依托移动穿戴设备与互联网终端联通的技术操作可行性强。

你(们)的选择是：_____,理由是：_____

6. Tony 开创了一家"互联网＋"的小微企业,专门做线上与线下的大型赛事志愿者招募业务。虽然赛事活动非常多,但公司却没有多少业务。Tony 计划增加地铁与公交车站里广告推广,并希望得到天使轮的融资。Tony 的商业计划书融资部分要怎么写？

A. 提出融资是为加大用于产品研发的投入,稍微提及一下增加管理费用与营销费用。

B. 突出融资为企业的成长空间和未来效益插上翅膀。

C. 突出融资用途以及项目未来前景。

D. 突出投资回报率,以及对项目做 SWOT 分析,不隐藏风险。

你(们)的选择是：_____,理由是：_____

7. Marry 决定与团队一起打造公司自主品牌"Lovely"面膜产品。他的公司很具人文关怀,比如,公司会对顾客与员工信息分类归档,对他们的生日、爱好等信息了若指掌,同时对员工也有着一套独特的沟通方式。经过多年努力,"Lovely"面膜成为广受欢迎的化妆品品牌。如果你是创始人 Marry,撰写商业计划书时如何体现管理者及团队的优势？

A. 突出 Marry 与团队的销售经验,展现管理团队的经营管理能力。

B. 聚焦客户资源,展现每一名公司管理者与客户之间的构建的日常关系。

C. 介绍 Marry 及团队的价值观与产品的结合,突出展现团队文化。

D. 介绍公司中合理的部门与岗位设置,梳理 Marry 以及团队所承担的角色,以及良好的团队文化。

你(们)的选择是：_____,理由是：_____

8. 创业一定要准备创业计划吗？有了创业计划才能成功创业吗？

9. 先编写一份目录,然后和同学讨论并完善自己的目录。

7.3　创业计划书的路演展示

7.3.1　创业计划的路演、展示作用

创业计划的演示是一个短暂却起决定性作用的过程。创业计划演示是使别人了解项目,获得认可的机会,也是创业者展现个人能力的一个机会。项目再好,如果不能得到投资家的青睐或合作伙伴的认可也会变得毫无意义。很多投资家看中的不只是项目,还有创业者的能力和素质,如果创业者不能将自己的项目很好地展示出来,就难以吸引投资人。

7.3.2　创业计划书常见的误区以及应对措施

1. 简要概述部分抓不住重点

应对措施：一分钟电梯演讲训练。必须简明地告诉读者创业计划的内容,用第一句

话概括清楚你要做的事;在第二句话中,说明申请资金的数量和用途;第三句话说明未来的市场潜力有多大。

2.市场情况阐述模糊

应对措施:从最有可能打动读者的部分开始。大多数投资商认为,在创业中取得成功的秘诀就是要找到并开拓一个足够大的市场,所以,要对未来产品或服务的定位进行详细描述。

一般情况下,市场需求应给出肯定描述,并提供依据,市场调研是非常重要的提供依据的方式。对给出的数据要进行注释,权威数据应该给出来源,以增加可信度。

3.忽视技术、经验和团队介绍

应对措施:投资商最重视的是人,介绍自己、团队成员的背景和经验等详细资料时最好加上个性特征,写上以前取得的成就和技术资质。金融和投资方面的水平也相当重要,最好有相关的经营经验或者见习经历。

4.产品优势不清晰

一个好的商业想法未必是一个好的商业机会,创业计划书中要有关于商机评估的内容。事实上,众多的创新中只有一小部分可以市场化,因此,应说明产品或服务的差异化在哪里。拥有一个好产品只是通向成功的一个步骤,但不一定是第一步或最重要的一步,产品定位要准确。

应对措施:产品优势部分必须说清楚以下几点:

(1)说明白你的产品或想法。

(2)为什么这个计划是可行的,谁会来买单。

(3)为什么它比其他同类产品更好。

(4)第三者的评价(视频、附录)。

5.财务指标经不住推敲

创业计划书中会涉及财务指标。投资人较为看重的就是投资回报,所以,他们会对财务数据较为敏感。投资人一般会关注以下几个问题:① 第一年期望的营业额是多少;② 第一年期望的净收益是多少;③ 第一年将会偿还多少贷款;④ 需要多久可以完全偿还贷款。

应对措施:说清楚项目的总投资额、盈亏平衡点、保本销量、投资回收期,这些数据对投资商非常重要。

7.3.3　创业大赛中的常见错误以及应对措施

创业大赛中常见的误区:

1.夸夸其谈

例如:"这是市场上最好的产品"或者"价格最低"等语言。这类形容词是没有任何说服力的,只能说明创业者对市场的了解不够深入。

应对措施:

(1)列出你的产品与同类或类似产品对比图表,用图表表示:为什么它是最好的,为什么尽管如此它的价格也不是很贵。

（2）如果已经获得一些测试结果，要把结果展示出来。

记住：有价值的数据比任何形容词都更有力量。

2. 经营方法说不清

应对措施：

（1）要说明白如何把产品推向市场。

（2）在宣传和广告上会采取哪些措施。

（3）用什么方式销售。

（4）什么时间开始，最好列出一个时间表。

3. 团队组合不均衡

应对措施：

（1）说明你的团队成员如何分工。

（2）管理上有什么制度约束。

（3）人岗是否匹配。

（4）如何考核他们的工作，最好列出管理框架。

4. 生产方式说不清

应对措施：

（1）介绍一下你的生产方式。

（2）你最初的生产能力怎样。

（3）未来三年经营预期如何增长。

5. 目标顾客定位不准

应对措施：

（1）要说明白你的目标顾客是谁，有多少。

（2）为什么他们会给你买单，如何使他们来购买。

（3）如何满足他们的需求，你的目标市场在哪里。

（4）如何选址，为什么。

6. 产品成本模糊不清

应对措施：

（1）写明你产品测算成本的来源。

（2）说明你的定价策略。

7. 财务数据没有列表

应对措施：

（1）将关键数据列表说明，例如，第一年期望的营业额是多少，第一年期望的净收益是多少，第一年将会偿还多少贷款，需要多久可以完全偿还贷款。

（2）计算你的总投资额、盈亏平衡点、保本销量、投资回收期，这些数据对投资商非常重要。

8. 资金需要数额过多或过少

应对措施：

（1）详细解释为什么需要他们的钱。

（2）说明创业团队成员分别需要投资多少。

（3）解释这些钱的用途。

7.3.4 创业计划书的推介技巧

1. 做好充足的准备

演示创业计划虽然短暂，但决定了投资人是否投资，所以，在进行展示前要做好充足的准备，事先预测对方可能会问到的问题，明确展示的重点，并作好心理准备。

2. 路演时要表现出自信、激情

注重礼仪，语速适当，逻辑清晰，用词尽量通俗易懂，少些简称，充满自信，具备讲故事的感染力；自信可以展现一个人的精神状态，一个自信的人会有一种值得信任的感觉。同样，激情也很重要，人在激情的支配下，常能调动身心的巨大潜力，完成看起来不可能完成的事情。很多投资家和基金经理们都很看重创业者的激情，因此，创业者要充满发自内心的激情。

3. 将创业计划书简洁、直观地表现出来

一般创业计划书的路演是用 PPT 来展示的，通常都有时间限制，注意要简洁直观、突出重点。有时候，对方没有时间也没有兴趣将一整本创业计划书从头看到尾，所以，针对不同的对象可以将创业计划书做成 20～30 页的小册子，让对方可以在较短的时间内对项目产生兴趣。

4. 进行多次"一分钟电梯演讲"训练

要求在一分钟之内简明地告诉读者商业计划的内容，训练自己言简意赅的表达能力和清晰的逻辑思路。

5. PPT 路演中的"坑"与路演技巧

精心准备和经常锻炼是使创业计划书路演展示变得精彩的基本方法。巧妙构思路演展示的内容、制作专业的路演 PPT，提高路演者的信心，使路演展示获得满意的效果。

不要小看了这几分钟的展示，要想打动投资人，准备不充分可不行。

"创业计划路演不就是介绍自己的项目，还用专门去学？"像这样的质疑困惑，相信不少创业者都曾有过，但真要是不管不顾、盲目自信的话，十有八九是要吃亏、栽跟头的。如果不掌握相关常识和技巧，就会出现这些情况：说不清，感觉自己的商业模式已经很清楚了，但投资人就是无法理解；听不懂，投资人提了很多建议，但我还是不知道他想要什么；谈不拢，我觉得项目发展空间很大，但就是说服不了投资人。

（1）路演中比较常见的"坑"。

① PPT 不够简洁。

所谓"酒香也怕巷子深"，虽说 PPT 只是一个辅助作用，但是你的创意再新颖，项目再精彩，不能以这种直观的形式展现在投资人面前，任凭你口若悬河，效果也会大打折扣。

一份不能让投资者眼前一亮的 PPT，就间接降低了投资人投资的兴趣。

解决办法：

第一，PPT 需要有一个清晰的逻辑。我们可以从以下几点进行展示：我们是谁？我

们解决的是什么问题？我们是如何解决这个问题的？为什么要选择我们？

第二，多用图表、图像、视频，少用文字。文字的拖沓会影响投资人的观感，容易使人疲惫；图表、图像、视频则能更生动形象地进行展示。

第三，数据收集、数据挖掘尽可能详细。数据代表市场占有率，代表着你是否瞄准了痛点，亦代表着你的项目是不是经过验证。详细的数据概况往往能胜过千言万语。

② 演讲表达欠缺内涵。

除了项目路演 PPT 的制作技巧，演讲人员的口才以及台风也是很重要的。路演的时间一般很短，只有几分钟。投资人都是对行业有着深刻见解的人，有一整套缜密的逻辑，所以，讲解者只需要在几分钟内讲出项目的精华。

解决办法：

第一，演讲时要有逻辑。讲解的内容一般分为几个部分，脑海中要有一个总的框架，一般的逻辑顺序为：项目介绍、市场分析、创业团队、发展战略等，具体视项目而定。同样重要的是要主次分明，语言简洁。

第二，突出亮点，引人入胜。最重要的一点就是用精练的语言突出项目的亮点，创意足够新颖、项目够实用、团队够强等。依靠这些亮点吸引投资人的兴趣，增加投资人投资的概率。

第三，台风稳健，增强好感度。最好全程脱稿演讲，如果怕忘词，可以拿一个小卡片，上面写上关键词以作提醒。开头和结尾是你成败的关键，要以稳重的仪态和步伐上下台，要掷地有声。这短短的几分钟，是你对投资人"晓之以理、动之以情"的最好时机。

③ 夸大其词、不够真诚。

在项目路演过程中，不少创业者为了增加投资者投资的概率，常会夸大其词、优化数据，对自己的项目进行过度包装。在这个信息时代，投资人也会进行调研，很容易发现你修改了数据。当发生这种情况时，不是降低投资人对你投资的概率的问题，而是投资人会直接拒绝投资。

解决办法：

第一，提供一切真实可靠的数据。就算你的数据不是很完美，但真实可靠是你以后立足行业的基础。如果你还没进入此行就给投资者留下不诚信的印象，以后又何谈发展。

第二，态度要真诚。在和投资人进行对话的时候，态度一定要真诚，最好给人一种如沐春风的感觉。融资失败不要气急败坏，拿到融资更不要洋洋自得。任何时候，谦逊的态度总会赢得别人的赏识。

（2）路演技巧。

① 路演展示准备。

路演展示准备与路演展示内容一样重要。路演展示准备包括路演前的准备与路演过程中的准备两个方面。

首先，需要收集听众评委的相关信息，有必要搜索风险投资网站，了解参加路演展示的风险投资家、天使投资者或者评委专家的信息，分析自己的创业计划书和这类听众之间是否存在某种联系。如果演讲者或者创业计划能够与听众个人关联或者某些活动联系起来，让投资人产生兴趣，形成融洽的交谈关系，可以使路演展示达到事半功倍的效果。其次,需要了解路演场地,并准备与路演展示场合相符的着装,事前按规定展示时间反复进行练习,以便控制好时间和保持最佳状态。

　　② 路演展示内容。

　　路演展示的重点一定是聚焦在听众而不是路演者感兴趣的地方。PPT 要尽可能简要且重点突出。重点讲述市场需求、产品创新性、市场运营能力、团队背景、财务分析、综合的核心竞争力,其他补充项尽量简单,PPT 一带而过,切莫花费过多时间普及市场痛点和行业分析,重点讲自己做的,少普及大家都知道的事。

　　精简并熟练 PPT 内容,转换成 PPT、PPTX、PDF 多个版本,自带 U 盘或者电脑到现场,以防现场设备不匹配或故障,并打印几份纸质的 PPT 和补充材料带到现场供评委随时查阅。

　　专家给出的建议是"666 法则":每行不超过 6 个词语,每页不超过 6 行,连续 6 张纯文字 PPT 后需要一个视觉转换(采用带有图、表的 PPT),一般 5～10 分钟的路演最好不超过 18 张 PPT。

　　③ 现场答辩秘诀。

　　第一,答辩时,正确理解评委提问,快速反应,简短回答,实事求是,扬长避短,尽量占据沟通的主动性,适当引导评委的思路和角度。

　　第二,避免与评委正面冲突,对于真实缺点和项目不完善之处,积极主动认错,缩短争论,不要越描越黑,引起反感。

　　第三,尽量用理性的运营数据和实际案例来回答评委的质疑,巧妙地用市场用户的体验和反响回复评委的质疑。

案例分享

　　首先自查一下:你 5 分钟内打动投资人的能力,可以打多少分?

　　1. 你的商业计划书的 PPT,投入了多少精力、用了多长时间准备?

　　2. 你的商业计划书,有多少页,5 分钟内能够重点分明、按时讲完吗?

　　3. 你的商业计划书,讲的是你想讲的内容,还是评委、投资人想听的内容?

　　4. 你的商业计划书,开篇有一个清晰的主题吗,能够让人听后不忘吗?

　　5. 你的商业计划书,有精准的细分客户定位吗? 需求是刚需吗? 需求是痛点,是痒点,还是爽点?

　　6. 你的商业计划书,有清晰的商业逻辑吗? 简单地说,你知道现在如何赚钱,以后如何持续盈利吗?

　　7. 你的商业计划书,有没有请专业美工或设计人员进行美化完善,达到形式与内容俱佳?

　　8. 你的商业计划书,是不是有很多只有专业人员才懂的简写、英文缩写或技术参数?

　　9. 你的商业计划书,有一个打动人的、"余音绕梁"的结尾吗?

10.你的商业计划书,试讲过20遍以上,迭代过50个版本以上了吗?

自查后回答如下问题:5分钟的商业计划书呈现,你想让投资人懂了还是信了。5分钟呈现后,如果所有投资人都懂了,有两种可能:

● 第一种情况,投资人是这个领域真正的技术专家、商业模式专家与管理专家;

● 第二种情况,更有可能的是,你的公司没有什么关键技术与核心竞争力,也没有什么行业竞争壁垒,几分钟一讲,人家就全懂了。

事实上5分钟的商业计划书,从本质上来说不是让投资人懂,而是让投资人信。

如何让投资人在5分钟内信你,如何让投资人脑海中的一个个问号,在看你的商业计划书与听你讲解的过程中,变成一个个句号,甚至是一个个惊叹号。当你讲完时,投资人脑海中都是大大的"!!!",那么祝贺你,这次路演你赢了。

这就需要我们做到六个"可信":

1.市场可信

● 细分市场是真实存在的,且与你是相关的。

● 细分市场需求是真实的,不是凭空想象的"伪需求"。

● 细分市场有未来的想象空间与较好成长性。

2.技术可信

● 拥有把握细分市场需求的核心技术与能力。

● 技术具有领先性,技术有较强的壁垒。

● 技术的成本可控,存在规模化复制的可能。

3.模式可信

● 商业模式闭环。

● 盈利模式清晰。

● 业务模式落地。

4.产品可信

● 要有原型产品。

● 产品要有原型客户验证。

● 产品在竞品中要有特色与竞争力。

5.团队可信

● 创业团队专业、敬业。

● 专家团队相关,权威。

● 合作伙伴紧密,可靠。

6.未来可信

● 投资是投资未来,要让投资人相信你们的未来是可信的。

● 用可靠的数字、严谨的分析、取得的成果证明未来可信。

● 用团队必胜的信心与壮士断腕"All In"的决心,证明未来可信。

最后,还需要自信。相信团队的力量,相信成长的力量,相信相信的力量。

7.3.5 路演展示 PPT 建议版式

路演展示 PPT 模板,共计十四张 PPT。

第一张展示的 PPT 以标题幻灯片开始。该张 PPT 包括企业的名称或标志,创始人姓名和联系方式。

第二张 PPT:概述。对产品或服务进行简要介绍,对演讲要点进行介绍,对该项商业活动带来的潜在收益(经济效益、社会效益)等进行简单说明。

第三张 PPT:问题。说明亟待解决的问题(问题在哪儿,为什么会出现该问题,如何解决该问题);通过调查证实的问题(潜在顾客的需求是什么,专家有哪些建议);问题的严重性如何。

第四张 PPT:解决办法。说明企业的解决办法与其他解决方案相比的独特之处;展示本企业的解决方案在多大程度上可以改变顾客的生活,以及企业的解决方案有什么进入壁垒。

第五张 PPT:机会和目标市场。要清楚定位企业具体的目标市场,对目标市场的广阔前景进行展望;通过图表的方式展示目标市场的规模、预期销售额和预期市场份额等信息,说明拟采取什么方法实现销售计划。

第六张 PPT:技术或服务。介绍技术或者产品或服务的独特之处,尽可能使对技术的描述通俗易懂,切忌使用专业术语进行陈述;展示产品的图片、相关描述或者样品,如果产品已经试生产结束,则最好展示样品;说明可能涉及的知识产权问题,以及企业采用的保护措施。

第七张 PPT:竞争。详细阐述直接、间接和未来的竞争者,说明和竞争对手相比的竞争优势。

第八张 PPT:市场和销售。描述总体的市场计划、定价策略、销售过程以及销售渠道。说明消费者的购买动机、激起消费者欲望的方法,以及产品或服务如何到达最终的消费者手中。

第九张 PPT:管理团队。介绍现有管理团队(团队成员的背景和专长,以及在企业中将要发挥的作用,如何进行团队合作等),说明管理团队存在的缺陷或不足,如果有顾问委员会最好予以介绍。

第十张 PPT:财务规划。介绍未来 3～5 年企业总体的盈利状况、财务状况及现金流状况,尽量将规划的内容显示在一张 PPT 上,而且只显示总体数据,同时做好回答和数据相关的问题的心理准备。

第十一张 PPT:现状。用数据突出已经取得的重大进展,介绍启动资金的来源、构成和使用情况;介绍现有的所有权结构,介绍企业采用的法律形式及其原因。

第十二张 PPT:财务要求。如果有融资计划,介绍想要的融资渠道及筹集资金的使用方式,同时介绍资金筹集后可能取得的重大进展。

第十三张 PPT:总结。总结介绍企业最大的优势,团队最大的优势,同时介绍企业的退出策略,并征求反馈意见。

第十四张 PPT:致谢。

创业计划书路演 PPT 可以有多种版本,允许创业团队根据自己的特色做到"有货、有料、有味、有效"。

◆ **课堂小结:**

(1)做一款打动投资人的商业计划书,首先要打动自己。一款好的商业计划书是完整梳理自己创业项目的过程。

(2)"5 分钟"打动投资人。你对你的商业计划越是了若指掌,越是想得通透,你才能在很短的时间内打动别人。"讲不清楚"的主要原因来自你自己"没想清楚",或者说并没有想得"非常清楚",又或者说,对你"想清楚的方案"不自信。

(3)即便是想清楚,还是要"讲"清楚,一定要私下锻炼自己的演讲能力。用最短的时间打动投资人,尊重投资人每 1 分钟的时间,就是在用实际行动尊重自己的梦想。因为你花费的时间越长,投资人越会不耐烦,你的梦想距离得到"赞助"的机会越渺茫。

(4)一个好的商业计划书应该注意的基本原则:

① 让投资人快速、清晰地了解自己。投资人每天都要看大量的商业计划书,让投资人以最快的速度了解你们,珍惜投资人的每一分钟的时间,就是珍惜自己的梦想。

② 不求全、不求细,只求关键点清晰传递。不要"忽悠"和"把投资人"绕晕。没有哪个投资人是被绕晕的情况下做投资的。

③ 踏实、干货、不浮夸、少用形容词。

★ 课后练习

体验活动一:模拟创业计划融资展示

情境设定:你的小组如果有了一份创业计划,或者找一份自己比较熟悉的创业计划书,认真研读和思考,确保自己掌握了创业项目的所有信息,然后凝练出创业计划的各个要点。

现在,你要代表这个创业项目,去面见投资人。而投资人比较忙,仅仅给你 3 分钟时间陈述你的项目计划。你会如何设计这 3 分钟的第一次融资沟通呢?你准备用什么样的方式和策略,去打动投资人,引起投资人兴趣,进而获得融资机会呢?

模拟步骤:

1. 准备一份 3 分钟的展示材料和演讲稿。

2. 寻找指导老师和创业项目相关权威人士,扮演投资人。

3. 利用 3 分钟的时间,充分展示你的风采。

4. 征询"投资人"的意见,聆听其感受和点评。

5. 总结反馈信息,进一步思考,改进的策略。

体验活动二:制订创业计划

1. 从网上搜集至少一份获奖的创业计划书,阅读后讨论其获奖的原因,侧重和计划书有关的内容。

2. 针对团队项目,设计一份调查问卷,对回收的问卷资料进行分析整理。

3. 将团队项目的论证整合成一份完整的创业计划书,展开计划书的撰写。

4. 针对本团队的创业计划书制作展示用的 PPT。并由小组负责人将完成的创业计划书上传至课程后台网络。

5.按照成员分工,对其他团队的至少2～3个创业项目(最好是不同行业的创业项目)进行模拟,从互联网搜索所需资料,将时间控制在 3 小时左右,在练习过程中掌握创业计划书的基本要素、写作方式和写作流程,培养自己企业家的思维方式。

课下 3－2－1 行动

《大学生创新创业基础》——所学知识点内化和能力点强化
——每课 3－2－1 练习

3 项收获 从本课程中找出 3 个 对你最有启发的具体知识点	2 项计划 请从 3 项收获中找出 2 项你认为将来可以执行的内容	1 项行动 请从 2 项计划中找出 1 项 你最想执行的行动
1.	1.	行动内容:(阐述请符合 5W2H 的原则)
2.		
	2.	
3.		截止时间:

请写出你(们)的行动学习心得体会(300 字以内),提交:

_____

_____

_____

_____

_____

_____

_____

_____

第8模块　初创企业的生存与成长

　　创业需要与现行管理方式不同的管理。但与现行的管理方式一样,创业也需要有系统、有组织、有目标的管理。

——管理大师　彼得·德鲁克

◇ 学习目标与要求

　　1. 了解创办企业时须知的法律法规;

　　2. 学会选择新企业的法律组织形式;

　　3. 了解企业注册流程;

　　4. 学习知识产权保护;

　　5. 了解新创企业人力资源管理的特点;

　　6. 知晓新创企业人力资源管理常见的问题及对策;

　　7. 了解什么是成本,如何控制企业的支出;

　　8. 学会阅读财务管理的"三张表";

　　9. 了解中国的税种和税务优惠政策;

　　10. 学会如何进行市场调研。

◆ **课前导读:大学生创业之路上的"坑"**

　　尽管已毕业离开学校,刘晨(化名)还在为自己两年多前在校创业"被坑"的经历维权。因为"挺有实力的"供货上家突然失踪,当时还是大三学生的刘晨和其创业团队损失了数十万元货款。

　　有着类似经历的还有桂林电子科技大学、桂林理工大学和广西师范大学漓江学院等多所院校的大学生创业团队。这些被骗创业团队的标的货物款金额共达 270 余万元。然而直到现在,这些当初在校创业被骗的大学生仍在通过各种途径维权,在桂林当地网站论坛上高频发帖,反映自己的诉求。

大学生创业为何"被坑"

2013年12月，当时还在桂林航天工业学院就读的刘晨和同学一起创业，筹划开展手机销售业务。经朋友介绍，刘晨结识了一位在学校开了家实体数码店、"挺有实力的"供货商赵刚（化名）。

赵刚自称是某品牌手机桂林市区域代理商，并出示了自己的营业执照和他向其他人订购手机的合同。赵刚还告诉刘晨，刘晨认识的两个朋友都跟他有过交易。种种信息让刘晨逐渐相信了赵刚。2013年12月16日，刘晨和他的创业团队决定跟赵刚订购220台手机，对方保证在5天内交付，但约定的时间过去了，这批货却迟迟没送到。

之后，赵刚又以只要下新单，就可以让厂家恢复正常供货为由，不断催促刘晨的创业团队继续投钱下单，刘晨前后共计投入39.6万元订购了720台手机，最后却只拿到50台。

在与桂林地区其他院校的大学生创业团队沟通后，刘晨才得知自己并不是唯一一个创业"被坑"的人。桂林电子科技大学、桂林理工大学和广西师范大学漓江学院等院校的多个大学生创业团队都有类似遭遇，赵刚未履行的货款金额达270余万元。

2014年年初，"被坑"的大学生创业者向桂林警方报案。但是由于交易合同签订不完善，有的学生团队甚至在交易时根本没有签订书面合同，交货时的凭证也保存得不够详细完整，使得调查取证更加困难。赵刚被警方拘留了一段时间后，桂林市七星区检察院以证据不足为由作出了不予批捕的决定，赵刚获释。

思考：你认为大学生创业为什么会被坑？该如何避免类似事件发生？

伴随着中国的商事制度不断完善，企业的注册开办、营业活动和组织结构模式越来越严格地受到法律保护和约束。依法行事者生存，必然会成为一种趋势。法律知识，特别是有关创业的法律成为创业者必须了解的内容。

创建企业是开发创业机会的结果。企业创建涉及注册、公司命名、企业选址等问题和流程，掌握一定的技巧和规范，对于企业创建以及企业发展大有裨益。

无论企业处在什么阶段，也不管企业的规模是大是小，组织中的人都将决定着组织的兴衰与成败。人力资源是第一资源，人力资源管理是企业所有管理工作的核心。

创业者能否控制好企业资金的使用，是否了解开办企业要面临哪些税种和当下政府推出哪些创业优惠政策，是否会根据企业的财务报表分析现状并预测未来，财务管理是创业者必修的一课。

企业是否能够生存最终体现在企业的营销上。有些创业者自认为生产的产品或提供的服务将会带来巨额的收益，结果却受到市场的冷遇。当今社会，创业者必须真正了解顾客的需求，根据自身的特点立足市场才有可能获得成效。

企业的创建、生存与发展离不开创业法务的保驾护航，创业法务知识是初创企业的人力资源、财务和营销管理的基础。

8.1　自主创业——创建企业

8.1.1　创建企业的流程

创建新企业的流程：创业者要开办企业需要一个过程，首先选择新创企业的法律组织形式，考虑好企业及产品名称设计和企业选址，最后完成企业注册成立，如图 8-1 所示。

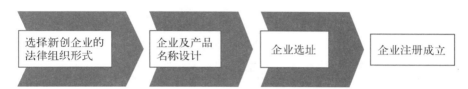

图 8-1　创建企业的流程

1. 我国企业的法律组织形式

（1）个人独资企业。个人独资企业是指依法设立、由一个自然人投资，资产为投资人个人所有，投资人以其个人财产对企业债务承担无限责任的经营实体。

（2）合伙企业。合伙企业是指依法设立的、由各合伙人订立合伙协议，共同出资、合伙经营、共享收益、共担风险，并对合伙企业债务承担无限连带责任的营利性组织。

（3）公司制企业。根据《中华人民共和国公司法》，我国的公司分为有限责任公司（包括一人有限责任公司）和股份有限公司两种类型。

① 有限责任公司，股东以其出资额为限对公司承担责任，公司以其全部资产对公司的债务承担责任。

② 股份有限公司，其全部资本分为等额股份，股东以其所持股份为限对公司承担责任，公司以其全部资产对公司的债务承担责任。

2. 企业注册的法律组织形式

企业注册时选择哪种法律组织形式合适，可以参看梳理好的个人独资企业、合伙企业、公司制企业等法律组织的比较，详见表 8-1。

表 8-1　不同企业法律组织形式的比较

项　目	个人独资企业	合　伙　企　业	公司制企业
法律依据	个人独资企业法	合伙企业法	公司法
法律基础	无章程或协议	合伙协议	公司章程
法律地位	非法人经营主体	非法人营利性组织	企业法人
责任形式	无限责任	普通合伙人承担无限连带责任；有限合伙人以其认缴出资额为限承担责任	认缴出资额（或认购股份）为限对公司承担责任

续 表

项 目	个人独资企业	合 伙 企 业	公司制企业
投资人数	1 个自然人	普通合伙 2 个以上合伙人;有限合伙:2~50 个合伙人	有限责任公司 50 人以下;股份有限公司发起人 2~200 人
注册资本	投资者申报	协议约定	3 万元,一人有限公司 10 万元,股份有限公司 500 万元
出资	投资者申报	约定:货币、实物、土地使用权、知识产权或其他财产权利、劳务	法定:货币、实物、工业产权、非专利技术、土地使用权
出资评估	投资者决定	可协商确定或评估	必须委托评估机构
成立日期	营业执照签发日期	营业执照签发日期	营业执照签发日期
章程或协议生效条件	无	合伙人签章	公司成立
财产权性质	投资人个人所有	合伙人共同所有	法人财产权
出资转让	可继承	合伙人一致同意	股东过半数同意
经营主体	投资者及其委托人	合伙人共同经营	股东不一定参与经营
事务决定权	投资者个人	合伙人根据约定	股东大会
盈亏分担	投资者个人	约定,未约定则均分	投资比例
税负差异	免缴企业所得税,投资者个人比照个体工商户生产经营所得适用 5%~35% 的 5 级超额累进税率计征所得税	免缴企业所得税,投资者个人比照个体工商户生产经营所得适用 5%~35% 的 5 级超额累进税率计征所得税	公司缴纳 25% 公司所得税,股东再按 20% 缴纳股息红利所得税
解散程序	注销	注销	注销并公告

另外,各种企业组织形式优势、劣势的比较,见表 8-2。

表 8-2 各种企业组织形式的优劣比较分析表

	优 势	劣 势
个人独资企业	企业设立手续非常简便,费用低;所有者拥有企业控制权;可以迅速对市场变化做出反应;只需交纳个人所得税,无须双重课税;在技术和经营方面易于保密	创业者承担无限责任;企业成功过多依赖创业者个人能力;筹资困难;企业随着创业者退出而消亡,寿命有限;创业者投资流动性低
合伙企业	创办企业手续比较简单、费用低;经营上比较灵活;企业拥有更多人的技能和能力;资金来源较广,信用度较高	合伙创业者承担无限责任;企业绩效依赖合伙人的能力,企业规模受限;企业往往因关键合伙人死亡或退出而解散;投资流动性低,产权转让较难

续　表

	优　　势	劣　　势
有限责任公司	创业股东只承担有限责任,风险小; 公司具有独立寿命,易于存续; 可以吸纳多个投资人,促进资本集中; 多元化产权结构有利于决策科学化	创立的程序比较复杂,创立费用较高; 存在双重纳税问题,税收负担较重; 不能公开发行股票,筹集资金的规模受限; 产权不能充分流动,资产运作受限
股份有限公司	创业股东只承担有限责任,风险小; 筹资能力强; 公司具有独立寿命,易于存续; 职业经理人进行管理,管理水平较高; 产权可以股票形式充分流动	创立的程序复杂,创立费用高; 存在双重纳税问题,税收负担较重; 股份有限公司要定期报告公司的财务状况、公开自己的财物数据,不便严格保密; 政府限制较多,法规的要求比较严格

根据以上分析,不同企业组织形式对于创业者而言,各有其优势与劣势。在实际创业过程中,创业者应根据自身资源与能力条件、市场状况作出适当选择。

课堂学习

扫码看分析

案例:大学毕业生小张通过中介花了 2 000 元注册了一家注册资本为 200 万元的公司。后来,这家公司经营不太好,还欠下了几百万的债务。此时小张心里想,我这是一家有限公司,作为股东我应该承担有限责任。那么,公司的债务跟我股东个人无关,公司关门也就可以了。

讨论:小张他这样想是不是行得通呢?问题出在哪里?

3. 企业及产品名称

创业者注册公司时,企业起名要按照国家工商总局企业名称登记管理改革相关规定,以及印发的《企业名称禁限用规则》《企业名称相同相近比对规则》等文件的有关规定和要求执行。

特别提醒的是:当确定好公司名字后,可以先在工商企业信用网上查询检索,看是否已被他人注册,提高通过率。还有重要的一点,公司字号和品牌名称是否要一致。

(1) 给自己公司起个好名字。如何挑选一个朗朗上口,又符合公司的业务类型的名称是一个挑战。需要考虑以下十个问题:

① 我的公司有什么方面是我希望以这个名称来完善的?

一个好名称能帮你和竞争对手区别开来,同时强化你的品牌形象,这是一家命名公司的创始人史蒂夫·曼宁的观点。他明确建议,在为公司命名之前,先明确你的品牌定位——就好像苹果公司这个命名,足以把自己同那些企业式的名称,比如 IBM 和 NEC,区别开来。"他们寻求的好名称是要能够支持品牌定位策略的,能让人感觉到平实、温暖、有人情味,有亲切感又与众不同。"曼宁说。

② 这个名称有局限性吗?

不要太过自我束缚,要避免选择那种会限制你的业务去扩大产品线或者扩展新方向的名称。以 Angelsoft.com 为例,这个公司成立于 2004 年,最初目标是帮助起步公司和天使投资人之间建立联系。数年之前,这个公司意识到它同样需要吸引风险资本和其他类型的投资者。所以它付出了昂贵的代价将品牌重塑为 Gust(劲风).com,这个名称没有之前的名称那么具体化,同时也塑造了一个不错的“风中帆船”的形象。

③ 这个名称的意义涉及业务内涵了吗?

对于大部分的企业来说,选择的名称最好还是能够提供有关他们的产品和服务的信息。这并不意味着它不能同时具备朗朗上口的优点。举个例子:百度,这对于一个网络搜索业务来说是个好名称,因为它能吸引人们的注意力,同时也能让人联想到公司的服务范围。不寻常的词汇,比如 Yahoo 和 Fogdog,有时候效果也较好,不过不同寻常的名称是有风险的。

亚马逊(Amazon)公司名字取自世界流量最大的亚马孙河。创始人贝佐斯认为亚马孙河流域生物种类极其丰富,用它可以表示亚马逊公司商品种类应有尽有。另外,亚马逊的 Logo 上有一个笑脸一样的箭头,从 a 指向 z。英语 26 个字母,正是从 a 开头,以 z 结尾,意味着一网打尽、无所不包。

④ 这个名称容易记住吗?

名称越短越好。建议公司老板把名称限制在两个音节之内,同时避免使用连字符或者其他的特殊字符。尽量不要选缩略词,因为对大部分人来说不存在任何含义。在选择一个公司或者一个产品的命名的时候,平实和直截了当更能树立起自己的风格,以更低成本塑造品牌。

阿里巴巴(Alibaba)的名字取自家喻户晓的“阿里巴巴与四十大盗”的故事。起初,马云在街上看到阿里巴巴这个名字时,觉得蛮有意思,反复询问后发现“阿里巴巴”“芝麻开门”的故事被全世界的人所熟知,并且不论语种,发音也近乎一致。就这样,马云将阿里巴巴确定为公司的名字。

⑤ 这个名称容易拼写吗?

有些公司会刻意选择那些拼写较复杂的名称。这是一个有风险的策略。名称的拼法和读法应该趋于一致。

⑥ 你的潜在客户第一次看到你的名称是在什么情形下?

“易于拼写原则”也有例外情况,特别是在大多数人会在印刷品或者在线广告上第一次看见你的名称的情况下。以 Zulily 为例,这个为妈妈和孩子提供日常交易品的网上公司。如果你只是听到这个名称,你可能猜不出要怎么拼写它。但是,这家公司来势汹汹的在线广告活动注定了大部分人第一次看到它的时候就已经是拼出来的形态了。而回报就是,这个名称与众不同的读音和拼写方式塑造出了一个非常鲜明的品牌形象。

⑦ 这个名称好听吗,好读吗?

名称的发音能够传达出一种活力和兴奋的感觉是很重要的,同时也必须确保潜在的客户能够很容易地念出你的公司名称。人们能够拼写、拼读和记住的名称,就是他们熟悉的名称,比如 Apple(苹果),Oracle(甲骨文)和 Virgin(处女)。

⑧ 你公司的名称只对你自己有意义吗?

一个隐藏意义或者仅有私人意义的名称对品牌在人们心中的印象也有影响,并且,当大部分人遇上它的时候,你不会有机会站在那里解释给他们听。比如,火舌公关公司(Firetalker PR),创始人霍利甚至使用了消防队长的头衔,她把她的办公室叫作消防队,也开始提供被命名为诸如"炼狱""控制火势""火柴盒"之类的公关软件包,她的整个品牌就是围绕着这个名称,把相关意象扩展开来。

⑨ 这个名称在视觉上有吸引力吗?

你可能也希望这个名称视觉上更具美感、吸引力。例如,Xerox——以相同字母开头和结尾,具有对称美。

⑩ 我进行了适当的商标检索了吗?

要是有人已经声明了对它的所有权,那这个名称再好也毫无价值。你可以做一个粗略的网络检索,看看这个名称是否已经被使用了。接着,聘请一名商标代理律师来做一次更彻底的筛查,要是这个名称还没被别人使用,就去专利局进行注册。

（2）企业及产品名称命名的基本准则。

① 强化识别功能,选择能够识别企业产品功能和企业功能的名称;

② 凸显个性,避免毫无特征的名称;

③ 彰显文化底蕴,命名时注意挖掘企业的历史内涵和当今时代内涵;

④ 注重树立品牌意识,尽量使企业名称与产品商标相统一;

⑤ 眼光放远,中英文相一致,且没有歧义,适合国内外人的发音。

4. 公司选址

（1）企业选址考虑的关键因素。企业选址指企业的办公地点、生产地点、销售地点等,需要考虑的六个关键因素:① 顾客的可进入性;② 企业经营环境;③ 资源的可获得性;④ 个人偏好;⑤ 位置便利条件与成本;⑥ 税收优惠政策。

考虑侧重点:

● 零售业和服务业:选址时应更多地考虑商圈大小、客流量、配套设施(如停车场)因素。

● 工业企业:选址时更多地应考虑交通的便利性、获得资源的便利性、周围环境等因素,选择入驻经济开发区和保税区将是一个不错的选择。

● 公司注册地址直接影响公司税收政策:地址是注册公司要考虑的一个重要问题,它直接关系到公司的税收优惠政策、一般纳税人申请的政策等。《中华人民共和国公司法》规定成立公司必须要有合法及有效产权证的注册地址。公司注册地及实际经营地是否一致,各地区有不同规定,要咨询当地的政府部门。有的地方政府部门规定严禁使用虚假地址作为公司注册地址,有的地方要求可能没有那么严格。建议创业者在注册公司时要了解这些要求的具体内容,以免给自己带来不必要的麻烦。

（2）新企业的选址策略与技巧。

案例分享

1986 年 9 月,美国著名特许连锁企业——肯德基家乡鸡公司开始考虑打入中国这个世界上人口最多的大市场,时任肯德基东南亚地区副总经理的托尼·王承担了启

动中国新市场的重任,选址成为实施肯德基中国战略时所面临的第一大难题。分析天津、上海、广州、北京等四大城市的优劣,虽然从经济角度看,在广州创建第一家"肯德基"连锁店,更容易为当地人所接受,而且成本低,收效快,广州应该是最佳选择。但由于广州不是直辖市,也不是中国的政治文化中心,其影响程度和辐射面相对较小。因此,考虑到北京政治经济地位、大量流动人口和在全国的形象,有助于向其他城市的拓展,决定将北京作为一个起点。

肯德基选址分几个步骤进行:

第一步,收集并分析城市人口及经济数据。肯德基选址前,首先要收集该城市的人口数据资料,如市区人口总量、人口密度、人均收入、人均消费等经济指标(要保证其真实性),并进行分析,获得第一手的市场资料。

第二步,评估并选择商圈。在分析相关数据后,即要实地考察该城市的主要商业区域,并划分出商圈类型:商业型商圈的范围以步行至店址 5 分钟的距离划定;社区型商圈的范围以步行至店址 10 分钟的距离划定。

第三步,统计并分析商圈内人口总数及特征。在商圈划分之后,就需要仔细了解目标商圈内的常住人口、流动人口数量、平均收入、平均消费及目标客户前往该商圈的交通方式等。

第四步,选择集客点。在确定商圈后,要逐个分析商圈内的人潮聚集场所或区域。在评估集客点时,会实地去调查该场所或区域是否有大型百货市场、购物中心、商业步行街、政府机构、医院、学校及娱乐和休闲中心等,并就其规模做出规模估算和相关数据统计。初步选定的店址是否是个很大的集客点。肯德基一般通过人潮流量测试来检验。

第五步,考虑人流的主要流动路线会不会被竞争对手截住。因为人们现在对品牌的忠诚度还不高,只要你的店离我近,我并不一定非得走 100 米路去吃别的。人流是有一个主要路线的,如果竞争对手的聚客点比肯德基选得好,会产生重要影响。

● **重要观点**：从世界各地新创企业成功和失败的经验来看，选址的重要性不言而喻。这是因为企业竞争力的内容具有复杂性和多层次性，一家新创企业的持续竞争力必然受到该地区商业环境质量的强烈影响。可以想象，倘若没有高质量的交通运输基础设施，新创企业就无法高效地运用先进的物流技术；假如没有高素质的员工，新创企业就无法在质量和服务方面进行有效竞争；假如机构烦琐的官僚习气使得办事效率极低，新创企业就难以有效和正常地运作。另外，社会治安、企业税率优惠、社区文化等商务环境因素也都深刻地影响着新创企业。

从深层次上看，选址对创业成功的重要性还在于区域竞争优势的独特性和集聚等效应。迈克尔·波特认为，各个地域中存在的"知识""关系"以及"动机"通常具有难以被其他地域竞争对手所模仿和取代的特性。在一个发达的经济区域中，比地理位置优劣对商务环境更具影响力的因素是，该地区的企业是否集聚在一起并形成了具有竞争力的"团簇"（或称集群），"团簇"构成了企业竞争中最为重要的微观经济基础。

新企业选址是一个较复杂的决策过程，涉及的因素比较多。归纳起来，影响选址的宏观因素主要有五个方面，即政治因素、经济因素、技术因素、社会因素和自然因素。微观因素主要是：顾客的可进入性、资源的可获得性、位置便利条件与成本、税收优惠政策、企业经营环境、个人偏好等。

一个科学而行之有效的选址过程，一般应遵循市场信息的收集和研究、多个地点的评价、最终厂址的确定等步骤。

5. 企业注册成立

公司注册是开始创业的第一步。一般来说，公司注册的流程包括：企业核名→提交材料→领取执照→刻章（图 8-2）。但是，公司想要正式开始经营，还需要办理以下事项：银行开户→税务报到→申请税控和发票→社保开户。

企业经营的各类证照和"多证合一"

企业注册流程：

|1|名称核准
取名是否规范
是否已被使用|2|网上申报
申报地址、法人
股东注册资本等资料|3|工商审批
由工商局进行
资料审批|4|执照领取
审批完毕
核发营业执照|5|刻章备案
刻制法人章、公章
财务章并备案|

图 8-2 企业注册流程图

8.2 创办企业必须考虑的法律问题

创业离不开法律，创业涉及的基本法律常识是创业者必须知道的：创业者市场主体（企业）的确立、公司治理与终止以及创业者之间的权利义务关系、企业与员工的关系、企业运营中的风险防范等。本节梳理了常见创业法律,帮初创企业的创业者规避法律风险,为创业者的创业之路保驾护航。

在企业的创建阶段,创业者面临的法律问题包括:确定企业的形式,设立适当的税收记录,协调租赁和融资问题,起草合同,以及申请专利、商标或版权的保护。在每一个创建活动中,都有特定的法律和规定决定创业者能做什么和不能做什么。当新企业创建起来并开始运营后,仍然有与经营相关的法律问题。例如,人力资源或劳动法规可能会影响员工的雇佣、报酬以及工作评定的确定;安全法规可能会影响产品的设计和包装、工作场所和机器设备的设计和使用,环境污染的控制,以及物种的保护。尽管许多法律可能在某一企业达到一定规模时才适用,但事实是,新企业都追求发展,这意味着创业者很快就会面临这些法律问题。表 8 - 3 梳理了影响创业企业的一些基本法律问题。

表 8 - 3　创业企业不同阶段的法律问题

创建阶段的法律问题	经营现行业务中的法律问题
确定企业的法律形式	知识产权法规
设立税收记录	人力资源管理(劳动)法规
进行租赁和融资谈判	安全法规
起草合同	质量法规
申请专利、商标和版权保护	财务和会计法规
	市场竞争法规

8.2.1　合同法

《中华人民共和国合同法》是为了保护合同当事人的合法权益、维护社会经济秩序、促进社会主义现代化建设而制定的,其中对合同的定义:"本法所称合同是平等主体的自然人、法人、其他组织之间设立、变更、终止民事权利义务关系的协议。"

合同法是调整平等主体之间的交易关系的法律,它主要规范合同的订立,合同的效力,合同的履行、变更、转让、终止,违反合同的责任及各类有关合同的问题。在我国,合同法并不是一个独立的法律部门,只是我国民法的重要组成部分。

1. 合同的形式

(1)口头合同。

(2)书面合同。

(3)经公证、鉴证或审核批准的书面合同。

2. 合同的特征

(1)合同是双方的法律行为,即需要两个或以上的当事人互为意思表示(意思表示就是将能够发生民事法律效果的意思表现于外部的行为)。

(2)双方当事人意思表示须达成协议,即意思表示要一致。

(3)合同系以发生、变更、终止民事法律关系为目的。

（4）合同是当事人在符合法律规范要求条件下而达成的协议，故应为合法行为。

合同一经成立即具有法律效力，在双方当事人之间就发生了权利、义务关系，或者使原有的民事法律关系发生变更或取消。当事人一方或双方未按合同履行义务，就要依照合同或法律承担违约责任。

8.2.2　知识产权保护

知识产权是指人们对于自己的智力活动创造的成果和经营管理活动中的标记、信誉依法享有的权利。

1. 知识产权的内容

（1）专利权：专利权是指专利权人对发明创造享有的专有权，即国家依法在一定时期内授予发明创造者，或者其权利继受人，独占使用其发明创造的权利。

（2）商标权：商标由文字、图形、字母、数字、三维标志、颜色组合，或上述要素的组合构成。《中华人民共和国商标法》规定，注册商标有效期为10年。

（3）版权：版权即著作权，是指文学、艺术、科学作品的作者对其作品享有的权利（包括财产权、人身权）。

（4）商业秘密：商业秘密是指在不为公众所悉，能为权利人带来经济利益、具有实用性并经权利人采取保密措施的技术信息和经营信息。

2. 初创企业如何进行商标保护

企业的名称不等同于商标。很多人认为自己的企业名称是工商局合法批准的，用在自己的产品上是天经地义的，其实这是一个很大的误解。企业在地方工商注册，只受地方以及行业类别保护，超出其辖区就没有保护的措施了。比如稻香村，有北京稻香村、苏州稻香村，还有保定稻香村。在各自的行政区域内，他们都可以独立合法的存在，进行一系列的生产经营。与企业名称的地域性不同，商标的注册具有唯一性。谁先注册了稻香村商标，这个商标的所有权只能属于实际注册人所有和使用，其余的企业在同样的产品中使用稻香村，就是侵犯了注册人的商标权。

（1）在给产品定名前，建议先去查询一下该名称是否已被别家企业注册为商标。如果发现你花了三天三夜想出来的好名字已经被注册，唯一的办法就是赶紧换吧。

（2）注册商标时，类别的选择尤为重要。企业所有者一定要想清楚，自己的核心业务到底是什么。千万不要花了钱，申请了商标，却没有提交注册申请，而且自己还不知道，为今后的商标使用埋下了巨大隐患。如果不确定自己的企业应该申请哪些类别的商标，可以找一个经营内容类似的知名企业做参考，看看人家都申请了什么类别。如果资金较充足，全类注册不失为一个最好办法。

（3）商标不接受个人名义的申请。即使你有再好的点子，也得有个公司才能去申请；如果你没有公司，最起码你需要一张个体工商户营业执照。这一门槛有效防止了用好点子抢注商标再卖给他人的行为。

（4）商标的核准与企业名称不同，即使是完全一样的名称，只要不在同一类别就可以被申请及批准。此外，即使包含同样的文字，只要你申请的商标明显区别于已有商标，也有可能会被批准。这也就是为什么"真的好想你"和"好想你"，还有"DOVE多芬"和

"DOVE 德芙"都被批准为注册商标的原因。

（5）对于组合商标，例如中文、英文和图形，建议分开申请。分开申请可以组合使用，但组合申请的商标在分开使用时是不受保护的。另外，由于组合申请也是分项审核，其中任何一项有冲突或疑义就会被整体驳回，无形中加大了申请难度。

（6）一件商标从提出申请到拿到商标注册证最顺利也需要几个月，其中公告期就有三个月。如果在公告期内遇到异议，调查取证要花费的时间就无法控制，两三年拿不到商标证的情况比比皆是。所以，对于商标申请，必做到"粮草未动车马先行"，在公司成立之初早早下手为上。

8.2.3　劳动法

《中华人民共和国劳动法》及劳动法体系的各种法律法规，是调整劳动关系以及与劳动关系密切联系的社会关系的法律规范。《中华人民共和国劳动法》作为维护人权、体现人文关怀的一项基本法律，在西方甚至被称为"第二宪法"。其内容主要包括：劳动者的主要权利和义务，劳动就业方针政策及录用职工的规定，劳动合同的订立、变更与解除程序的规定，集体合同的签订与执行办法，工作时间与休息时间制度，劳动报酬制度，劳动卫生和安全技术规程等。

（1）建立劳动规章制度有利于：
① 保障企业合法有序地运行；
② 降低企业的运营成本；
③ 有效防范企业劳动用工法律风险；
④ 减少劳动纠纷；
⑤ 为企业的持续性发展奠定基础。

（2）入职审查制度中应了解：年龄、学历、工作经验、工作技能、身体状况、是否与原来单位已解除劳动关系；

（3）企业忽视劳动合同签订的时间或者未以书面形式订立劳动合同时：

①《中华人民共和国劳动合同法》第八十二条规定，用人单位自用工之日起超过一个月不满一年未与劳动者订立书面劳动合同的，应当向劳动者每月支付二倍的工资。

②《中华人民共和国劳动合同法》第十四条规定，用人单位自用工之日起满一年不与劳动者订立书面劳动合同的，视为用人单位与劳动者已订立无固定期限劳动合同。

（4）2018《中华人民共和国劳动法》新规

① 根据 2018 年最新劳动法的规定，以下三种员工是不能被开除的，否则就是违法行为：

a. 在孕期、产假期间或哺乳期的女性员工。

b. 在本单位患职业病或者因工负伤并被确认丧失或者部分丧失劳动能力的。

c. 在本单位连续工作满十五年，且距法定退休年龄不足五年的。

② 辞退新规：

a. 劳动者可一次性领取企业年金。2018 年 2 月 1 日后，我国劳动者达到退休年龄或完全丧失劳动能力时,可以选择按月、分期或一次性领取的方式领取企业年金。

b. 增加对不为员工缴纳社会保险的用人单位的处罚规定。

c. 缺席扣除工资应当与缺席时间相对应。新规定指出,劳动者因缺席扣除的工资应当与劳动者缺席的时间相对应。例如,迟到1小时只能扣除1小时的工资。

d. 明确的带薪年假。工作满一年、不满十年的,可以享受5天带薪年假;工作满十年、不满二十年的,可以享受10天带薪年假;工作满二十年的,可以享受15天带薪年假。

e. 非自身原因导致离职的,劳动者可主张经济补偿金。

8.2.4   破产清算法

1. 企业破产的概念

企业破产是指企业法人不能清偿到期债务,并且资产不足以清偿全部债务或者明显缺乏清偿能力的,由企业或其债权人向法院提出申请,法院依法运用审判程序平等清偿公司的债务,消灭其民事主体资格的法律制度。

2. 企业进行破产清算的主要程序

(1)破产宣告。

(2)破产公告与申报债权。

(3)清算组织。

(4)破产财产的界定。

(5)破产债权。

(6)债权人会议。

(7)和解。

(8)破产财产的处理与分配。

(9)破产终结。

8.2.5   法律援助和诉讼

解决经济纠纷的途径包括:协商、调解、仲裁、行政复议、民事诉讼、行政诉讼。

《中华人民共和国合同法》第一百二十八条规定:当事人可以通过和解或者调解解决合同争议。当事人不愿和解、调解或者和解、调解不成的,可以根据仲裁协议向仲裁机构申请仲裁。当事人没有订立仲裁协议或者仲裁协议无效的,可以向人民法院起诉。

如何用好法律顾问?

选好律师是前提,用好律师是目的。要知道律师一旦受托于某家企业,便与该企业达成了同一个目标,成为一个利益整体。一方面,作为受托方应主动与委托方进行积极的沟通,以期在一些主要问题上达成一致和共识;另一方面,作为委托方的企业也应与委托律师保持经常性的联系,沟通动态的情况与信息。在必要的情况下,一些没有内部法律职能部门的企业,还应该把聘用律师的服务纳入企业管理的一部分,不仅可以弥补企业管理缺项的不足,还可以最大限度地发挥外聘律师的作用,使自身投资获得高效回报。

◆ **课堂小结**:伴随着中国的商事制度改革,营商环境不断完善,企业的注册开办、营业活动和法律组织结构越来越规范,企业的经营受到法律保护和约束。依法行事者生存,必然会成为一种趋势。法律知识,特别是与创业相关的法律知识成为创业者必须了解的内容。

★ 课后练习

体验活动一 构建创业轮廓图

下面的创业轮廓图将帮助你明确自己的创业目标。

1. 企业名称及建立的日期:

_____

2. 企业形式为:□个体 □有限责任公司 □股份有限公司
3. 我的顾客主要是:□个人 □团体 □公共机关 □其他(简述)
4. 目前的产品和服务包括:

_____

5. 我的五个最主要的竞争对手是:

_____

6. 可能的竞争来自:□其他公司 □技术 □行业人员
7. 我的竞争地位:□弱 □较弱 □平均水平 □较强 □强
8. 对我的产品或服务的需要在递增/递减:

_____

9. 我可能引进的产品或服务是:

_____

10. 我可能进入的市场是:

_____

11. 本企业与众不同的是:

_____

12. 当前企业最大的营销障碍是:

_____

13. 我最大的营销机会是:

_____

14. 我的总体经营目标和增长计划是:

_____

体验活动二 做一次参谋

假如你爸爸、叔叔、舅舅三人准备分别出资 30 万元(现金)、20 万元(专利技术折价)、10 万元合办一家服装厂。现请你为他们选择一种企业形式。

回答以下问题:

1. 你为他们选择哪种企业形式?为什么?

_____

_____

2. 现在，要给服装厂起一个名字，你有什么好的建议？

_____

_____

3. 服装厂的选址你有什么建议？

_____

_____

4. 公司股份结构如何安排？股东会和董事会你觉得如何安排比较妥当？

_____

_____

5. 你认为公司注册过程中应注意哪些问题？

_____

_____

8.3　初创企业的人力资源管理

　　人是企业最具有影响力的因素，人力资本是企业最具有活力的资本。对人力资源进行合理的开发与利用不仅关系到初创企业能否顺利渡过初创期，而且也是企业进一步发展壮大的基础。在知识经济的背景下，现代企业的竞争已经不仅仅是过去的财务资本竞争，更是人力资本的竞争。哪个企业吸引并聚集了优秀人才，就获得了竞争的主动权，就会在激烈的科技和经济竞争中立于不败之地。

8.3.1　新创企业人力资源管理的特点

　　美国管理学家伊查克·麦迪思将企业比作一个生命体，从而提出了"企业生命周期理论"。创业期基本覆盖了其理论中提出的婴儿期和学步期，是企业生命周期的第一阶段。这一阶段的企业主要的特点有：第一，从把握外部机遇方面来说，企业极富灵活性，对外部环境反应敏感。因此，内部变革和调整，甚至战略重心的转移都相对容易。第二，从承受外部风险方面来说，由于企业的控制性差，实力也比较弱，还未得到社会的承认，企业的发展受制于环境的程度高，抗风险能力也比较差。管理呈现出"从危机管理到危机管理"的特征。第三，创业者个人能力和创业精神是整个企业发展的核心，关系到企业的存亡。第四，由于企业员工数量不多，各种规章制度尚未建全，所以在组织管理中，"人治"色彩比较重。

　　创业期的人力资源管理表现出如下特点：

　　（1）直线管理者是人力资源管理工作的主要决策者和执行者。企业的核心人物直接对人员招聘、绩效考核、薪酬管理等作决策；人力资源管理者的个人经验和个性特征对组织建设的影响很大。创业阶段的企业，内部各项规章制度的建立或者完善都有待经营的实践经验积累。创业者是这些制度的主要提出者和制定者，他们常常会根据自己的个性和以往的社会经验来做决策，或对组织架构进行反复调整，提出并执行新的规章制度。然而,有时第一个破坏这些规矩的往往是制定者自己。

(2) 依赖少数关键人才。企业中主要部门都可以见到一个或者几个明星式人物,他们是创业者的"左右手",基本包揽本部门的所有重要工作,而其余的多数员工往往充当助手的角色。企业对少数员工太过倚重时,就会造成人员发展不匹配不平衡,其结果是能力突出的员工感到曲高和寡,而能力相对较低的员工则感到不被信任,企业于是更难获得人才。

(3) 人力资源管理缺乏科学性。人员流动率普遍较高,常常会出现得力的部门主管带着自己的下属集体跳槽的情况。创业期,企业基本没有进行工作分析等基础性人力资源活动,岗位划分多根据传统或者自己的经验,对于岗位之间的相互联系、任职能力等的分析都相当缺乏,相应的人员安置也不匹配,出现高能力者限于条件而无法充分发挥自己的才能,低能力者缺乏培训或榜样无法圆满完成任务,各项工作的权责划分不清晰等情况;员工招聘往往是为了"应急",随意性大。一方面,员工数量不多,而另一方面不断有人员流失,尤其是人才流失,企业处于经常性的缺乏人才境地;注重对员工的短期的、见效快的激励方式,忽视长期持续激励,如制定符合企业发展的人才培养规划、员工职业生涯发展规划。

8.3.2　新创企业人力资源管理的内容

1. 人员招聘

初创企业最需要关注的是生存和发展的能力,拥有企业所需的专门技能的员工是企业能力的重要载体。员工的能力、知识的技能是企业发展的基础,是企业发展竞争的主要源泉。

人员招聘是按照人力资源规划吸引具有合适素质和技能的求职者进入企业的过程。人员招聘的步骤主要有:

(1) 工作分析。工作分析主要目标是明确所招聘职位的本质及其要求的条件。其后根据在工作分析中获得的信息,编制职务描述和职务规范,详细解释该工作需要哪些知识、技能、能力。这些工作有助于选择最符合条件的应聘者进入公司。工作分析的目的还在于确认从事该项工作时的职责是什么,需要完成哪些任务,并明确说明该工作的条件,如上下级报告关系、出差要求。从职务描述中得到的信息还可以帮助确定恰当的工作名称(或工作类别)、工作报酬和福利。

(2) 招聘的途径和来源。工作分析和岗位描述完成之后就可以选择合适的招聘途径发布招聘信息,创业者应当尽量注意根据不同的招聘对象选择最有效的发布媒体和渠道传播招聘信息,吸引应聘者。主要的招聘途径有:

① 公开招聘。公开招聘是指在报纸、杂志等公开发行的刊物上或者大众媒体上发布招聘广告。

② 在线招聘。互联网是招聘求职者的重要来源,在线招聘包括在公司网页、专业网站里为求职者列出空缺的职位,在这些来源当中很重要的一个途径就是专业网站,它为招聘活动提供了交流的平台,如前程无忧。

③ 内部员工推荐。通过现有员工推荐新员工是一种简单而且低成本的好途径。对

创业企业来说,内部员工推荐可以尽快地获得新员工的认可,一些公司甚至对那些在推荐别人到本公司的员工给予奖励。

④ 直接参加招聘会和利用外部中介机构。直接参加各种招聘会和利用外部中介机构也是招聘员工的重要途径,创业者可以委托职业中介机构如职业介绍所、猎头公司等招聘员工。

2. 培训与开发

岗位培训就是向新员工或现有员工传授其完成本职工作所必需的相关知识、技能、价值观念、行为规范的过程。培训更多的是一种具有短期目标的行为,目的是使员工掌握目前所需要的知识和技能;而开发则更多的是一种具有长期目标的行为,目的是使员工掌握将来所需要的知识和技能,以应对将来工作的要求。

其实,培训和开发的实质是一样的,都是要通过改善员工的工作业绩来提高企业的整体绩效,只是关注点有所不同,一个更关注现在,而另一个更关注将来。在此,我们把其当作一个概念来理解,培训开发指企业通过各种方式使员工具备完成现在或者将来工作所需要的知识、技能,并改变他们的工作态度,以改善员工现在或将来职位的工作业绩,并最终实现企业整体绩效提升的一种计划性和连续性的活动。

3. 绩效评价

员工工作绩效评价是人力资源管理中的一项重要工作内容,其最终目的是通过对绩效评价结果的综合运用,推动员工为企业创造更大的价值。

(1) 绩效评价的作用。

① 绩效评价是晋升和培训工作的依据。绩效评价可以鼓励员工继续发挥和提高自己的工作能力,提高自己的知识和技能。通过考评,调整主管职位上的各级主管人员,淘汰那些不称职的员工,选拔和聘用那些真正具有才能的员工。

② 发现不足和长处。通过定期考评,可以使员工发现自己的不足和长处,并在组织内外获得提供知识和能力的途径以及继续发展的机会。有效的绩效评价需要考虑员工的生涯发展,并根据绩效评价的实际结果,对员工的生涯发展进行有效的设计和管理。

③ 提供一个自我评价的机会。绩效评价为组织内的各类人员提供了一个了解工作中的一些低效率行为的机会,同时还可以帮助员工强化已有的正确行为。考评是奖励的合理依据。要使考评工作切实有效,就应该与它的奖励制度紧密结合起来,对有成就的员工进行及时奖励,以此激励大家为组织目标做出更大的贡献。

(2) 绩效评价的方法。

① 360 度评价法。360 度评价法,也称为全方位考核法或多源考核法。它是一种从不同层面的人员中收集评价信息,从多个视角对员工进行考核的方法。也就是由被考核者进行全方位的匿名评价,然后由专业人士根据各方面的评价结果,对比被考核者的自我评价向考核者提供反馈,从而使被考核人知晓各方面的评价结果,以达到帮助被考核者改进行为、提高能力、改善绩效的目的。

② 关键绩效指标法。企业关键绩效指标(key process indication,KPI)是通过对组织内部某一流程的输入端、输出端的关键参数进行设置、取样、计算、分析,衡量流程绩效

的一种目标式量化管理指标,是把企业的战略目标分解为可运作的远景目标的工具,是企业绩效管理系统的基础。KPI 可以使部门主管明确部门的主要责任,并以此为基础,明确部门人员的绩效衡量指标。KPI 是指标,不是目标,但是能够借此确定目标或行为标准;是绩效指标,不是能力或态度指标;是关键绩效指标,不是一般所指的绩效指标。

③ 目标管理法。目标管理法包括两项内容:一是必须与每一位员工共同制定一套便于衡量其绩效的工作目标;二是定期与员工讨论其工作目标的完成情况。在具体操作中,这种目标的制定往往要与整个组织的目标相协调。先确定组织的目标、部门的目标;再要求员工按照部门的目标制订自己的个人工作计划,即本人要为部门目标的实现做出多大的贡献。评价期过后,部门主管要就每一名员工的实际工作成绩与预定的目标进行比较,并把结果进行反馈。

8.3.3　薪酬管理

1. 薪酬管理的含义

薪酬管理是指企业在经营战略和发展规划的指导下,综合考虑内外部各种因素的影响,确定自身的薪酬水平、薪酬结构和薪酬形式,并进行薪酬调整和薪酬控制的整个过程。

薪酬水平是指企业内部各类职位以及企业整体平均薪酬的高低状况,它反映了企业支付的薪酬的外部竞争性。薪酬结构是指企业内部各个职位之间的薪酬的相互关系,它反映了企业支付的薪酬的内部一致性。薪酬形式则是指在员工和企业总体的薪酬中,不同类型的薪酬组合方式。薪酬调整是指企业根据内外部各种因素的变化,对薪酬水平、薪酬结构和薪酬形式进行相应的变动。薪酬控制是指企业对支付的薪酬进行测算和监控,以维持正常的薪酬成本开支,避免给企业带来过重的财务负担。

2. 薪酬管理的内容

企业薪酬管理主要包括以下几个方面的内容:

(1) 确定薪酬管理目标。薪酬管理目标根据企业的人力资源战略确定,具体包括以下三个方面:① 建立稳定的员工队伍,吸引高素质的人才;② 激发员工的工作热情,创造高绩效;③ 努力实现组织目标和员工个人发展目标的协调。

(2) 选择薪酬政策。所谓企业薪酬政策,就是企业管理者对企业薪酬管理运行的目标、任务和手段的选择和组合,是企业在员工薪酬上所采取的方针策略。企业薪酬政策的主要内容包括以下三方面:

① 企业薪酬成本投入政策。比如,根据企业组织发展的需要,采取扩张劳动力成本或紧缩劳动力成本政策。

② 根据企业的自身情况选择合理的工资制度。例如,是采取稳定员工收入的策略,还是激励员工绩效的政策。前者多与等级和岗位工资制度相结合,后者多与绩效工资制度相结合。

③ 确定企业的工资结构以及工资水平。例如,是采用向高额工资结构倾斜的工资政策,还是采取均等化工资结构的工资政策,或者向低额结构倾斜的工资政策。前者要

加大高级员工比例,提高其薪酬水平;后者要缩减高薪酬人员比例,降低其员工薪酬水平。

因此薪酬政策是企业管理者审时度势的结果。决策正确,企业薪酬机制就会充分发挥作用,运用就会畅通、高效;反之,决策失误,管理就会受到影响,甚至造成企业管理一系列的困扰。

(3)制订薪酬计划。一个好的薪酬计划是企业薪酬政策的具体化。所谓薪酬计划,就是企业预计要实施的员工薪酬支付水平、支付结构及薪酬管理重点等。企业在制订薪酬计划时,要通盘考虑,同时要把握一系列原则。如与企业目标管理相协调的原则、以增强企业竞争力为原则。

(4)调整薪酬结构。薪酬结构是指企业员工之间的各种薪酬比例及其构成。它主要包括:企业工资成本在不同员工之间的分配,职务和岗位工资率的确定,员工基本、辅助和浮动工资比例,以及基本工资及奖励工资的调整等。

对薪酬结构的确定和调整主要掌握一个基本原则,即给员工最大激励的原则。公平付薪是企业管理的宗旨。要避免员工的报酬不是给得过多,就是给得太少的现象。给多了会造成不称职员工不努力工作;给少了会造成高素质人才外流。同时,对薪酬结构的确定还必须与企业的人事结构相一致,如企业中高级员工占的比重较大,那这一块的工资成本就高。

8.3.4 新创企业人力资源管理的常见问题

创业企业起步初期普遍存在很多问题,比如规模小、资金匮乏、资源禀赋不足、抗风险与打击能力差、制度不够规范完善,而"人"是这些问题的中心所在,做到人力资源的合理利用、良好整合,才能顺利解决这些问题,实现企业发展壮大。

目前在创业企业的人力资源管理中主要存在以下几点问题:

(1)未能建立科学合理的人力资源管理体系、制定严格规范的规章制度。许多企业由于处在初创期,规模较小,且受资金限制,人员配置简单,分工不明晰,或者尽管设计了正式的组织结构,却没有按照正式组织的方式运作,虽然有名义上的分工但实际运作中确是"哪急、哪紧、哪需要"就往哪里去。这样极易造成员工对自身职能和定位的混乱,甚至造成人才流失,不利于企业的积极健康发展。

(2)员工薪酬管理混乱,激励制度不全。薪酬福利是员工生存的物质保障和基本需要,而创业企业初期常常资金匮乏,因而员工薪酬也较低,且缺乏统一、标准的激励制度。而温饱诉求得不到满足,基本福利的缺失,劳动成果得不到相应激励,会极大打击员工的创业信心及工作热情,不利于培养员工对企业的忠诚度,这也是许多初创企业人员流失严重、流动频繁的重要原因之一。

(3)员工培训管理机制缺失。初创时期企业主要精力放在业务与经济利益增长上,容易忽视对员工的基本关怀和培训,难以从可持续发展的角度去对待员工。从短期来看,员工长期工作疲惫又得不到激励、看不到更远大的发展方向,容易消极、懈怠甚至辞职;从长期来看,缺乏培训,员工得不到技能及素质提升,难以适应新的市场及业务发展,反而会使企业发展后劲不足甚至阻碍企业发展。

8.3.5　新创企业人力资源管理策略

德鲁克曾说:"少数所谓的创业家因无知,缺乏管理方法,违背管理规律,从而给创业蒙上了风险的色彩。"为规避可能的风险,使企业沿着更为健康有序的方向顺利发展,针对以上几个问题,提出如下解决办法。

1. 规范制度,严格遵守

没有规矩不成方圆。企业应建立规范合理的人事制度,做好人力资源规划,使所有员工都能有准确明晰的自我定位,所有工作都"责任到人",以确保企业能拥有规范的工作制度和合格的员工。

2. 完善薪酬制度,加强激励机制

设计合理的薪酬体系与制度,根据员工工作绩效状况,给予不同的合理报酬;同时还应配合企业发展战略,适时调整薪酬方案,以保证其激励性。对核心人才或做出突出成绩的员工要适时进行合理的表彰、奖励,以激励士气,保持员工积极性,从而促进企业生产效率的提高,避免人才流失。

3. 建立并完善培训机制,重视员工职业发展

加强员工培训可提高员工知识、技能与素质,调整人与事之间的矛盾,发掘人才、快出人才、多出人才;还可满足员工自身发展需要,使员工感受到企业的关心和照顾,增强对企业的归属感,有利于调动员工工作热情和积极性,增强企业竞争优势。对员工职业生涯的关怀也是如此。因此,创业企业务必要重视员工的职业发展规划,营造良好的工作环境,实现企业的长足发展。

★ 课后练习

体验活动　模拟招聘训练

组织形式:可以在教室里模拟企业招聘全过程。

准备事项:桌子和椅子、简历、着装、面试提问、其他道具。

活动内容:邀请师兄师姐或者老师担任面试官,小组同学事先准备好自己的简历,依次应聘。面试过程中回答面试官提出的各种问题,结束后由面试官点评,其他同学也可以参与评议。

面试问题:

1. 谈谈你自己(请介绍一下你自己)。

2. 对我们公司了解吗? 为什么愿意应聘这个工作?

3. 请你用两分钟描述自己的优势和不足。

4. 说说你曾做过的最满意的一件事。

5. 你的适应能力如何?

6. 你周围的人是如何评价你的?

7. 你希望得到的薪酬是多少?

8. 你想找一份长期的还是临时的工作?

9. 五年内你给自己制定的目标是什么?

10. 你能为我们公司带来什么?

心得感悟:

8.4 创业财务管理

有一家大学生创业公司发展非常快,几年之内扩张非常快。业务虽然扩张很多,但是他们的记账、财务管理却没有什么变化。他们现在仍然是采用从记账公司聘请会计,定期去按国家的财税要求来做账的方式。最近一段时间出现了一个问题,老板收到的报表显示,公司无论是办公还是差旅费用、销售费用等增长都特别快,远远超过收入的增幅,老板很头疼,不知道到底是什么地方、什么部门出了问题,你有什么办法能够帮到他吗?

8.4.1 成本费用控制

成本是反映创业企业经营过程中资源消耗的一个主要基础数据,是形成产品价格的重要组成部分,也是影响经济效益的重要因素。创业企业产出物成本的构成与计算,既要符合现行财务制度的有关规定,又要满足企业财务评价的要求。

1. 经营成本的概念

经营成本是指从创业企业总成本中扣除固定资产折旧费、无形资产及递延资产摊销费和利息支出以后的全部费用,其计算公式为:

$$经营成本 = 总成本费用 - 折旧费 - 摊销费 - 借款利息支出$$

2. 固定成本和可变成本

(1) 固定成本是指在一定的生产规模限度内不随产品产量增减而变化的费用,如固定资产折旧费、修理费、管理人员工资及福利费、办公费、差旅费。这些费用的特点是,当产品产量增加时,费用总额保持不变,反映在单位产品成本下降上。

(2) 变动成本是指随产量增减而变化的费用,如直接材料费、直接燃料和动力费。这些费用的特点是,当产品产量变动时,费用总额成比例地变化,体现在单位产品成本费用固定不变上。

3. 成本控制

有些初创企业经常会遇到这样的情况:研发部门千辛万苦开发出来的新产品马上就可以投放到市场上出售了,可是发现该产品的成本太高,远远高于市场上类似产品的售价。这种情况下,企业面临着两难的境地,如果将产品按市场价格出售,则会亏本;但如果不投放市场,那研发部门之前投入的资金和人力成本等就付诸东流。其实,造成这种情况的主要原因是大多数初创企业都缺乏丰富的实务经验,研发部门一心搞研发,创业者也不懂财务管理,公司没有财务人员而外包给记账公司,或财务部门由于技术上的障碍而无法对可控成本进行科学控制,才会导致产品的成本远远高于市场售价。

对于初创企业来说,如何在研发阶段科学地控制产品的成本,使企业科研能力最大化而产品价格又能被目标客户接受呢?

（1）目标成本控制法。

目标成本控制法首先以市场营销和市场竞争为基础确定产品的市场销售价,然后以具有竞争性的市场价格和目标利润倒推出产品的目标成本,体现了市场导向。目标利润则是企业持续发展目标的体现,因此,目标成本控制法是将企业经营战略与市场竞争有机结合起来的全面成本管理系统。

目标成本的计算公式：目标成本＝用户可以接受的价格－目标利润－税金。

在这种目标成本制中,新产品的成本不再是产品设计过程的结果,而是成为该过程的一个开端。产品设计的任务是设计出的功能和产品质量满足客户要求,可以按目标成本进行生产,能使公司赚到预期利润的产品。

（2）成本控制注意事项。

① 哪些阶段需要进行成本控制。事实上,一个企业的成本控制并不仅仅局限于产品研发阶段,在企业的运营和产品生产阶段成本控制也至关重要。如果想把成本降低,一定要对产品的全生命周期实施成本控制。从最早的公司设立、门店选址、产品研发,到后期的采购、生产以及生产之后进行销售和销售之后的一些售后服务等,也就是从整个企业最早的设立开始,一直到这个产品卖出去之后的售后服务,都需要进行成本控制。

② 需要控制哪些成本。不同的企业,其成本结构也是完全不同的。如果不能把控制重点放在最主要的成本上,最终可能只有事倍功半的效果。例如,在星巴克一杯大杯拿铁的成本中,门店的租金占比 26％；又如,钻石的成本来自制造成本,其占总成本的41％。所以,类似于星巴克这样的餐饮企业,主要成本可能来自租金,或是其他食材的成本,这些成本就是应该重点控制的目标成本；但是,如果是生产企业,制造成本可能是最主要的、需要控制的成本。只有把时间、精力、人力、物力都用到刀刃上,才能取得事半功倍的成效。

③ 成本控制的最终目的是什么。成本控制固然重要,但是我们仍需明白,成本控制并不是最终的目的,一个企业的最终目的还是提高企业整体的盈利水平,盈利水平会受到很多其他因素的影响,如产品质量、企业口碑。所以,在控制成本的同时,要保证效率与质量并行,切不可为减少成本而偷工减料,做出得不偿失的事情。

8.4.2　现金流管理

现金是指生产过程中暂时停留在货币形态的资金,包括库存现金、银行存款、银行本票和银行汇票等其他货币资金。现金是变现能力最强的资产,可以用来满足生产经营开支的各种需要,也是还本付息和履行纳税义务的保证。

对创业企业而言,现金流就相当于血液对人体的重要性。现金流如果管不好,再好的盈利情况、再好的行业前景都没有用。创业企业要想管理好现金流,重中之重就是编制合理的资金计划。在编制资金计划之前一定要和业务部门进行充分沟通,了解业务部门的数据及后期发展情况。其中包括公司的年度经营目标、生产计划、采购计划。根据充分了解的业务规划制订出的资金计划就是合理的。

1. 资金计划平衡表

创业企业可以根据生产经营特点与管理要求,按年、季、月编制资金计划平衡表。将预算期内可能发生的一切现金流入、流出项目分类列入表内,以确定收支差异。

(1) 现金收入。现金收入包括预算期初现金余额和预算期内现金流入额,即预算期可动用的现金总额。预算期内现金收入的主要来源是现销收入、收回的应收账款、应收票据到期兑现和票据贴现收入等。

(2) 现金支出。现金支出包括预算期内可能发生的全部现金支出。如采购材料、支付货款、支付工资、支付各项费用、缴纳税金。测算预算期内现金支出的主要依据是企业的各项业务预算与专项预算,如生产预算、采购预算、直接人工预算、资本支出预算。对于解缴税款、派发股利的现金支出,则可以根据预计利润表、企业股利分配政策进行测算。

(3) 现金筹集与运用。根据现金收入合计与现金支出合计的差额,即现金收支差额和企业有关现金管理的各项政策确定筹集或运用现金的数额。

2. 资金支出的"五控模型"

在发现资金短缺时,要立刻回头检查各项开支,努力节流。只购买对收入有直接帮助的资产,检查所有办公用品或店铺设备的账单,看能否用更便宜的东西代替。对于企业后期资金的支出,可以按照收入情况、成本情况、费用支出、税金、资金筹措这五个方面去控制。

以销售控制为例,创业者需要关注的内容包括:回款的责任是不是能够落实到人,欠款催收是不是有相应的控制点,逾期如何考核。在销售价格上,最低价如何控制、折扣审批流程是怎样的。

如果创业者想在后期控制这些资金计划的执行情况,就一定要按照"五控模型"分别设置相关的控制点。

3. 建立定期回顾机制

在了解如何去编制资金计划并以此为依据进行实际控制后,还必须建立一个定期回顾机制,以发现计划与执行的差异,从而为企业下一期的资金计划作参考。创业公司可以每个季度动态更新的方式编制计划。根据实际销售回款的回顾报告、成本相关的管理报告、税金和费用方面等实际执行情况与资金计划的基准进行比较,得出资金计划过程中和执行过程中的差异,然后发现造成差异的原因并试图改善。

公司发展到一定阶段,还可以把此机制纳入绩效考核,以此来提升资金计划编制的合理性。只有资金计划编制得更加合理,资金的使用和公司的管理才能够上一个台阶。

8.4.3　税务管理

阿里巴巴创始人马云曾发表这样的观点:"世界上只有两件事不可避免,税收和死亡。"税收也一直是创业人士关注的焦点。创业之前,需要先了解我国企业要交哪些税。

1. 涉及的税种

(1) 印花税。印花税是以经济活动和经济交往中书立、使用、领受应税经济凭证的单位和个人所征收的一种税。因纳税人主要是通过在应税凭证上粘贴印花税票来完成税收义务,故称为印花税。印花税是行为税,其征税对象是书立、使用和领受应税凭证的行为。

企业创办之初要办各种证件,拿到证件后就需要交印花税,一个证件5元钱。创业企业正式运营后如果签订了合同,也需要按照合同金额的一定比例缴纳印花税。印花税属于小税重罚的税种,根据 2011 年修订后的《中华人民共和国印花税暂行条例》,如果漏贴印花,罚金可能是税款的 20 倍。

其计税依据有按凭证所载金额和按件定额征收两种,其征税范围如下:

① 经济合同。经济合同是指根据《中华人民共和国合同法》和其他有关合同的法规订立的合同以及具有合同性质的凭证。

② 产权转移书据。产权转移书据是指单位和个人产权的买卖、继承、赠予、交换、分割等所立的书据,具体包括财产所有权和版权、商标专用权、专利权、专有技术使用权等转移书据。其计税依据是所载金额。

③ 营业账簿。营业账簿是指生产营业用账册,包括记载资金的账簿和其他账簿。

④ 权利、许可证照。权利、许可证照包括政府部门发给的房屋产权证、工商营业执照、商标注册证、专利证、土地使用证。

⑤ 财政部确定征税的其他凭证。

(2) 企业增值税。当公司开始运营的时候,如果有收入,就可能涉及增值税和营业税,增值税税率一般是 13%,营业税则根据行业而不同,同时创业者需要注意所交税种是否已经完成"营改增"。经国务院批准,自 2016 年 5 月 1 日起,在全国范围内全面推开营业税改征增值税试点,建筑业、房地产业、金融业、生活服务业等全部营业税纳税人纳入试点范围,由缴纳营业税改为缴纳增值税。

增值税是对在我国境内从事销售货物或者提供加工、修理修配劳务以及进口货物的单位和个人取得的增值额为计税依据征收的一种税。所谓增值额,是指纳税人在其生产、经营活动中所创造的新增价值或商品的附加值。

增值税的征税范围是指在中国境内销售的货物,提供的加工、修理修配劳务以及进口的货物。具体征税范围包括:① 销售货物;② 提供加工、修理修配劳务;③ 进口货物。凡进入中国关境内的货物,在报关进口环节,除了依法缴纳关税之外,还必须缴纳增值税。

(3) 企业所得税。企业所得税是对企业取得的生产经营所得和其他所得征收的一种税。税法规定,企业所得税以取得应税所得,实行独立经济核算的企业或者组织为纳税义务人,具体包括实行独立核算的国有企业、集体企业、联营企业、私营企业、股份制企业以及有生产经营所得和其他所得的组织。

(4) 城市维护建设税。城市维护建设税的纳税人是在征税范围内从事工商经营,缴纳"三税"(即增值税、消费税和营业税,下同)的单位和个人。任何单位或个人,只要缴纳"三税"中的一种,就必须同时缴纳城市维护建设税。

(5) 教育费附加。教育费附加是国家为扶持教育事业发展,计征用于教育的政府性基金。国务院《关于修改〈征收教育费附加的暂行规定〉的决定》规定,从 2005 年 10 月 1 日起,教育费附加率提高为 3%,分别与增值税、营业税、消费税同时缴纳。

2. 税务筹划

企业经营目的是实现利润最大化,而利润既是企业经营发展的基本保证,也是经营绩效的重要指标,这就决定企业必然会想方设法减少成本,以获得较高利润。企业税务会计在多种纳税方案中通过事先筹划,合理安排公司筹资、投资、经营、利润分配等财务活动,针对采购、生产经营以及内部核算等进行合理决策,按照国家法规积极进行税务筹划,既保证企业完成缴税义务,增加自身"造血"能力,降低税收负担,也提高了税后利润,实现自身的持续健康发展。

（1）技术入股好处多。建议将技术专利作价投入公司,一方面可以改善公司的财务状况,减少投资时的资金压力;另一方面,作价入股以后,公司可以计入无形资产,合理摊销,增加成本费用,减少利润,少缴所得税。这样一个对财务、税务都有利的办法很多企业家却都不了解,导致一边抱怨税太多,一边缴不该缴的税。

（2）电子商务少缴税。目前我国对电子商务的税务规定还不是很明确,但在网上销售货物也一样要缴纳增值税。我们讲电子商务少缴税是指印花税。根据国家税务总局的规定,在供需经济活动中实用电话、计算机联网订货、没有开具书面凭证的,暂不贴花。因此,在网络已经非常普及的今天,企业完全可以放弃传统的经商模式,改为通过计算机联网订货的形式,所有订货过程都在网上完成,这样就可以节省印花税,并且对销售方、购货方都同样适用,所以,仅此一项,就可以将网络租赁的费用赚回一半。

（3）巧妙应对房产税。收过租金的人都知道,12%的房产税是较重的。收过租金后,交完5%营业税、12%房地产税后所剩无几。而如果将租金分解成三部分,即房租、场地租赁费、设备租赁费,并重新和客户签订合同,只对房租交房产税,节税何止百万。

（4）不发补贴发双薪。根据个人所得税政策的规定,过节费需要并入当月工资缴纳个人所得税。税务政策的规定是发放年终双薪可以单独作为一个月的工资薪金计算个人所得税,由于不需要与当月工资合并缴纳个税,因此可以降低税率,减少员工的个人所得税负担。

（5）没有生意也要申报。企业纳税申报是一项义务,不论企业是否有税要交。企业可能因为各种原因没有税款要缴纳,例如企业处于筹建期间;企业处于免税期间;企业处于清算期间;清算还没有结束;企业由于经营不理想,没有纳税收入或者收益。这些情况下,企业可能没有税款要缴纳,但都要按时纳税申报,没有应纳税税款的申报就是所谓的零申报。零申报只是一个简单的程序。一项简单的手续,如果不办理,税务机关可以对纳税人处2 000元罚款。

（6）一日之差两重天。登记在6月30日与登记在7月1日是有很大区别的。根据税务规定:上半年开业的公司当年算一年免税,下半年开业的公司可以选择下一年度开始缴税。所以,一日之差命运各异,要经营成功,一定要了解税务规定。

（7）合同作废也纳税。签了合同要缴印花税,即使合同作废。例如:公司本月签订了合同,申报的时候就要缴印花税。即使该合同作废,不签了,由于印花税已经缴纳,并且不能退还,因此,由于作废合同导致多缴了税。

（8）到底几年算坏账。企业经营不能收回的款项变成坏账,坏账是企业经营难以避免的损失。到底经过多长时间不能收回的款项才算是坏账?两年也对,三年也对。对于外资企业而言,两年不能收回的款项属于坏账;对于内资企业而言,三年不能收回的款项作为坏账。这又是内资企业与外资企业的一个差异。另外,外资企业税前不能计提坏账准备,内资企业税前可以按规定计提坏账准备,这也是一个差异。了解规则,才能合理利用规则。

（9）赠得巧来送得妙。一件2 000元的电器,送一件400元的小家电,合计2 400元实际收2 000元。如果当赠送,要按2 400元缴纳增值税。现在我们重新设计方案:将两件产品卖给顾客,给予顾客 400 元的折扣,其中,2 000 元的按 15% 折扣以后出售,400 元的按折扣 25% 以后出售,这样,对顾客而言,实际支付 2 000 元,与买一件送一件的效果是一样的,对于商场而言,由于是价格折扣,实际上没有赠送的行为,只要按 2 000 元实际营业额缴纳增值税即可。有些营销人员认为这样做很无聊,但改变方式就符合税法,不改变就要多交 68 元的增值税,对企业的纳税而言,这不是一件无聊的事情。

创业企业减
免税政策

高校毕业生
创业优惠政策

(10) 虚报亏损就偷税。人非圣贤,孰能无过? 做财务工作的也难免会出现差错,平时收入核算、成本费用处理有差错,等到税务机关来检查,发现差错,影响到当年的利润,就要承担税务责任。如果公司本身是亏损,收入、成本费用处理纠正以后,公司变为盈利,当年就属于少缴税,严重的话就算"偷税";如果纠正以后,公司还是亏损,没有导致公司少缴税,就不属于"偷税",只是属于"虚报计税依据",不能按偷税论处。所以,少计收入、多计成本费用不一定就是偷税。

8.5 创业者要学会看
三张财务报表

财务报表就是企业的"听诊器",在密密麻麻的数据背后所包含的是企业经营状况与潜在的风险。对于财务专业人士而言,报表并不陌生,但对创业者来说看懂财务报表和利用财务数据把握企业经营情况的脉搏还是很有挑战和必要的。

8.5.1 财务报表的组成

财务报表是对企业财务状况、经营成果和现金流量的结构性表述。财务报表至少应包括以下组成部分:① 资产负债表;② 利润表;③ 现金流量表;④ 所有者权益变动表(或股东权益变动表,下同);⑤ 附注。

8.5.2 怎样看资产负债表

资产负债表是反映公司某一特定日期(月末、年末)全部资产、负债和所有者权益情况的会计报表。它的基本结构是"资产=负债+所有者权益"。不论公司处于怎样的状态,这个会计平衡式永远是恒等的。左边反映的是公司所拥有的资源,右边反映的是公司的不同权利人对这些资源的要求。债权人可以对公司的全部资源有要求权,公司以全部资产对不同债权人承担偿付责任,偿付完全部的负债之后,余下的才是所有者权益,即公司的资产净额。

我们利用资产负债表,可以看出公司资产的分布状态、负债和所有者权益的构成情况,据以评价公司资金营运、财务结构是否正常、合理;分析公司的流动性或变现能力,以及长、短期债务数量及偿债能力,评价公司承担风险的能力;利用该表提供的资料还有助于计算公司的获利能力,评价公司的经营绩效。

看资产负债表时,要与利润表结合起来,主要涉及资本金利润和存货周转率,前者是反映盈利能力的指标,后者是反映营运能力的指标。

8.5.3　怎样看利润表

利润表依据"收入-费用=利润"来编制,主要反映一定时期内公司的营业收入减去营业支出之后的净收益。通过利润表,我们一般可以对公司的经营业绩、管理的成功程度作出评估,从而评价投资者的投资价值和报酬。利润表包括两个方面:一是反映公司的收入及费用,说明公司在一定时期内的利润或亏损数额,据以分析公司的经济效益及盈利能力,评价公司的管理业绩;另一部分反映公司财务成果的来源,说明公司的各种利润来源在利润总额中占的比例,以及这些来源之间的相互关系。

看利润表时要与公司的财务情况说明书联系起来。它主要说明公司的生产经营状况,利润实现和分配情况,应收账款和存货周转情况,各项财产物资变动情况,税金的缴纳情况,预计下一会计期间对公司财务状况变动有重大影响的事项。财务情况说明书为财务分析提供了了解、评价公司财务状况的详细资料。

8.5.4　怎样看现金流量表

现金流量表是反映公司现金流入与流出信息的报表。这里的现金不仅指公司在财会部门保险柜里的现钞,还包括银行存款、短期证券投资、其他货币资金。现金流量表可以告诉我们公司经营活动、投资活动和筹资活动所产生的现金收支活动,以及现金流量净增加额,有助于我们分析公司的变现能力和支付能力,进而把握公司的生存能力、发展能力和适应市场变化的能力。

对现金流量表主要从三个方面进行分析:

1. 现金净流量与短期偿债能力的变化

如果本期现金净流量增加,表明公司短期偿债能力增强,财务状况得到改善;反之,则表明公司财务状况比较困难。当然,并不是现金净流量越大越好,如果公司的现金净流量过大,表明公司未能有效利用这部分资金,其实是一种资源浪费。

2. 现金流入量的结构与公司的长期稳定

经营活动是公司的主营业务,这种活动提供的现金流量,可以不断用于投资,再产生新的现金来,来自主营业务的现金流量越多,表明公司发展的稳定性也就越强。公司的投资活动是为闲置资金寻找投资场所,筹资活动则是为经营活动筹集资金,这两种活动所发生的现金流量,都是辅助性的,服务于主营业务的。这一部分的现金流量过大,表明公司财务缺乏稳定性。

3. 投资活动与筹资活动产生的现金流量与公司的未来发展

股民在分析投资活动时,一定要注意分析是对内投资还是对外投资。对内投资的现金流出量增加,意味着固定资产、无形资产等的增加,说明公司正在扩张,这样的公司成长性较好;如果对内投资的现金流量大幅增加,意味着公司正常的经营活动没有能够充分吸纳现有的资金,资金的利用效率有待提高;对外投资的现金流入量大幅增加,意味着公司现有的资金不能满足经营需要,从外部引入了资金;如果对外投资的现金流出量大幅增加，说明公司正在通过非主营业务活动来获取利润。

8.5.5　雾里看花——看财务报表的秘诀

1. 阅读报表三步走

（1）看报表总额，了解总体情况：① 通过资产负债表摸清企业家底。资产负债表是反映企业在某一特定日期财务状况的会计报表，它表明权益在某一特定日期所拥有或控制的经济资源、所承担的现有义务和所有者对净资产的要求权。了解企业规模（资产总额）、企业债务规模（负债总额）、企业净资产（所有者权益）总额。

② 通过利润表了解企业销售规模和赢利能力。利润表是反映企业一定期间生产经营成果的会计报表，表明企业运用所拥有的资产进行获利的能力。了解企业销售额（营业收入）、企业成本（营业成本）、企业盈利情况（三大利润指标）。

③ 通过现金流量表了解企业现金流入流出情况，看看企业是否还有"余粮"。现金流量表反映企业一定期间现金的流入和流出，表明企业获得现金和现金等价物的能力。现金流量表主要分经营活动、投资活动和筹资活动产生的现金流量三个部分。通过阅读报表总额，对企业状况形成大致判断。

（2）关注报表中的异常项目：浏览报表，注意企业是否有重大的财务方面的问题。在初看报表，形成大致判断后，应当进一步细看报表中的项目，对异常数据进行关注，并结合后面的财务分析做深入了解。

（3）进行财务指标综合分析：财务指标综合分析可以对企业进行全面的诊断，对前面发现的疑问做出进一步分析，并通过与同行业企业的比较，发现企业存在的问题，为企业未来的政策调整提供依据。

2. 分析财务报表的技巧

（1）财务报表分析技巧之一：拿到企业的财务报表，首先不是做一些复杂的比率计算或统计分析，而是通读三张报表，即利润表、资产负债表和现金流量表，看看是否有异常项目或异常金额的项目，或从表中不同项目金额的分布来看是否异常。比如，在国内会计实务中，"应收、应付是个筐，什么东西都可以往里装"。其他应收款过大往往意味着本企业的资金被其他企业或人占用，甚至长期占用，这种占用要么可能不计利息，要么可能变为坏账。在分析和评价中应剔除应收款可能变为坏账的部分并将其反映为当期的坏账费用以调低利润。

（2）财务报表分析技巧之二：研究企业财务指标的历史长期趋势，以辨别有无问题。一家连续盈利的公司业绩一般来讲要比一家前 3 年亏损，本期却盈利丰厚的企业业绩来得可靠。我们对国内上市公司的研究表明：一家上市公司的业绩必须看满 5 年以上才基本能看清楚，如果以股东权益报酬率作为绩效指标来考核上市公司，那么会出现一个规律，即上市公司上市当年的该项指标相对于其上市前 3 年的平均水平下跌 50% 以上，以后的年份再也不可能恢复到上市前的水平。解释只有一个：企业上市前的报表"包装"得太厉害。

（3）财务报表分析技巧之三：比较企业的利润水平是否与其现金流量水平一致。有些企业在利润表上反映了很高的经营利润水平，而在其经营活动产生的现金流量方面却表现贫乏,那么我们就应提出这样的问题:"利润为什么没有转化为现金? 利润的质量是否有问题?"比如,银广夏在其被曝光前一年的盈利能力远远超过同业的平均水平,但是其经营活动产生的现金流量净额却相对于经营利润水平贫乏,事后证明该公司系以其在天津的全资进出口子公司虚做海关报关单,然后在会计上虚增应收账款和销售收入的方式吹起利润的"气球"。而这些子虚乌有的所谓应收账款是永远不可能转化为经营的现金的,这也就难怪其经营活动产生的现金流量如此贫乏。

(4) 财务报表分析技巧之四:将企业的业绩与同行业指标的标准进行比较,会给我们带来更广阔的企业画面。一家企业与自己比较也许进步已经相当快,比如销售增长了20%,但是放在整个行业的水平上来看,可能就会得出不同的结论:如果行业平均的销售增长水平是50%,那么低于此速度的、跑得慢的企业最终将败给自己的竞争对手。

案例分享

(1) 明确"一个中心,两个基本点"。在财务报表中,一个中心就是资产负债表,两个基本点就是利润表和现金流量表。从资产负债表上完全可以计算出本年度现金的增减变化数额,为什么还要制作现金流量表? 那完全是由于外界想了解这个现金流量的来源,是来自企业经营活动,还是投资活动,抑或是融资活动。假定企业经营活动产生负现金流,如果企业利润表还有盈利的话,就可以看出应收账款里面可能有水分了。

(2) 收入不一定等于现金。收入不一定等于现金,利润也不一定等于现金,所以一定要看企业的现金流量表。企业的利润表最容易被操控,而现金流量表相对更加真实可靠。因为利润是可以通过各种手段"做"出来的,甚至吹出来的。而现金流量表需要实实在在的每一分钱。现金是一个企业的血液,是一个企业最为重要的流动资产,一个盈利丰厚的企业可能因为现金不足而陷入困境甚至破产倒闭。

(3) 识别财务报表粉饰的手段。利润最大化操纵的典型做法有:提前确认收入、推迟结转成本、收益性支出混为资本性支出、减少各项准备的计提、增加折旧年限、亏损挂账、资产重组、关联方交易等;利润最小化,除了可减少纳税之外,还可以将以后年度的亏损前置于本年度,回避企业连续多年亏损的事实。典型的操纵方法有:推迟确认收入、提前结转成本、使用加速折旧法、减少折旧年限、增加各项准备的计提、将应予资本化的费用列入当期损益等。上市公司为了避免被停牌整顿,还可能出现"洗澡"的情况,典型做法有将坏账、积压的存货、长期投资损失、闲置的固定资产、待处理资产盈亏等一系列不良或虚拟资产一次性处理为损失。这就是我们常说的"亏亏亏,亏出一片新天地"。

★ 课后练习

体验活动一　现金流测算与控制

小业主程超计划在镇上开办一家金银首饰加工店。他为生意的前 6 个月准备了以下现金流量计划,见表 8-4,并回答以下问题:

1.4 月份充入企业的现金总量是多少？

2.5 月份流出企业的现金总量是多少？

3.业主期望在几月份购买新设备？

4.你认为他实际需要多少钱来开办他的新企业？

表 8－4   现金流量计划表

(单位：元)

项　　目		1 月	2 月	3 月	4 月	5 月
现金流入	月初现金	1 500	250	250	3 000	855
	现金销售	1 250	2 250	3 750	4 250	4 250
	其他现金收入	0	0	1 450	0	0
	可支配现金	2 750	2 500	5 450	7 250	5 105
现金流出	现金采购支出	1 800	1 550	1 750	1 850	1 850
	工　资	450	450	450	545	545
	办公开支	250	250	250	250	250
	购买设备	0	0	0	3 750	0
	其他现金支出	0	0	0	0	0
	现金总支出	2 500	2 250	2 450	6 395	2 645
月底现金		250	250	3 000	855	2 460

体验活动二   成功创办小企业的关键因素

下面是"一次性水杯和餐具"的创业案例，请仔细阅读回答问题：

随着时代的不断进步，人们的环保意识也在不断地提高。一次性的餐盒、水杯的大量使用，虽然很方便卫生，但是这不可降解的"白色污染"也着实令人头疼。现在环保部门正逐步要求用纸质餐具替代不可降解的塑料泡沫餐具，意欲消除"白色污染"。

据统计，现在我国每年仅一次性水杯和餐具的消费量就有 270 亿只。纸质餐具的利润率，最低也在 100% 以上。还有两个重要的信息：第一，纸质餐具的成本与塑料餐具相当，在价格上有竞争力；第二，在不久的将来，纸质餐具将完全取代塑料餐具，既能赚钱，又支持了环保事业，确实是一个好项目。

实施方案：

(1) 选址：在离市区较近的近郊租一间 50～60 平方米的厂房。

一是可以节约租金，二是方便运输，节约成本。

(2) 装修：厂房进行一般的装修即可。

(3) 采购：购置纸质餐具成型机两台，其他用具若干。

(4) 办证：办理营业执照等。

(5) 雇工：雇请员工两名即可。

(6) 投资预算：首期投资表、厂房租金(两押一租)6 000 元、装修 3 000 元、设备购置

(纸质餐具成型机等)40 000 元、证照办理 1 000 元、流动资金 10 000 元、投资总额 60 000 元、收益分析、每月运营表、房租 2 000 元、雇工(1 人)1 600 元、固定支出、原料进货 2 000 元、杂费 500 元、月生产额 12 000 元、月利润 5 900 元。

营销要点:

(1) 办小型纸质餐具加工厂,首先要办理生产经营的手续,所以证照办理一定要齐全。

(2) 一定要保证产品质量,因为商家都喜欢质量好又便宜的产品。

(3) 可以与一些快餐店做好联系,因为快餐店是用这种餐具的大客户。

回答问题:

在该创业案例中,涉及创业要素的具体内容是:

资源:＿＿＿＿＿＿＿＿＿＿＿＿＿＿＿＿＿＿＿＿＿＿＿＿＿＿＿＿＿

创业者能力:＿＿＿＿＿＿＿＿＿＿＿＿＿＿＿＿＿＿＿＿＿＿＿＿＿＿

市场:＿＿＿＿＿＿＿＿＿＿＿＿＿＿＿＿＿＿＿＿＿＿＿＿＿＿＿＿＿

产品和服务:＿＿＿＿＿＿＿＿＿＿＿＿＿＿＿＿＿＿＿＿＿＿＿＿＿＿

技术需要:＿＿＿＿＿＿＿＿＿＿＿＿＿＿＿＿＿＿＿＿＿＿＿＿＿＿＿

组织团队要求:＿＿＿＿＿＿＿＿＿＿＿＿＿＿＿＿＿＿＿＿＿＿＿＿＿

商业机会:＿＿＿＿＿＿＿＿＿＿＿＿＿＿＿＿＿＿＿＿＿＿＿＿＿＿＿

案例分享

在南美某国,有两个商人名叫安德烈和托马斯。他们都在同一个小镇上各开了一个店铺,销售相同货物。在一个礼拜日的早晨,这两个店铺都存有一件完全相同的货物。他们对于该货物各花费了成本 100 元。这一天,风和日丽,浪漫的安德烈决定关闭店铺,带新婚的妻子玛利雅去海边兜风。而勤快的托马斯为了抚育年幼的三个子女,和妻子芭芭拉商量后决定不休息,继续开门营业。当天上午,托马斯卖出了这件存货,得款 200 元,获利 100 元。一向守法的托马斯按照法律规定缴纳了 40 元的税款。

在这天下午,托马斯赶紧步行 10 千米之外去进货。由于该项货物的批发成本上涨为 200 元,但他手中只有 160 元。还好,芭芭拉的兄长大卫在附近的一容易从银行借入 40 元,三个月后还本,年利率 12%。借到钱后,满心欢喜的托马斯将 200 元交给批发商,购回相同的货物。

当天傍晚,托马斯回到了店铺,将货物放好后回家。晚餐后,疲倦的托马斯在他的流水账本上对当天的经营结构进行了评估。他获利了利润 100 元,存有同一货物,以及欠银行 40 元。当他准备就寝时,耳边传来一阵欢快的笑声。原来,安德烈夫妇兜风回家了从他的家门口路过。托马斯心想,安德烈过得真安逸啊!他休息了一整天,什么工作都没有做,没有获得利润。但他却存有相同的货物,且不欠银行的钱。可我辛苦了一整天,又得到了什么呢?带着这些困惑,疲惫的托马斯进入了梦乡。

(资料来源:干胜道《虚假的账面利润》)

　　思考：

　　（1）托马斯的账面利润是否真实？为什么？

　　（2）会计利润能否全部分配给企业的所有者？法律法规有哪些规定？决定利润分配的人或机构还应考虑什么因素？

　　（3）虚假利润有什么危害？会计上有什么方法消除虚假利润的产生？

8.6　创业营销管理

　　创业营销是创业者通过合理的包装和宣传，将创意、创业计划产品和服务推向市场，并进行市场分析、计划、执行和控制的过程。一般企业营销虽然包括新产品营销，但更多的是老产品的营销，营销策略仅仅在于市场占有率的巩固和扩展，所以它属于巩固型营销和扩张型营销。而创业营销的产品是全新的产品，既不是市场巩固，也不是市场扩张，而是市场进入，它属于市场导入型营销，它所要做的核心工作是让市场上的消费者认识、喜爱、接受和消费自己的新产品，并力争在消费者的心目中树立一个良好的形象。创业企业的产品所面对的市场是一个全新的市场，往往没有成熟的经验可以借鉴，也没有足够的资源可以依靠，因此，创业企业就会面临巨大的市场风险。这就要求创业企业具有足够的风险控制能力，以保证创业营销成功。

> **创业者心语**：不论你是做企业还是做产品，在开始做之前，你首先应该想想它否可以卖出去。——李嘉诚

8.6.1　创业营销策划

1.市场细分

　　市场细分是指企业根据顾客在需求特点、购买心理、购买行为等方面的明显差异性，把整个市场划分为若干个有相似需求和欲望的消费者群的市场分类过程。每一个消费者群就是一个细分市场，每一个细分市场都是由具有类似需求倾向的消费者构成的群体。在商品日趋同质化、市场竞争越来越激烈的情况下，有效的市场细分不仅是必然，也是必需的。创业企业资源的有限性决定了企业或产品只能锁定特定的市场。细分市场对经营者的经营、管理水平的要求不如大市场高，比较适合创业者。创业者要解决的问题只是如何先于竞争者发现合适的细分市场。

　　创业企业要做好客户细分的原因在于以下方面：

（1）市场行为的差异性及由此决定的购买者动机和行为的差异性。市场需求的差异性取决于社会生产力的发展水平、市场商品供应的丰富程度以及消费者的收入水平。除了对某些同质商品，消费者有相同的需求外，消费者的需求总是各不相同的，这是由人性、年龄、地理位置、文化背景、职业等方面的差异所决定的。

（2）市场需求的相似性。从整体上看，人们的消费需要是千差万别的，然而在这种差别之中又包含着某种共性。这种交叉中的相似性和差异性就使市场具有可聚可分的特点，为企业按一定标准细分市场并从中选择自己的目标市场提供了客观可能性。

（3）买方市场的形成。由于现代市场经济的高度发展，买方市场的全面形成和卖方之间市场竞争的日益激化，有厚利可图的市场越来越少，企业只有依靠市场细分来发掘未满足的市场需要，寻求有吸引力的、符合自己目标和资源的营销机会，才能在市场竞争中获胜。

2. 市场定位

市场定位，就是针对竞争者有产品在市场上所处的位置，根据消费者或用户对该种产品某一属性或特征的重视程度，为产品设计和塑造一定的个性或形象，并通过一系列营销活动把这种个性或形象强有力地传达给顾客，从而适当确定该产品在市场上的位置。

创业企业选择了目标市场，在产品进入市场之前，管理者还需要调查研究市场上相互竞争的各个品牌各自所处的地位、各有什么特色、实力如何。为自己的产品确定一个适当的位置，这也就是市场定位。对于新创企业，使用最多的是拾遗补阙的定位策略。创业者避开有力的竞争对手，将产品定位在目标市场的空白部分或是"空隙"部分。市场的空白部分指的是市场上尚未被竞争者发觉或占领的那部分需求。企业把产品定位于目标市场上的空白处，可以避开竞争，迅速在市场上站稳脚跟，并能在消费者或用户心中迅速树立一种形象。这种定位方式风险较小，成功率较高，常常为多数企业所采用。如 TCL 进入手机市场时，由于自己缺乏自主的知识产权，当时中国的手机制造商基本上都是把国外企业的核心部分拿来，加上一个外壳后进入市场，而 TCL 发现了手机能体现消费者地位的需求，开发出独特的钻石手机，虽然钻石仅是手机的一个装饰品，但填补了市场需求"空隙"，很快在手机市场上拥有一席之地。

3. 价格策略

在创业初期会产生很多成本费用，有些是不随产量变化（如设备、器材和工资）的固定成本；有些是随产量变化（如原材料、小时工的工资和销售佣金）的可变成本。为了成功运营企业，创业者不仅要补偿固定成本和可变成本支出，还要获取合理的利润。许多破产的网络企业大都运用相同的低价竞争战略，不惜血本的价格来销售其产品，快速获得市场份额，进而获得风投的资金。

创业者可以从财务的角度考虑产品或服务的定价。事实上，大多数创业者在定价时，使用的是成本加成低价法，即在成本的基础上加上预期毛利润。另外一种定价法，需要对比竞争对手的价格，通常与成本加成定价法一起使用。创业者使用这些方法的共同问题是定价太低，进而对公司的长期效益产生不可预期的影响。

那么创业者应如何选择最合适的价格战略呢？与成本加成定价和竞争定价相对应的是

感知价值定价,这种方法对于一项新创的产品或服务尤为可行。创业者也可以交替使用这两类定价方法,在高销售的情况下获得高的边际利润,反之亦然。如果可能的话,创业者应把感知价值定价与以前市场上的价格测试相结合,估计在不同价格点下的可购买能力。

众所周知的撇脂定价法和渗透定价法,是定价战略中的截然相反的定价策略。撇脂定价的价格相对较高,可以在有限的市场份额上获得较高的利润;渗透定价的目标是以较低的利润获取较高的市场份额,价格相对较低。对把新产品引入市场的创业者来说,撇脂定价通常是一个较好的选择。除非分销渠道已经完全建立,否则,渗透定价是很难执行的,它通常仅适用于成熟的产品。

案例分享

休布雷公司巧妙的定价策略

休布雷公司在美国伏特加酒的市场中,属于营销出色的公司。其生产的史密诺夫酒在伏特加酒的市场占有率达 23%。20 世纪 60 年代,另一家公司推出一种新型伏特加酒,其质量不比史密诺夫酒差,每瓶价格却比它低 1 美元。

按照惯例,休布雷公司的面前有三条对策可用:

(1) 降价 1 美元,以保住市场占有率。

(2) 维持原价,通过增加广告费用和推销支出来与竞争对手竞争。

(3) 维持原价,听任其市场占有率降低。

由此看出,无论采取上述哪种策略,休布雷公司似乎却输定了。

但是,该公司的市场营销人员经过深思熟虑后,却采取了对方意想不到的第四种策略。那就是,将史密诺夫酒的价格再提高 1 美元,同时推出一种与竞争对手新伏特加酒价格一样的瑞色加酒和另一种价格更低的波波酒。

这种产品价格策略,一方面提高了史密诺夫酒的地位,同时使竞争对手新产品沦为一种普通的品牌。结果,休布雷不仅渡过了难关,而且利润大增。实际上,休布雷公司的上述三种产品的味道和成本几乎相同,只是该公司懂得以不同的价格来销售相同的产品而已。

(资料来源:李伟清,贺学良,李菊霞《酒店市场营销管理与实务》)

总之,创业者可以灵活运用市场中与定价相关的知识。首先,产品的销售活动应与价格相一致。降价总是比提价容易,因为顾客对提价有抵触情绪。其次,产品或服务的差别越明显,顾客对价格就越敏感——如果感知价格对顾客来说是重要的。一个优秀的创业者应该同时关注竞争对手的定价策略以及与定价相关的顾客购买行为。

4. 市场进入的渠道策略

(1) 分销渠道的概念和分类。

① 分销渠道的概念。

在现代商品经济条件下,大部分生产企业并不能直接把产品销售给最终用户或消费者,而要借助于一系列中间商的转卖活动。所谓分销渠道,一般是指由参与商品所有权转移或商品买卖交易活动的中间商组成的流通渠道。分销渠道的起点是生产者,终点是消费者或用户,中间环节包括商品交易活动的批发商、零售商、代理商和经纪人。

② 分销渠道的类型。

根据有无中间商参与交换活动,可以将图8-3所示的所有通道,归纳为两种最基本的销售渠道类型:直接分销渠道和间接分销渠道。

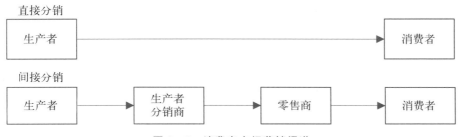

图8-3 消费者市场营销渠道

第一,直接分销渠道。

直接分销渠道是指生产者将产品直接供应给消费者或用户,没有中间商介入。直接渠道是工业品分销的主要类型。

第二,间接分销渠道。

间接分销渠道是指生产者利用中间商将商品供应给消费者或用户,中间商介入交换活动。这种方法的优势在于企业无须拥有自己的大部分销售渠道。如可口可乐公司生产的饮料,我们只会在沃尔玛、全家和小卖部中找到它们。

(2)渠道设计决策。

一个新产品推向市场能否获得成功,分销渠道设计是至关重要的一环。试想如果你的产品质优价廉,广告宣传也非常有效,消费者们很想买来试试,结果却不知道去哪里能买到它,那一定是分销渠道出了问题。要设计一个好的渠道系统,需要分析消费者服务需要、建立渠道目标、分析各渠道的限制因素和确定主要渠道选择方案。

① 分析消费者对服务的需求。

渠道的产生是由于给顾客提供了时间、地点、服务等附加价值,减少了交易成本,因此,营销渠道可以被看作由每个渠道为顾客增加价值的顾客价值支付系统。因此,设计销售渠道必须先找出各目标市场的消费者想从中获得什么价值。渠道越分散,交货越迅速,产品种类越多,以及附加服务越多,该渠道的商业价值就越高。

企业衡量渠道为消费者提供产品服务需要时,不仅要比较满足这些需要的可行性,还要衡量为满意这些需要,所增加的成本以及消费者是否愿意为增加的成本买单。

② 分析渠道选择的影响因素。

通常,企业可能有几个服务水平要求不同的细分市场,进入这些细分市场可能采用不同的销售渠道。渠道设计的目的是使企业在满足目标顾客服务需求的情况下使渠道总成本最低。

影响分销渠道选择的因素有很多。企业在选择分销渠道时,必须对下列几个方面的因素进行系统的分析和判断,才能做出合理的选择。表 8-5 列出了影响渠道选择的三种主要因素。

表 8-5   影响渠道选择的主要因素

因 素	选择直接渠道原因	选择间接渠道原因
产品特点	特殊商品; 技术复杂; 易腐; 时新商品; 单位价值高; 笨重; 附加服务多	便利商品; 技术简单; 耐久; 大宗、常用商品; 单位价值低; 轻便; 附加服务少
企业状况	具有营销经验; 具有营销能力; 企业规模大; 财务雄厚; 声誉高; 需要高度控制渠道	缺乏营销能力; 缺乏营销经验; 企业规模小; 资金短缺; 知名度低; 对控制渠道要求低
市场因素	购买批量大; 消费者集中	购买批量小; 消费者分散

(资料来源:李蔚,牛永革《创业市场营销》)

除产品特点、企业状况和市场因素这三个主要影响因素外,企业在设计和选择渠道时还应考虑中间商特性、竞争者的渠道和环境因素的影响。

第一,中间商特性。由于各类各家中间商实力、特点不同,如广告、运输、储存、信用、训练人员、送货频率等方面具有不同的特点,从而影响生产企业对分销渠道的选择。例如,一个同时经销数家产品的经销商的费用就比较低,因为全部费用由几个委托制造商共同分担,但他们对企业产品的营销努力程度远远不如企业自己的营销力量。

第二,竞争者的渠道。在一些情况下,企业可能希望就在经营竞争者产品的商店内或附近与之展开竞争。例如统一和康师傅的方便面总是陈列在相同的地方。在其他情况下,生产商会选择避开竞争者使用的渠道,如薇姿化妆品决定不同其他竞争品牌争夺市场,而选择了药店经营。

第三,环境因素。经济条件和法律因素也影响渠道设计决策。例如,在经济萧条时期,生产者希望以最经济的方式销售产品,即用较短的渠道和取消高成本的非必要服务项目。另外,法律对一些专控商品的销售也有规定。

5. 营销传播组合

(1)营销传播组合的概念。营销传播,指企业通过人员推销或非人员推销的方式,向目标顾客传递商品或服务的存在及其性能、特征等信息,帮助消费者认识商品或服务所带给购买者的利益,从而引起消费者的兴趣,激发消费者的购买欲望及购买行为的活动集合。

威廉·斯坦顿的研究认为："在不完全竞争的条件下，一个公司利用营销传播来帮助区别其产品、说服其购买者，并把更多的信息引入购买决策过程。"通过营销传播，一个公司希望在任何一定价格的条件下，增加某种产品的销售量。它还希望营销传播影响产品的需求弹性。

一个公司的营销传播组合——由广告、人员推销、销售促进、公共关系与宣传、直接营销和互动营销混合组成。

① 广告是由明确的主办人以付款方式进行的创意、商品和服务的非人员展示和推广活动。

② 人员推销是与一个或多个预期购买者面对面接触以进行介绍、回答问题和取得订单的过程。

③ 销售促进指各种鼓励购买或试用产品和服务的短期刺激行为。

④ 公共关系与宣传是指设计各种方案以促进或保护公司形象或它的个别产品的行为。

⑤ 直接营销和互动营销是使用邮寄、电话、传真、电子信箱或互联网以直接传播，或征求特定顾客和预期顾客的回复的行为。

营销传播组合是公司与目标顾客沟通的首要活动，但是公司还必须协调整个营销组合，即促销与产品、价格和地点等，争取最佳的沟通效果。

（2）整合营销传播流程。营销人员需要了解他们的目标客户，善于发掘广告信息，并把这些信息通过媒体发布出去，搜集反馈，估计目标顾客对信息的反应，以便评估促销效果。概括来说，有效的传播步骤包括：确定目标受众、确定传播目标、设计信息、选择传播渠道、评估预算、决定媒体组合、衡量结果、整合营销传播管理。

① 确定目标受众。

营销人员一开始在心目中就必须有明确的目标受众——公司产品的潜在购买者、目前使用者、决策者或影响者，受众可能是个人、小组、特殊公众或一般公众。目标受众将会极大地影响信息传播者的下列决策：准备说什么，打算如何说，什么时候说，在什么地方说，向谁说，等等。

② 确定传播目标。

营销人员可能需要收集目标受众的认知、情感和行为反应等信息。换言之，营销人员要向消费者头脑里灌输某些观念来改变消费者的态度，或者使消费者行动。

③ 设计信息。

传播人员在明确受众的期望之后，就要着手总结思考出一个有效的信息。理想的信息能引起注意、提起兴趣、唤起欲望和导致行为。传播人员要解决四个问题：说什么（信息内容），如何合乎逻辑的叙述（信息结构），以什么符号进行叙述（信息格式）和谁来说（信息源）。即传播人员需发掘一个可以产生预想反应、具有吸引力的主题，并建立一套完整的结构和格式。对于报刊广告，传播人员须明确标题、正文、说明、插图和色彩，广播广告需选择文案、声调和音色等内容，如果信息需要上电视，则所有这些因素和人体语言都必须明确。

④ 选择传播渠道。

传播人员必须选择传播渠道，传播渠道分为人员和非人员两大类型。人员传播渠道指人与人直接交流，例如面对面、电话，甚至邮件交流。销售人员与买主的交流，某消费领域的意见领袖、导购和其他人员也可以通过这种直接交流影响消费者。非人员传播渠道指不通过个人联系和反馈来传播信息的方式。这种方式包括通过报刊媒体、广播电视宣传、展示、营造销售氛围，以及安排一些好的活动等。无论选择什么传播渠道，营销人员的目的都是要把有关的信息传达给目标受众，从而影响人们的购买决策。

⑤ 编制总营销传播预算。

营销中最难的决策之一就是企业该花多少钱进行促销活动。百货巨子约翰·沃纳梅克曾经说过："我知道我的广告费有一半浪费了，可我不知道是哪一半。我花两百万美元做广告，但是我不知道这刚够一半还是多一倍。"对于化妆品企业来说，促销费用可能是销售额的 20%～30%，而工业机械行业可能只有 2%～3%。

常用的四种促销预算制定方法：

第一，量入为出法。公司根据财力所能承受的水平来制定促销预算。小公司常用这种办法，原因是它们不能花费承受不起的费用去做广告。它们首先算出总收入，减去运作费用和日常支出，然后用剩余资金中的一部分来做广告。这种制定预算的方法完全忽略了促销活动可能给销售带来的效益，结果是年度促销预算不稳，也很难制定出长期的计划。

第二，销售百分比法。以目前的或预测的销售额的百分比来制定促销预算，或者按照单位销售百分比来确定预算。此方法使用简单，可以帮助管理层了解促销开支、销售价格和单位产品利润之间的关系。但是，这种方法也有很大问题：它错误地把促销视为营销额的结果不是原因。这种方法主要依据过去的习惯和可用资金的情况作出决策，往往会导致在需要增加促销预算的时候错失良机。

第三，竞争对等法。根据竞争对手或本行业的平均促销费用水平制定本公司的促销预算。显然这种办法也失之偏颇，每个公司情况不同，竞争对手或行业平均促销费用水平并不能完全符合本公司的实际需求。

第四，目标任务法。这是最合乎逻辑的预算制定方法，即公司根据需要达到的目标制定促销预算，具体包括明确具体的促销目标，确定要达到目标所需要的任务，估计完成任务所需要的成本，这些成本之和就是促销预算。但是此方法的难度在于，人们很难弄清楚要达到预期的促销目标需要执行哪些具体任务。

8.6.2　分析营销机会

1. 市场营销调研

（1）市场营销调研的内容。

在创业的前期阶段，信息对创业者来说非常重要。创业者必须从市场上收集有用的信息以对自己的创意和创意机会进行评估，这就是市场调研。消费者、客户、公众和创业者通过信息联系起来。市场调研是一个程序化的过程，其目的是把所收集的信息进行分析和处理，为决策者的决策提供指导性的意见。市场调研可以由创业团队进行，也可以委托专业的市场调研机构来做。

市场调研包括以下七个方面：

① 产品研究。新产品的设计、开发和市场试验，现有产品的改进，预测消费者和顾客对产品的功能、质量、包装、颜色、品牌等的偏好，以及竞争产品的比较研究。

② 销售研究。研究企业的所有销售活动，包括销售趋势及其构成的分析预测，市场定位的分析，销售人员的监督、训练方法、工作方式及报酬制度的分析，销售份额及地区的建设，分配方式及成本的分析等。

③ 市场需求的调查与预测。研究国内外市场的潜在需要量、地区分布及特性等。

④ 购买行为研究。研究购买者的购买动机及行为，如购买者为何喜欢某种品牌或商店的原因。

⑤ 广告及促销的研究。评估广告及各种促销活动的效果。促销包括消费者促销及经销商促销。这种研究以广告研究最为常见，广告研究主要分析广告的需求、文字、图案、媒体选择及测定广告的效果。

⑥ 销售预测。对销售量及各种销售机会的短期及长期预测。

⑦ 产业及市场特性的研究。研究某种产业或市场的特性及其发展趋势。

2. 市场营销调研的步骤

（1）确定研究的目的或目标。市场研究首先要确定研究的目的，这常常是困难的一步，因为许多创业者缺乏市场营销的知识和经验，甚至不知道他们希望这种研究得到什么样的结果。对创业者来说，开始市场研究的最有效方式是，坐下来并列出一个准备市场营销计划所需的信息清单。创业企业需要知道谁将是顾客，并了解有关人口统计的背景资料和消费者个人的状态。这是创业者需要研究的第一个目标，其他目标则可能要确定如下问题：① 有多少潜在的顾客愿意购买该产品或服务；② 潜在的消费者愿意在哪里购买该产品或服务；③ 消费者会在哪里听说或了解该产品或服务。

（2）从第二手资料中收集信息。对创业者来说，最明显的信息来源是已有数据或二手资料。所谓二手资料是指经过编排、加工处理的数据，这些数据可能存在于企业信息系统，也可能存在于经销商、广告代理商、行业协会系统内，也可能出现于政府出版社物或商业、贸易刊物上，还可能从提供营销信息的企业购进。由于二手资料是在过去出于不同目的或在不同条件下收集来的，对本企业的实用性自然会受到限制，因此，必须对二手资料从公正性、有效性、可靠性三个方面进行审查和评估，以避免发生不可挽回的损失。网络可以提供有关竞争者和行业的深层信息，甚至可以通过潜在消费者在社交平台上的交流记录获得必要的信息。现在，创业者可能从网络上获得很多信息，注意对其加以收集整理。

（3）从一手资料中收集信息。收集第一手资料的方法有观察法、访谈法或试验法以及问卷调查法等。访谈调查是收集市场信息最常用的方法。这种方法比观察的花费要多，但却能够获得更有意义的信息。访谈可以通过面谈、电话或信件等不同途径。这些方法有各自的优缺点，创业者在使用时应该对它们做出相应的评价。科学设计调查表、有效地运用个人访问技巧是此方法成功的关键。调查表反映创业决策的思想，是本企业最关心、最想得到的重要信息来源之一。

在调查表的设计中要注意以下问题：

① 根据整个研究计划的目的，明确列出调查表所需收集的信息是什么。

　　② 按照所需收集的信息,写出一连串问题,并确定每个问题的类型。

　　③ 按照问题的类型、难易程度,安排好询问问题的次序。

　　④ 选择一些调查者做调查表的初步测试,请他们做题,然后召开座谈会或个别谈话征求意见。

　　⑤ 按照测试结果,再对调查表做必要修改,最后得出正式调查表。

　　设计调查表问题要短,调查表上每一个问题只能包含一项内容,问题中不要使用专用术语,问题答案不宜过多,问题的含义不要模棱两可,一个问题只代表一件事,要注意问问题的方式。有时直接问问题并不见得是最好的,采用间接方法反而会得到更好的答案。

　　焦点小组是一种收集深层信息的非正规化的方法。一个焦点小组由 10～12 名潜在顾客组成,他们被邀请来参加有关创业者研究目标的讨论。焦点小组的讨论以一种非正规的、公开的模式进行,这样可以保证创业者获得某些信息。例如,一个创业者最近在想:消费者是否愿意坐在置于购物中心的亭子内的计算机面前来设计他们自己的贺年卡。来自不同年龄、工作领域和文化背景的人组成一个焦点小组,创业者通过这个焦点小组可以了解有关贺年卡的购买、定价、公众对自己设计贺年卡包括卡内留言的兴趣等信息。通过这个焦点小组发现,人们对坐在购物中心的计算机前感到不舒服,因此不愿意为这项服务付费。这个信息对这家新企业制订营销计划非常重要。焦点小组应该由一个有经验的监管者或由创业者以外的其他人主持。

　　(4) 结果的分析和解释。根据样本的规模,创业者可以把结果列表显示或输入计算机,应该根据研究过程中所确定的研究目标进行评价和解释。一般单纯对问题的总结可以给出一些初步印象,接着对这些数据交叉制表进行分析可以获得更加有意义的结果。例如,创业者可能希望对比不同年龄、性别、职业、地点等得出不同结果。通过这种分析可以提供一些有价值的看法。

　　(5) 调研报告的撰写。市场调研的最后一步应是提出调查与预测结论和建议,并追踪调研结果。运用市场调查与预测得到的大量市场信息,分析问题,观察市场,然后撰写调查报告,提供给决策部门应用参考。

　　企业营销决策部门有了市场调查报告数据和分析支撑,能帮助研究产品目标市场的主要特点、购买行为以及媒介特征,有助于引导营销人员开发和实施企业的营销策略。

8.6.3　企业营销新发展

1. 搜索引擎营销

　　(1) 搜索引擎营销的含义与特点。所谓搜索引擎营销,是英文“search engine marketing”的翻译,简称为 SEM。就是根据客户使用搜索引擎的方式,利用用户搜索信息的机会尽可能将营销信息传递给目标用户。简单来说,搜索引擎营销就是基于搜索引擎平台的网络营销,利用人们对搜索引擎的依赖和使用习惯,在人们搜索信息的时候尽可能将营销信息传递给目标客户。

　　搜索引擎营销的实现手段包括竞价排名、分类目录登录、搜索引擎登录、付费搜索引擎广告、关键词广告、TMTW 来电付费广告、搜索引擎优化(搜索引擎自然排名)、地址栏搜索、网站链接策略等。搜索引擎营销追求最高的性价比,以最小的投入,获得最大的来自搜索引擎的访问量,并产生商业价值。

用户在检索信息所使用的关键字反映出客户对该问题(产品)的关注,这种关注是搜索引擎之所以被应用于网络营销的根本原因。

(2)搜索引擎营销的基本方法策略。搜索引擎营销的基本方法策略包括竞价排名(如百度竞价)、分类目录登录、搜索引擎登录、付费搜索引擎广告、关键词广告、TMTW 来电付费广告、搜索引擎优化、地址栏搜索、网站链接策略等。同时,企业利用搜索引擎工具可以实现五个层次的营销目标:① 被搜索引擎收录;② 在搜索结果中排名靠前;③ 增加用户的点击率;④ 将浏览者转化为顾客;⑤ 成为企业忠诚客户。

在这五个层次中,前三个可以理解为搜索引擎营销的过程,而只有将浏览者转化为顾客才是最终目的,具体如下:

① 竞价排名:顾名思义,就是网站付费后才能出现在搜索结果页面,付费越高者排名越靠前;竞价排名服务,是由客户为自己的网页购买关键字排名,按点击计费的一种服务。客户可以通过调整每次点击付费价格,控制自己在特定关键字搜索结果中的排名;并可以通过设定不同的关键词捕捉到不同类型的目标访问者。

② 购买关键词广告:即在搜索结果页面显示广告内容,实现高级定位投放,用户可以根据需要更换关键词,相当于在不同页面轮换投放广告。

③ 搜索引擎优化:就是通过对网站优化设计,使得网站在搜索结果中靠前。搜索引擎优化又包括网站内容优化、关键词优化、外部链接优化、内容链接优化、代码优化、图片优化、搜索引擎登录等。

④ 点击付费:广告主竞标他们认定的目标市场对象在找某个产品或者服务时,可能会在搜索框键入的关键字。当使用者键入关键字查询与广告主的列表匹配,或者检视某相关内容的网页时,该广告主投放的广告就会显示。该链接被称为"赞助链接"或者"赞助广告"。它通常出现在自然或者随机结果页的侧栏(有时位于其上),或者由网管或博客主决定放在内容页的任何地方。广告主只需在使用者实际点击广告并拜访广告主的网站时才付费。

2. 移动互联网营销

(1)移动互联网营销的含义与特点。

① 移动互联网营销的含义:所谓移动互联网营销,就是指使用手机、平板电脑、笔记本电脑等移动通信设备与无线上网技术结合所构成的一个互联网营销体系。它同时采用国际先进的移动信息技术,整合互联网与移动通信技术,将各类网站及企业的大量信息和各种各样的业务引入移动互联网之中,为企业搭建一个适合业务和管理需要的移动信息化应用平台,提供全方位、标准化、一站式的企业移动商务服务和电子商务的全新营销策略。

② 移动互联网营销的特点。

第一,拥有高度的便捷性和黏性。

移动互联网具有先天的随身性,实用有趣的手机应用服务让大量碎片化时间得以有效利用,吸引越来越多的手机用户参与其中;APP 的开发也给手机用户更多个性化选择;基于信任的推荐将帮助企业打造主动传播的社会性网络服务,快速形成品牌黏度。

第二,高度精准性。

在浩瀚人海中如何锁定与自己项目相匹配的目标人群并把最新信息有效传播,借助移动应用程序(APP)、微博、微信公众号、朋友圈等推送,通过精准匹配将信息实现四维定向(时空定向、终端定向、行为定向、属性定向),传递给与之相匹配的目标群体。

第三,成本相对低廉。

由于具有移动终端用户规模大,不受地域、时间限制,移动营销以其快捷、低成本、高覆盖面的特点与优势迎合了时代潮流和用户需求,成为新财富时代的一个重大机遇和挑战。

(2) 在社交平台上的应用——微博营销。

微博营销是移动互联网营销的一种体现。以微博作为营销平台,每一位粉丝都是潜在的营销对象,初创企业可以在新浪、网易、腾讯、搜狐等门户网站注册一个微博,然后不断更新自己的微型博客向网友传播企业、产品信息,树立良好的企业形象和产品形象。

① 微博营销的定位和分类。

从企业营销的传播主题和内容角度来说,可以把微博分为官方微博、企业领袖微博、客服微博、公关微博和市场微博;从微博本身的价值来讲,又可分为微媒体、微传播、微服务、微公关和微营销。具体来讲如下:

第一,官方微博,又称微博体。

由于企业微博必须是官方的,传播内容相比较正式,可以在第一时间发布企业最新动态、对外展示企业品牌形象,成为一个低成本的微媒体。

第二,企业领袖微博,又称微传播。

领袖微博以企业高管的个人名义注册,是具有个性化的微博,其最终目的是成为所在行业的"意见领袖",能够影响目标用户的观念,在整个行业中的发言具有一定号召力。

第三,客服微博,又称微服务。

通过微博与企业的客户进行实时沟通和互动以及深度的交流,为客户在互动中提供产品服务,同时又缩短了企业对客户需求的响应时间。

第四,公共微博,又称微公关。

遇到企业或者产品危机事件,可通过微博对负面口碑进行及时引导。

第五,市场微博,又称微营销。

通过微博组织市场活动,打破地域、人数限制,实现互动营销。

② 微博营销推广技巧及手段。

利用微博进行推广,要特别注意以下几个方面,包括微博账号认证、有效内容发布、及时更新内容、主动积极互动、合理的标签设置和拥有尽可能多的高质量粉丝。

第一,微博账号认证。

获得认证的微博账号的好处是:形成较权威的良好形象,信息可被外部搜索引擎收录,更易于传播。

第二,有效内容发布。

微博的内容信息尽量多样化,最好都带有图片、视频等多媒体信息,有利于浏览体验;内容尽量包含合适的话题或标签,以利于微博搜索。发布的内容要有价值,可以带来不错的传播效果。

第三,及时内容更新。

每日都要有规律地进行内容更新,比如每天发布 5~10 条信息,抓住高峰发帖时间更新信息。

第四,积极主动互动。

积极参与转发评论,主动搜索行业相关话题,主动去与客户互动。

交际能力测试

第五,合理的标签设置。

合理设置标签,微博会推荐有共同标签或共同兴趣的人加关注。

第六,拥有更多高质量的粉丝。

关注行业名人或知名机构;善用找朋友功能;提高微粉的转发率和评论率。

(3)微信营销。

微信营销是网络经济时代企业或个人营销模式的一种,是伴随着微信的火热而兴起的一种网络营销方式。微信不存在距离的限制,用户注册微信后,可与周围同样注册的"朋友"形成一种联系,用户订阅自己所需的信息,商家通过提供用户需要的信息,推广自己的产品,从而实现点对点的营销。微信营销主要体现在以安卓系统、苹果系统的手机或者平板电脑中的移动客户端进行的区域定位营销,商家通过微信公众平台,结合微信会员管理系统展示商家微官网、微会员、微推送、微支付、微活动,已经形成一种主流的线上线下微信互动营销方式。

微信营销离不开微信公众的平台支持。微信作为时下最热门的社交信息平台,也是移动端的一大入口,正在演变成为一大商业交易平台,其对营销行业带来的颠覆性变化开始显现。工业和信息化部上半年统计数据显示,中国微信用户就已经超过了 4 亿人次,电商规模达到了 5.4 万亿元。消费者只要通过微信公众平台对接微信会员云营销系统,就可以实现微会员、微推送、微官网、微储值、会员推荐提成、商品查询、选购、体验、互动、订购与支付的线上线下一体化服务模式。

① 运作模式分析。

第一,草根广告式——查看附近的人。

产品描述: 微信中基于 LBS 的功能插件"查看附近的人"便可以使更多陌生人看到这种强制性广告。

功能模式: 用户点击"查看附近的人"后,可以根据自己的地理位置查找到周围的微信用户。在这些附近的微信用户中,除了显示用户姓名等基本信息外,还会显示用户签名档的内容。所以,用户可以利用这个免费的广告位为自己的产品打广告。

营销方式: 营销人员在人流最旺盛的地方后台 24 小时运行微信,如果"查看附近的人"使用者足够多,这个广告效果也会随着微信用户数量的上升而增强,可能这个简单的签名栏会变成移动的"黄金广告位"。

第二,品牌活动式——漂流瓶。

产品描述：移植到微信上后，漂流瓶的功能基本保留了原始简单易上手的风格。

功能模式：漂流瓶有两个简单功能：第一，"扔一个"，用户可以选择发布语音或者文字然后投入大海中；第二，"捡一个"，"捞"大海中无数个用户投放的漂流瓶，"捞"到后也可以和对方展开对话但每个用户每天只有 20 次机会。

营销方式：微信官方可以对漂流瓶的参数进行更改，使得合作商家推广的活动在某一时间段内抛出的"漂流瓶"数量大增，普通用户"捞"到的频率也会增加。加上"漂流瓶"模式本身可以发送不同的文字内容甚至语音小游戏等，如果营销得当，也能产生不错的营销效果。而这种语音的模式，也让用户觉得更加真实。但是如果只是纯粹的广告语，是会引起用户反感的。

第三，O2O 折扣式——扫一扫。

产品描述：二维码发展至今，其商业用途越来越多，所以微信也就顺应潮流结合 O2O 展开商业活动。

功能模式：将二维码图案置于取景框内，然后你将可以获得成员折扣、商家优惠抑或一些新闻资讯。

营销方式：移动应用中加入二维码扫描这种 O2O 方式早已普及开来，坐拥上亿用户且活跃度足够高的微信，价值不言而喻。

第四，互动营销式——微信公众平台。

产品描述：对于大众化媒体、明星以及企业而言，如果"微信开放平台＋朋友圈"的社交分享功能的开放，已经使得微信作为一种移动互联网上不可忽视的营销渠道，那么微信公众平台的上线，则使这种营销渠道更加细化和直接。

第五，微信开店——这里的微信开店（微信商城）并非微信"精选商品"频道升级后的腾讯自营平台，而是由商户申请获得微信支付权限并开设微信店铺的平台，截至 2013 年底公众号要申请微信支付权限需要具备两个条件：第一必须是服务号；第二还需要申请微信认证，以获得微信高级接口权限。商户申请了微信支付后，才能进一步利用微信的开放资源搭建微信店铺。

3. 新零售

（1）新零售的概念：即企业以互联网为依托，通过运用大数据、人工智能等先进技术手段并运用心理学知识，对商品的生产、流通与销售过程进行升级改造，进而重塑业态结构与生态圈，并对线上服务、线下体验以及现代物流进行深度融合的零售新模式。

未来电子商务平台即将消失，线上线下和物流结合在一起，才会产生新零售。线上是指云平台，线下是指销售门店或生产商，新物流消灭库存，减少囤货量。

（2）新零售发展动因。一方面，经过近年来的全速前行，传统电商由于互联网和移动互联网终端大范围普及所带来的用户增长以及流量红利正逐渐萎缩，传统电商所面临的增长"瓶颈"开始显现。另一方面，传统的线上电商从诞生之日起就存在着难以补平的明显短板，线上购物的体验始终不及线下购物是不争的事实。相对于线下实体店给顾客提供商品或服务时所具备的可视性、可听性、可触性、可感性、可用性等直观属性，线上电商始终没有找到能够提供真实场景和良好购物体验的现实路径。因此，在用户的消费过程体验方面要远逊于实体店面。不能满足人们日益增长的对高品质、异质化、体验式消费的需求将成为阻碍传统线上电商企业实现可持续发展的"硬伤"。特别是在我国居民人均可支配收入不断提高的情况下，人们对购物的关注点已经不再仅仅局限于价格低廉等线上电商曾经引以为傲的优势方面，而是愈发注重对消费过程的体验和感受。因此，探索运用"新零售"模式来启动消费购物体验的升级。

"新零售"的核心要义在于推动线上与线下的一体化进程，其关键在于使线上的互联网力量和线下的实体店终端形成真正意义上的合力，从而完成电商平台和实体零售店面在商业维度上的优化升级。同时，促成价格消费时代向价值消费时代的全面转型。

（3）新零售主要的特点：和传统零售相比，在新消费和新技术驱动下的新零售主要的特点如下：

① 线上线下打通，电商和实体店打通。以阿里的盒马为例，盒马有 APP 电商平台，也有实体店，只要在实体店的三公里内就可以网上下单，30 分钟送货（或餐）上门。当然消费者也可以到就近的门店去消费，比如盒马的海鲜，消费者既可以现场买现场加工现场吃，也可以看中什么再到网上下单。服装店、大卖场甚至购物中心未来都是这样的模式，这样的特点被称为线上线下一体化。

② 大数据。消费者上一次网，数据就会被采集，买一次东西、什么时候买同样会被采集，住哪里、男的女的、多大年龄、单身还是结婚、三口之家还是四代同堂，统统都会被采集成数据，消费者在购物中心里待多久、买了什么、吃了什么、看了什么电影也全部被采集。不断日积月累，数据变成大数据，再通过对数据的计算分析，商家就可以精准营销，减少库存，真正做到以需定产，一切以消费者需求为核心。

③ 大大提升了效率。除了各地的仓库建的比以前多了，除了送货的车多了，最主要的还是新技术带来的高效率。以双 11 收货快来说，因为淘宝在消费者把产品加入购物车的那一瞬间就已经开始发货了，等消费者下单时货已经到了收货地附近。

④ 线下实体店的业态打乱后重新组合。以盒马鲜生为例，被称为"四不像"，其特点除了线上线下打通，提高效率外，超市加餐饮的业态的重组是其另一特点。我们可以看到，越来越多的商业业态开始重组，传统书店的书店加咖啡、传统家居店的家庭软装一体化都是业态重组的代表。在未来，会有更加多的业态会被重组，卖衣服的不单单卖衣服，卖家居的不仅仅卖家居，一切业态都将会被重组。

★ 课后练习

体验活动　模拟销售技能训练

现在，有一支签字笔，给你 10 分钟的时间，先进行产品设计、制定营销策略和销售策略、意向客户筛选和制订销售流程与计划等准备工作，然后面向学习小组或班级其他成员，开展你的销售工作。

比一比，看谁的销售业绩最棒！

在此项活动中，你有哪些心得感悟？获得了哪些销售经验和技能？

课下 3 - 2 - 1 行动

《大学生创新创业基础》——所学知识点内化和能力点强化
——每课 3 - 2 - 1 练习

3 项收获 从本课程中找出 3 个 对你最有启发的具体知识点	2 项计划 请从 3 项收获中找出 2 项你认为将来可以执行的内容	1 项行动 请从 2 项计划中找出 1 项 你最想执行的行动
1.	1.	行动内容：（阐述请符合 5W2H 的原则）
2.		
	2.	
3.		截止时间：

请写出你(们)的行动学习心得体会(300 字以内),提交:

_____

_____

_____

_____

_____

_____

_____

_____

_____

参 考 文 献

[1] 蒂蒙斯,斯皮内利.创业学:21世纪的创业精神[M].6版.周伟民,吕长春,译.北京:人民邮电出版社,2005.

[2] 江波.广告心理新论:现代广告运作中的攻心战略[M].广州:暨南大学出版社,2002.

[3] 董青春,董志霞.大学生创业基础教师用书[M].北京:经济管理出版社,2012.

[4] 牛翔宇.大学生体验式创业教育教师教学手册[M].北京:现代教育出版社,2015.

[5] 李伟清,贺学良,李菊霞.酒店市场营销管理与实务[M].上海:上海交通大学出版社,2010.

[6] 李蔚,牛永革.创业市场营销[M].北京:清华大学出版社,2005.

[7] 汤锐华.大学生创新创业基础[M].北京:高等教育出版社,2016.

[8] 李涛.大学生创新创业导引[M].北京:高等教育出版社,2016.

[9] 薛永基.大学生创新创业教程[M].北京:北京理工大学出版社,2017.

[10] 杜彬,谢建平.大学生创新创业基础[M].北京:中国农业大学出版社,2018.

[11] 蒋雯,张晓芳.创新创业实践与能力开发[M].上海:上海财经大学出版社,2017.

[12] 卡莱特.解决问题的非常规思考法[M].葛芳芳,卢方蕊,译.北京:电子工业出版社,2016.

[13] 阿特金森.创新力+:创造性解决问题的12种思维工具[M].徐诚,田尧舜,译.北京:人民邮电出版社,2016.

[14] 吴满琳.大学生创业基础:知行合一学创业[M].上海:复旦大学出版社,2017.

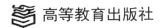高等教育出版社

教学资源索取单

尊敬的老师：

　　您好！

　　感谢您使用吴满琳等编写的《大学生创新创业基础》。为便于教学，本书另配有课程相关教学资源，如贵校已选用了本书，您只要加入高教社职业素养和创新创业QQ群，或者添加服务QQ号800078148，或者把下表中的相关信息以电子邮件方式发至我社即可免费获得。

　　我们的联系方式：

　　联系电话：（021）56961310/56718921　　高教社职业素养和创新创业教师交流群：310075759

　　服务QQ：800078148（教学资源）　　电子邮箱：800078148@b.qq.com

　　传真：（021）56717650　　地址：上海市虹口区宝山路848号　　邮编：200081

姓　　名		性别		出生年月		专　　业	
学　　校			学院、系			教 研 室	
学校地址					邮　　编		
职　　务			职　　称			办公电话	
E-mail					手　　机		
通信地址					邮　　编		
本书使用情况	用于_____学时教学，每学年使用_____册。						

您对本书有什么意见和建议？

您还希望从我社获得哪些服务？

☐ 教师培训　　　　☐ 教学研讨活动

☐ 寄送样书　　　　☐ 相关图书出版信息

☐ 其他_____